Miel Dekeyser

VAARWEL WELVAART

Meer werken voor minder geld?

thb

the house of books

Omslag	*Toni Mulder, Mulders-van Meurs*
Omslagfoto	*Benny De Grove*
Binnenwerk	*Phaedra creative communications*

ISBN 90 443 1503 X
NUR 697
D/2006/8899/6

Voor Lutje

Als dank voor haar
levenslange aandacht

Inhoud

Voorwoord

De voorbije jaren zijn wantrouwen en twijfel van diverse kanten in ons veilige bestaan binnengeslopen. Banen die tot voor kort betrouwbaar waren, verdwijnen naar Azië of blijven in Oost-Europa hangen. Hele bedrijven verhuizen naar China of India en nemen ons werk mee. Een waterval van faillissementen klatert door het bedrijfsleven.

Onzekerheid en een onveiligheidsgevoel maken zich meester van de werkende massa in het Westen. En die massa krimpt op de koop toe. Europa telt bij het begin van de nieuwe eeuw 14 miljoen werklozen. Alleen al in Duitsland hebben 5 miljoen mensen geen job; in België zitten zo'n 600.000 mensen met de handen in de schoot. Dat we langer zullen moeten werken, hoor je steeds vaker. Dat er toch héél veel feestdagen zijn in dit land. Dat de loonlasten voor de werkgevers ondraaglijk worden, terwijl de vergrijzing vordert en er steeds meer gepensioneerde 'genieters' bijkomen...

En genieten doen we. Sinds de Tweede Wereldoorlog hebben wij ons in Europa comfortabel in onze verzorgingsstaat genesteld – een plek waar werken voor velen een noodzakelijk kwaad was geworden. Zo comfortabel dat we ons geen moment rouwmoedig op de borst hebben geslagen. Nee, dat hebben de Amerikanen voor ons gedaan in academische traktaten, krantendossiers en bestuursvergaderingen. Want honderdduizenden Europeanen werken voor Amerikaanse multinationals. 'Zouden die Europeanen het niet een beetje vlugger doen voor een bescheidener salaris? Weten de Europeanen wel dat de doorsnee Amerikaan elke jaar 300 uren meer werkt dan zij? Zouden de Europeanen dat voorbeeld niet beter volgen?'

Het Oude Continent zet zich schrap tegen al die suggesties. In de lente van 2006 maakten Franse jongeren wekenlang trammelant omdat hun regering de banen voor jongeren iets minder 'vast' wilde maken om zo de bedrijven wat ademruimte te bieden. Straten versperd, auto's in de fik. Een goedbetaalde job voor het leven, dát willen de Franse jongeren. Niets minder!

Een job *tout court* zou al niet kwaad zijn, denken de Europese regeringen dan. Iedereen moet aan het werk, óók de talloze zo goed als ongeschoolde jongeren – hoe bescheiden hun leer- en werkhonger ook is. Ze moeten de handen uit de mouwen steken, dan betalen ze tenminste belastingen!

Maar zal Europa al klussend, poetsend en spittend de oprukkende Aziaten aankunnen? Volstaan onze hightechbedrijfjes om Indiërs en Chinezen op een afstand te houden? En waarom wil schijnbaar iedereen een Poolse loodgieter maar geen Poolse ingenieur?

Angsten en verwachtingen, klachten en kansen worden in dit boek door bevoegde mensen aangesneden. Proffen en *high school drop-outs*, ministers en topondernemers trekken gedurfde conclusies. De rest van Europa zal het ook snel moeten doen.

Miel Dekeyser

1

Langer! Harder! Goedkoper!

Bij ons, in het Westen, wonen ontegensprekelijk de meest welvarende volkeren van de wereld. Dit is onmiskenbaar *The First World*. Dat geldt voor Amerika, en dat geldt ook voor Europa. Niettemin ligt er een oceaan van verschil tussen beide continenten. De inwoners van de Verenigde Staten beschouwen zichzelf als de hardst werkende en succesvolste mensen op aarde. En voor hen is het ene het gevolg van het andere: wie hard werkt, neemt meteen een optie op een succesvolle toekomst. Op het Oude Continent leven wij ondertussen in de Europese Droom. We doen het veel rustiger aan. We hebben ruime vakanties, balsemende ziekteverloven en duizelingwekkende brugpensioenen. Eens gepensioneerd willen we nog jong genoeg zijn om van onze nazomer te kunnen genieten. Zo gaat het al decennialang: het is een filosofie waaraan heel de Europese maatschappij schatplichtig is. Wíj hebben gewerkt voor onze ouders, en de kinderen moeten dat nu doen voor ons, voor ónze pensioenen. Is dat niet goed bekeken?

Die geruststellende basis is aan het wankelen. West-Europa telt miljoenen werklozen. Goedkope arbeidskrachten waar ook ter wereld hebben ons werk overgenomen. En wij? Wij werken te weinig, we houden er te vroeg mee op en we strijken vaak een te royaal pensioen op. We moeten dus meer leren werken, harder werken, langer werken: wat wij voor een riant salaris doen, doen verre volkeren voor een luttel bedrag. En ze zitten ons gewoon op de hielen. Hoe kunnen we ze afschudden? Hoe zorgen we ervoor dat ze ons niet inhalen?

Schreeuwerige krantentitels boezemen ons angst in. Een voorbeeld uit *De Tijd* van 18 juni 2005: 'China komt als tsunami op Belgische meubelfabrikanten af'. Het is geen mooi beeld, maar het woord *tsunami* deed het 'm in die zomer van 2005 nog altijd. Een vloedgolf zie je amper komen; van de concurrerende meubelfabrikanten in China heb je wél weet. En dan lees je het artikel. Het gaat onze meubelmakers inderdaad niet voor de wind. De voorbije vijftien jaar zijn er 500 bedrijven in die sector over de kop gegaan, maar liefst een kwart van het totaal. 'De Chinezen dumpen hun producten in onze winkels', zegt de sector. Dat kan, maar de naam die in het artikel voortdurend terugkeert, is die van de Zweedse meubelgigant Ikea. Daar zijn onze fabrikanten pas echt bang voor. Het is een pijnlijke vaststelling: die Zweden zijn goedkoper en moderner dan wij. Staat er een Chinees aan het hoofd van Ikea? Weinig waarschijnlijk. De Zweden pakken het misschien anders aan. Zitten onze meubelmakers dan vast in hun verleden, in hun traditie? Traditie zou normaal een garantie moeten zijn voor kwaliteit, maar is het dat nog? Ze staan er machteloos bij. De klanten van tegenwoordig zijn niet handiger dan die van twintig jaar geleden, maar het in elkaar schroeven van de Ikeaspullen is zoveel gemakkelijker geworden: zelfs een geboren bureaurat kan ermee overweg. Het zal wat langer duren dan bij een rasknutselaar, maar hij zal er zich doorheen worstelen en het voordeel opstrijken.

Nu moeten we ons natuurlijk niet blindstaren op de meubelfabrikanten: hun verhaal is veeleer een symptoom van wat er werkelijk aan de hand is. Niet alleen onze meubelmakers worden gepasseerd. Ongeveer iedereen die werkt, mag zich op de borst slaan, maar voorlopig schuiven we de schuld voor het achterophinken door naar andere volkeren. Denk maar aan de beruchte Poolse loodgieter die hier in West-Europa alle gootstenen komt ontstoppen. Hij maakt onze buizen en riolen open, zodat onze welvaart erdoorheen kan vloeien. Hij is het symbool én de zondebok geworden van dat akelige fenomeen dat we globalisering noemen.

Het is een ingewikkeld begrip, *globalisering*. Betaalbare horloges, geavanceerde tv-toestellen, betrouwbare auto's, de nieuwste computers en de hipste mobieltjes dragen een Aziatische handtekening. We piekeren ons suf, want we geven niet graag toe dat we vroeger zullen moeten leren opstaan, en dat we een gezegende leeftijd zullen moeten bereiken om met pensioen te kunnen gaan.

De volgende vloedgolf bereikt ons vanuit de Verenigde Staten. Voor de Amerikanen zijn hun voorvaderen daar in Europa vooral mensen die bij de pakken blijven zitten. Ze rekenen ons onverbloemd voor hoe lui wij wel zijn, en hoe ijverig de rest van de wereld is. Ze vertellen ons dat in Japan 71 procent van de mannen de weg naar hun werk blijft vinden tot ze 65 zijn, en velen zelfs daarna. Ter vergelijking: in Frankrijk is 17 procent van de mannen nog aan de slag op zijn 60ste... Voor de VS staat een geleidelijke uitbreiding van de vrije tijd niet meteen gelijk aan een verrijking van het leven. Wat ze écht willen, is dat hun werkkrachten overal ter wereld even goedkoop kunnen worden ingezet. Ze hebben een industrie van multinationals die ook in Europa nog altijd prominent aanwezig is, en ze hebben in de voorbije eeuw een vertrouwensrelatie met ons continent opgebouwd. Hun Europese werknemers draaien weliswaar kortere werkweken en hebben langere vakanties dan in de States, maar ze leveren doorgaans keurig werk af.

Alle macht aan de senioren?

In Amerikaanse kranten en vakbladen worden om de haverklap de voordelen van oudere werknemers opgesomd. Hun competentie is met de jaren alleen maar groter geworden. Op hun 70ste zou hun flexibiliteit groter zijn dan op 40. De kinderen zijn het huis uit, en daardoor is hun aanwezigheid thuis veel minder dwingend. Hun verantwoordelijkheidszin is groot, hun creativiteit is maximaal. Ze paren vakkennis aan diplomatie, zeggen de kenners: ouderen als kostbare coaches voor een jonge ploeg. Oudere werknemers zouden ook loyaler zijn tegenover hun werkgever. Wat met andere woorden impliceert dat jongeren minder loyaal zouden zijn... Als je die euforische opsommingen leest, zou je de indruk kunnen krijgen dat echte kwaliteit vandaag nog alleen in een bejaardentehuis te vinden is. Ook de overheid probeert het engageren van oudere medewerkers gemakkelijker te maken. In mei 2005 schrijft *Vacature*: 'Het is toch zonde dat mensen vaak gedwongen worden om te stoppen?' Een van die 'krasse knarren' is er behoorlijk trots op dat zijn vrouw op haar 67ste in een videoclip van

Clouseau heeft gefigureerd. Als het moet, halen de Vacaturejongens er zelfs het hiernamaals bij: een pastoor gaat gewoon door ná zijn pensioen, lezen we, de paus heeft hem dat voorgedaan. Daarenboven móét hij officieel toch doorwerken tot zijn 75ste. Zegt de pastoor: 'Tegenwoordig kun je studeren tot je 25 bent, je werkt tot je 55 wordt en je leeft gewoon voort tot je 85ste. Dat is niets voor mij.' En vergeet de eeuwige dooddoener niet: *werken is opnieuw meetellen*. Werken is je niet afgeschreven voelen. Maar laten we nu even aannemen dat de senioren opnieuw aan de bak komen. Wordt de werkloosheid daar dan ook kleiner door? Neen, zo gemakkelijk is het niet.

Wat is de grond van het probleem? We tellen in ons land in 2005 623.000 werklozen. Overwegend jonge mensen die op een baan zitten te wachten, of dat tenminste beweren. Ervaring hebben ze niet, want waar zouden ze die opgedaan kunnen hebben? Toch zijn er tienduizenden vacatures. Ofwel zijn de kandidaten dus niet geschikt, ofwel vinden ze de aangeboden banen te minnetjes. Tegelijk jobs te veel en werklozen te veel: hoe valt dat te rijmen? Wie een baan heeft, droomt soms van zijn pensioen. Wie op de molen zit, wil eraf; voor wie staat toe te kijken, draait de molen te snel...

Ook onze labiele gezondheid wordt door critici scherp in het oog gehouden en op de korrel genomen. In 2004 hebben de federale ambtenaren met z'n allen (dat zijn er 63.000) samen 1.549.255 'ziektedagen' genomen. Is de lucht op de ministeries schadelijk voor de gezondheid? Is het milieu er schuldig aan? Zit er asbest in alle gebouwen? Neen, een nooit gestemde wet maakt een massa ambtenaren gevoeliger voor allerlei ziekten. Uit mondelinge overlevering hebben de ambtenaren onthouden dat ze recht hebben op twintig ziektedagen per jaar. Dat 'recht' is nooit gelegaliseerd maar het is oud, en een oud recht is heilig. We verweren ons altijd met de middelen die we bij de hand hebben. Zo is er het communautaire argument dat de Franstaligen elk jaar nog twee dagen meer ziek zijn dan hun Vlaamse collega's. Wie weet beter? Waarom is de klassieke wafelijzerpolitiek hier in gebreke gebleven? Heeft een Vlaming dan geen recht op 22 ziektedagen per jaar? We leggen de lat graag gelijk. In de huidige omstandigheden mist de Vlaming 10 procent van zijn traditionele ziekteverlof. Dat het om een diepgewortelde traditie gaat, bewijst de gewoonte om de niet opgenomen dagen dan maar op te sparen. Het is toch de schuld van de ambtenaar niet dat hij in een milde winter naast een kleine keelontsteking grijpt? Administratief bekeken kan een ambtenaar in de loop van een carrière tot drie jaar 'ziekteverlof' bijeensparen. Wie zich heel zijn werkende leven sterk houdt, kan dus tegen zijn pensioen aan rekenen op een lange, luie aanloop naar de welverdiende rust.

Bij de overheid proberen ze die kostbare verworvenheid een beetje terug te schroeven. In de loop der jaren zijn de *ziektedagen* geëvolueerd naar *ziekteverlof*: daar zit al een vakantiegeurtje aan. Vandaag spreekt de overheid resoluut van *ziekteverzuim*. Maar kan dat, ziek zijn en tegelijk je baan verzuimen, verwaarlozen? Ziek zijn is toch een geval van overmacht?

Ziekelijk Nederland

Voor de Verenigde Staten is Nederland de kampioen van de Europese profiteurs. Ze hebben zich hardnekkig vastgebeten in de typisch Nederlandse uitvinding die wereldwijd bekend staat als de WAO. Dat staat voor Wet op de Arbeidsongeschiktheid, maar Nederlanders houden nu eenmaal van acroniemen of letterwoorden. De WAO staat voor de opvang van de burgers die eigenlijk niet meekunnen of meewillen met de uitputtende ratrace. Het gaat niet nadrukkelijk over ziekte, over hard of lang werken, over bekwaamheid, maar het zit er wel allemaal in verwerkt. Weliswaar niet direct herkenbaar voor het blote oog. Het zou misschien zoveel aandacht niet verdienen, ware het niet dat er 900.000 Nederlanders in dat systeem zitten. De voorbije decennia is de WAO de bunker geweest, het verzet waarin de afhakers kunnen onderduiken zonder daar al hun bestaansmiddelen bij in te schieten. Wel integendeel: wie in de WAO gaat schuilen, houdt ongeveer 70 procent van zijn jongste loon over. Veel hoef je dus niet aan je levensstijl te veranderen.

Een vergelijking met de Fransen is wat dit betreft nogal pikant: in Frankrijk gaan ontevreden arbeiders onveranderlijk staken. Ze leggen de boel plat en marcheren de straat op. Achter hun vakbondsvaandels scanderen ze leuzen waarin ze meer loon en minder werk eisen. De Nederlander, daarentegen, maakt geen drukte. Die lost zijn problemen zelf op, via de WAO. Zeker een derde van de Nederlandse afhakers lijdt niet aan een duidelijk ziektesymptoom. Op hun aanvraag vullen ze dan ook 'overspannen' in: hun kwaal is stress. Een Amerikaanse werknemer van een multinational in Nederland heeft voor zijn eigen voldoening het fenomeen proberen te omschrijven. Bij een aandachtige blik op de WAO'ers stelt hij vast dat ze er verdraaid goed uitzien. Zo schrijft hij: 'Op het eerste gezicht zien ze er prima uit. Maar ze zijn in feite 'overspannen'. Het was meteen het eerste woord Nederlands dat ik heb opgestoken. Hun kwaal is vaak onzichtbaar en daarom onaantoonbaar. Ze zien er in elk geval niet uit alsof ze zo snel mogelijk weer aan de slag willen. Zullen ze het ooit nog wagen? Ze zien er ook niet financieel onderkomen uit. Het niet-werken degradeert hen niet tot de bedelstaf. En het toppunt is: elke Nederlander lijkt die situatie perfect normaal te vinden. Geen wonder dat Nederland het hoogste aantal gehandicapten ter wereld heeft.'

Zo ging het er in de gouden jaren aan toe. Het goud blinkt nu al een tijdje minder. De overheid wil zoveel mogelijk WAO'ers opnieuw aan het werk krijgen. Dat betekent niet dat de gezondheid van de overspannen werknemers er spectaculair op vooruit is gegaan. Het wil gewoon zeggen dat ze opnieuw doorgelicht worden. Ze worden opgeroepen naar een van de vele kantoren van het UWV (alweer een letterwoord): het Uitvoeringsinstituut Werknemersverzekeringen. In een klein hokje, nog het best te vergelijken met een biechtstoel, worden ze medisch en psychologisch gescand. Eerst verschijnen ze voor een keuringsarts, daarna krijgen ze een arbeidsdeskundige voor zich, meestal een psycholoog. Ze moeten gedurende een uur antwoord geven op zeer gerichte vragen. Ze moeten hun ziektebeeld en geschiedenis schetsen. Hun dagindeling komt aan bod. Hoe laat staan ze op? Doen ze zelf hun boodschappen? Welke medicijnen slikken ze? Hoeveel tijd besteden ze aan het huishouden? Doen ze aan sport enzovoort. Er wordt scherp toegekeken op de band tussen hun handicap en hun job.

Als de dokter de WAO'er voor 50 procent arbeidsongeschikt verklaart, dan wil dat niet automatisch zeggen dat die slechts de helft van zijn of haar werk aankan. Het betekent gewoon dat hij nog maar op de helft van zijn oude loon mag rekenen. Dát is dan de nieuwigheid. De wet heet nu ook niet langer WAO maar WIA, en dat staat dan voor Wet Werk en Inkomen naar Arbeidsvermogen. *What's in a name?* Heel wat. Er zal voortaan heel wat minder worden uitgekeerd. Wie ouder is dan 50, ontsnapt voorlopig nog aan de herkeuring. Het is ook de arbeidsdeskundige die onderzoekt én uitmaakt voor welk soort werk de WAO'er in de toekomst nog in aanmerking komt. De normen zijn veranderd. Wie vóór zijn 'ziekte' slechts twaalf uur werkte, mocht na de 'keuring' ook op een deeltijdse functie rekenen. Zulke banen lagen natuurlijk niet voor het grijpen en op die manier ontsnapten in het oude systeem duizenden patiënten aan elke vorm van werk. Nu lukt dat niet meer: ze worden verplicht een voltijdse functie aan te nemen en verdwijnen automatisch uit de WAO. De uitkeringen inkrimpen en zoveel mogelijk WAO-genieters uit het systeem stoten, dat is de boodschap. Er wordt op gerekend dat ongeveer 80.000 van hen hun uitkering geheel of gedeeltelijk zullen kwijtspelen. Een merkwaardige vaststelling daarbij is dat de Nederlanders van heel die *zuiveringsactie* niet meteen wakker liggen.

Paaiend België

Officieel hébben we in Vlaanderen zelfs geen Wet op de Arbeidsongeschiktheid. Iedereen zou dus in principe de handen uit de mouwen moeten kunnen steken, al dan niet voltijds. Werken moet kunnen! Daarvoor hebben we opgesplitste diensten die ijverig mee naar werk zoeken als een ongelukkige zijn job is kwijtgespeeld. Voor Vlaanderen doet de VDAB (Vlaamse Dienst voor Arbeidsbemiddeling en Beroepsopleiding) dat speurwerk. Die dienst – 4.600 man sterk – neemt de werkloze bij het handje en leidt hem of haar naar een nieuwe professionele bezigheid. Officieel moeten ze de werkloze 'opnieuw aan de slag krijgen'. Die formulering, vooral het woord 'krijgen', doet de wenkbrauwen fronsen: het suggereert enig geduw en getrek, tegelijkertijd een beetje dreigen en een beetje paaien. In een klein land met vele honderdduizenden werklozen is dat een titanenklus. Als een werkloze weigert zich voor een openstaande betrekking te melden of een (nieuwe) baan te aanvaarden, wordt zijn naam doorgespeeld aan de federale hoofdzetel, de RVA (Rijksdienst voor Arbeidsvoorziening). Het is een beetje zoals een machteloze leraar die een onwillige bengel naar de directeur stuurt. Net als in de klas zal de houding van de onwillige werkzoeker ook wel afhangen van zijn algemene vorming. En tussen haakjes, wat ís het niveau van de meeste werklozen? Levert de VDAB misschien een gevecht tegen de bierkaai? Zijn de hardnekkige werkweigeraars misschien toch 'arbeidsongeschikten', net zoals in Nederland? Zijn ze ook chronisch 'overspannen'? Is het denkbaar dat er in Vlaanderen 8 procent en in Wallonië 18 procent mensen wonen die tijdens hun leven liever geen voet op de werkvloer zetten? Zijn er nu echt meer dan een half miljoen mensen die gewoon niet willen werken?

Voortaan zal misbruik streng worden aangepakt. Het klinkt niet meteen vriendelijk. In Wallonië verwijzen de collega's van de VDAB naar *Big Brother* van George Orwell wanneer hen gevraagd wordt om de namen van de weigeraars naar Brussel door te spelen, zodat hen een sanctie kan worden opgelegd. Wat wil dat eigenlijk zeggen? Dat de bevolking stiekem meeleeft met mensen die het klaarspelen om heel hun actieve leven geen moer uit te richten? Krijgen de Amerikanen dan toch gelijk met hun scherpe kritiek op de *langzaamaanmentaliteit* op het Oude Continent? Wij geven vandaag Uncle Sam wel gelijk, maar tegelijk gaan we heel schoorvoetend te werk als er ingegrepen moet worden. Wie klaagt eigenlijk over de werkloosheid? De honderdduizenden mensen zonder baan zie je nooit door onze straten marcheren en werk eisen tegen elke prijs. De vakbonden houden zich eveneens op de vlakte. Zíj voelen zich alvast niet geroepen om hun achterban tot meer en betaalbaar presteren aan te zetten. Hun wapen is van oudsher de staking. Een vlot verlopend werkpatroon is blijkbaar hun zorg niet...

Je zou gaan vermoeden dat de Europese bevolking achter de huidige tamme werksituatie in ons werelddeel staat, als je terugdenkt aan de referendums in Frankrijk (29 mei 2005) en enkele dagen later in Nederland. Je kunt volhouden dat de Europeaan daarmee zijn angst heeft laten blijken voor de goedkope concurrentie uit Oost-Europa en Azië. Maar je kunt het ook anders bekijken: hebben de Nederlanders en de Fransen zich niet gewoon uitgesproken voor een status-quo op de arbeidsmarkt? 'Rustig aan' blijft hun motto. Wie het nu goed heeft, moet het goed kunnen hebben in de toekomst. Maar die betekenis van 'goed' is zeer relatief, en meer een kwestie van perceptie. De perceptie dat de rest van de wereld zich gerust mag afjakkeren, zolang ze dat in hun eigen land doen. Waar ze ook hun goedkope spullen mogen houden. Over maatschappelijke verantwoordelijkheid wordt met geen woord gerept: dat zijn dure stadhuiswoorden, en wíj zitten toch meestal op een zonnig terras. We zitten er uit te rusten van het drukke leven dat aan ons voorbij gaat en dat we graag laten voorbij gaan.

Sommige jonge mensen, intellectuelen tussen de 25 en de 35, stellen zich ook buiten de huidige maatschappij op, maar zakken niet weg in het nietsdoen op zonnige terrasjes. Integendeel: ze willen wél hard werken, zelfs nachten en weekends, maar dan zonder mee te rennen in de ratrace. Hun loon is geen prioriteit. Ze verlaten gewoon onze fameuze Eerste Wereld en duiken onder in de derde wereld. Hun portefeuilles puilen niet uit van de kredietkaarten en ze pochen niet met hun bedrijfswagen en hun gesofisticeerd mobieltje. Ze leven sober, maar ze léven. Het zijn witte raven, en witte raven zijn op de vingers van een hand te tellen. Ze zijn klassiek van start gegaan, maar het leven in vliegtuigen en de voortdurende afspraken in chique restaurants in diverse hoofdsteden lag hen niet. Toch moeten ze ook leven, hun gezin onderhouden, hun kinderen voeden en opvoeden, hun partner tevreden stellen. Sommigen van hen waren gekneed in de jeugdbeweging en hadden voldoende elan overgehouden om zowel aan de lokroep van de beurs als aan de bedelfiles van de VDAB te ontsnappen. Hun serieuze koppen staren ons aan vanuit *De Standaard Magazine* van 7 mei 2005. Een van hen zegt: 'Vroeger praatte ik tijdens de lunchpauze over contracten. Nu over de Afrikapolitiek van Karel De Gucht.' Ze hebben dus gestudeerd. Vaak zijn ze als ingenieur begonnen bij een technologiebedrijf. Ze hadden dus de troeven van de vooruitgang in handen, maar ze hebben ze niet gebruikt. Toch niet om de wedren met de rest van de wereld te winnen en de goedkope concurrenten achter ons te laten. Totaal vrijwillig zijn ze van de toppen van de spitstechnologie neergedaald. Ons continent helpen voortstuwen in de vaart der volkeren zegt hun weinig of niets. Langer werken? Prima, desnoods hele nachten. Van vroegere collega's horen ze soms smalende opmerkingen als zouden ze het 'harde' leven niet aankunnen. Wat is het harde leven? Velen van hen gaan *in het zwart werken*, grinniken ze dan, en *in het zwart werken* is dan in Afrika... Rake ironie. Zij passen niet in het discours van de beleidsmakers. Met idealisten houd je de goedkope Chinese handen niet van je industrie.

Het zwartwerken, het échte, blijft trouwens populair in Europa. Ook bij ons. De overheid doet al het mogelijke om haar licht op dat zwartwerken te laten schijnen. Ze heeft er een pak poen voor over om de schaduwklussers uit het zwarte circuit te halen. Om haar doel te bereiken geeft de overheid dienstencheques uit. Wie daarmee een poetshulp in huis wil halen, betaalt 6,7 euro voor een cheque. Daar legt de overheid een kleine 15 euro bovenop, of meer dan het dubbele van wat de burger ervoor betaalt: er moeten immers ook sociale zekerheid, vakantiegeld en afspraken als kilometervergoedingen van betaald worden. Misschien treden de sluikwerkers dan meteen uit de schijnwerkloosheid? Maar dat is een wel heel bijzondere uitdaging. Normaal kun je geen zwartwerker inhuren voor minder dan 7 euro. Maar er lopen ook nog altijd Nigeriaanse, Congolese of Poolse poetsvrouwen rond die het voor een aalmoes doen. Praktisch komt het systeem erop neer dat er, midden 2005, 12 miljoen cheques verkocht waren waarvan de helft in werk waren omgezet. Een succes? De kopers van de niet gebruikte cheques wachten op een poetshulp. Dat kan een tijd duren, behoorlijk lang zelfs. Maar het blijft een feit: wie poetshulp wordt, treedt in de legaliteit en krijgt op de koop toe een opleiding. Ze leren de vaat doen, strijken, het huis schoonmaken enzovoort. Ze hoeven geen uitkering meer via de VDAB en ze dragen bij tot de sociale zekerheid. Toch blijft het een lange en onzekere weg uit de illegaliteit.

En, zeer merkwaardig, de (spotgoedkope en ongeschoolde) Poolse werkster blijft welkom, terwijl de Poolse loodgieter gevreesd wordt als een geduchte concurrent voor onze eigen vaklui.

Bang links in Frankrijk

Die ondertussen spreekwoordelijke Poolse loodgieter heeft de Fransen tijdens het referendum tegen zich in het harnas gejaagd. En dat op zo'n manier dat de hele Europese politiek van dat land overhoop is gehaald. Frankrijk heeft niet alleen het vroegere Oostblok afgestoten, het heeft tegelijkertijd een nieuwe sterke, linkse impuls uitgelokt. Links-radicale partijen en partijtjes, de communisten op kop, gaan zich opnieuw met de politiek bemoeien.

Wie een kans ziet, grijpt ze, en die kans ís er momenteel. Een paar weken na het anti-Europese referendum stopte de communistische burgemeester van het Zuid-Franse Arles zijn geestesgenoten van divers pluimage in het Romeinse amfitheater van zijn zonnige stad. Ze waren enthousiast en vastberaden tegelijkertijd. Het leken wel krijgers van Asterix. Het geheel droop van de symboliek: een feest voor Asterix in een Romeins circus. Dergelijke bijeenkomsten zijn een explosieve cocktail van alle versplinterde linkse krachten. Ze proberen overeind te klauteren van onder de brokstukken van de gevallen Berlijnse Muur, en dat vijftien jaar nadat er definitief is afgerekend met het Rode Rijk. Het zijn afgescheurde socialisten, boerenleiders, anarchisten, groenen, antiglobalisten, trotskisten en communisten.

De angst voor een onzichtbare Poolse loodgieter uit het vroegere Oostblok, de vrees voor even onzichtbare Chinese bandwerkers, heeft extreemlinks opnieuw doen opveren in Frankrijk. Heimwee naar een comfortabele westerse planeconomie joeg hen naar Arles. Het verlangen van de Poolse loodgieter om de Fransen sociaal bij te benen heeft die Fransen zélf in de bomen gejaagd. Ze zullen hun baguette duur verkopen. Arme Chirac! Ze halen hun roestige eisen opnieuw ongegeneerd boven. Ze willen stevig protectionisme om hun werk, hun levenswijze én hun inkomen veilig te stellen. Meteen eisen ze de renationalisering van de banken en van de zware industrie. Terug naar de goede tijd van de Koude Oorlog? Geen van hen die dat hardop durft te zeggen, maar wat willen ze anders? Hun antikapitalisme staat opnieuw roodgloeiend. Wie gaat de beweging leiden? Want meer dan een beweging is het voorlopig niet. Het is nog geen partij: ze noemen zich een denktank. Niets is gewoon, niets is logisch aan heel het gebeuren. De potentiële leiders zijn van zeer diverse komaf. Er zitten beroepspolitici bij, maar ook de internationaal bekende boerenleider José Bové stapt mee op. Ook een bijzonder actieve en welsprekende postbode, Olivier Besancenot, werkt zich naar het voorplan. Het is een jongeman van 32 jaar die een zware brok geschiedenis op zijn jonge schouders torst. Hij noemt zich trotskist en predikt niet minder dan de Permanente Revolutie. De oudsten van hen dromen al hardop van het Front Populaire, dat in de jaren dertig het leven van de Franse arbeiders op zijn kop zette. Het was dat Front dat naar de achturendag leidde en de jaarlijkse vakanties wettelijk maakte.

In Frankrijk stappen ook ambtenaren mee op in de voorste gelederen. Zij voelen zich geroepen om zowel voor de voortdurend verguisde overheid als voor de arbeider op te komen. De ambtenaren nemen die arbeider zowat onder hun bescherming. Hun werkzekerheid laat de ambtenaren tenslotte toe om wat luider te roepen.

Frans links is er heilig van overtuigd dat de oppositie in de presidentsverkiezingen van 2007 alleen geleid kan worden door iemand die het opneemt tegen de verfoeide Europese Grondwet.

Broekriembeleid in Duitsland

In Duitsland kreeg de regering van kanselier Gerhard Schröder een even harde klap te verduren als president Chirac in Frankrijk, maar dan van een heel andere orde. Het sociaaldemocratische staatshoofd moest plaats ruimen voor Angela Merkel, een christendemocrate. Het boegbeeld van de Duitse Werkliedenpartij heeft de duimen moeten leggen. Het parlement heeft het Europese grondwetsontwerp dan wel goedgekeurd, maar de bevolking heeft het niet genomen. De inwoners van het herenigde Duitsland zijn, evenzeer als de Fransen, door de knieën gegaan voor de Poolse loodgieter. De situatie wordt gewoon surrealistisch voor wie beseft dat een van de zogenaamde 'Poolse' loodgieters eigenlijk in de Verenigde Staten woont, meer bepaald in Detroit, de geboorteplaats van de auto-industrie. 7.000 kilometer verder worden er massaal Duitse jobs geschrapt. De Amerikaanse autofabrieken op Duitse bodem worden met bijzonder vaste hand geleid en 'gereorganiseerd' via meedogenloze afdankingen. Alleen al de autonijverheid is in Duitsland goed voor 10 procent van de banen in de privésector. Wie durft nu nog te reppen over werkzekerheid? Want er bestaan natuurlijk ook Japanse loodgieters die met dezelfde luwte op de automarkt kampen. En dan te bedenken dat Duitsland al meer dan 5 miljoen werklozen telt. Intussen rijden Duitse klanten jaren langer met hun oude karren en mijden ze winkels en warenhuizen.

Het is moeilijk om, als journalist, te begrijpen hoe de christendemocratische kanselier datgene zal klaar spelen waarin Schröder maar niet slaagde: de economie op dreef krijgen, de uitkeringsgerechtigden aan een baan te helpen en de warenhuizen opnieuw doen vollopen. De magische persoon die Schröder versloeg is een voorzichtig glimlachende 'rijpere' vrouw. Merkel, die vóór het moment van haar roeping rondliep als een vrij slordige domineesdochter met piekhaar, is nu een cameraklaar gemaakte vedette. Ze ziet er nu uit alsof ze opgewassen is tegen alle uitdagingen van haar zware beroep. Discreet bijgekleurde lippen, subtiele kraaienpootjes om de opvallend verstandige ogen, het geheel in een pastelkleurig mantelpak gestoken, en ze kon de eed gaan afleggen als eerste vrouwelijke kanselier van de Duitse Republiek. Om haar te lanceren heeft haar partij een 39 bladzijden tellend manifest in elkaar gestoken. Maar het is weinig waarschijnlijk dat de huidige werklozen, na haar verkiezing, er vlug mee naar de winkel zullen kunnen stappen. Wat de Duitsers er totnogtoe van opgestoken hebben is dat de btw met 2 procent omhoog gaat. Al de economische schlagers van het ogenblik, over heel de wereld, staan ook in haar receptenboekje voor een nieuw *Wirtschaftswunder*: meer investeren, meer wetenschappelijk onderzoek, meer en spitsere nieuwigheden, toponderwijs enzovoort. Belastingverlagingen zullen kritisch onder de loep worden genomen, de slapte in de verkoop moet aangepakt worden. Belastingvrije inkomsten op feestdagen en voor nachtwerk worden geschrapt. De pendelvergoeding voor de eigen wagen gaat er ook aan. Subsidies voor de bouw van een eigen woning zullen niet meer kunnen. Oudere echtparen zonder kinderen zullen dieper in hun portefeuille moeten tasten. Die nieuwigheid maakt deel uit van de maatregelen om het geboortepeil op te krikken. Maar wat dan met de talloze ouderen zonder kinderen die in jaren geen vaste betrekking hebben gehad?

Angela Merkel heeft nog een steile economische Calvarieberg te beklimmen vooraleer de kiezers haar kunnen verheffen tot Onze-Lieve-Vrouw van het Herenigd Duitsland...

Inmiddels in de VS...

Ligt er dan echt geen gulden middenweg tussen die calvarie van Merkel en ons kabbelende terrasjesleven?

De VS kennen die problemen niet. Ze werken tachtig uur per week in twee banen, nemen nauwelijks vakantie en proberen rond te komen met een steeds maar krimpend minimumloon zodra ze er niet in slagen *het te maken*. Daarom kunnen ze ook zo'n hoge borst opzetten tegen de luie Europeanen. Maar is die borst wel zo hoog? Klinkt er niet enige afgunst uit hun verwijten? Terrasjes zijn onbekend in de nijvere VS. Waartoe zouden ze dienen? Om in het zonnetje, bij een biertje, achter je krant weg te duiken moet je warempel de kantoorruimte verlaten. Geen zinnige Amerikaan zou het wagen. Tijdens zo'n afwezigheid van een half uur kan zijn job al aan een vlijtiger concurrent uitbesteed zijn. De haastige drukte op de Amerikaanse trottoirs is trouwens zó groot dat geen enkele barhouder het zou wagen er een tafeltje tussen te wriemelen.

Amerikanen die Europa aandoen, stellen vast dat ook heel wat oudere mensen op die terrasjes zitten te genieten. 'Wie betaalt hun biertjes en de ijsjes van hun echtgenotes?' vragen ze zich geïrriteerd af. Eigenlijk kunnen die oudjes het zich niet veroorloven, maar ja, ze leven toch op de kosten van de jonge generatie die zich steeds luider afvraagt of ze écht voor het genot van die zorgeloze genieters moet werken. In weinig woorden doen de Amerikanen Europa dan maar af als een enorm bejaardentehuis, het tienvoudige van Florida.

De Amerikanen weten hoe het zou moeten. Laat de oudjes hun eigen boontjes doppen. En haal de jongeren uit de watten van de veilige werklozensteun. Laat de bazen hun personeel aannemen en naar believen buitengooien. Sluit instellingen zoals de VDAB, en de werkzoekenden zullen vlug in de rij staan aan de fabriekspoorten. Amerika kent nauwelijks een werklozenprobleem. Is de werkende bevolking er zóveel gezonder dan in het Oude Europa? Je zou het nog gaan denken als je vaststelt dat 45 miljoen van de Amerikanen over geen enkele vorm van ziekteverzekering beschikt. Dat kunnen ze zich gewoon niet permitteren. Ze gaan ook veel minder vaak naar de dokter, vermijden onbetaalbare chirurgen en blijven weg bij de tandarts tot hun afbrokkelende tanden in hun bord vallen.

Zo'n Europese dokter, die desnoods ook aan huis komt, en wiens rekening wordt terug betaald door een ziekenfonds: daar voelen de Amerikanen wel wat voor. En betaalbare inschrijvingen aan de universiteit zouden ze ook graag uit Europa overnemen. Maar dan moet heel het Amerikaanse systeem op zijn kop worden gezet, en worden ze zowaar Europees...

Waar voelen ze zich dan zóveel beter dan de Europeanen? Ze werken hard en goedkoop en nemen permanent risico's. Is het dát wat we moeten nabootsen? Hoe krijgt Europa zijn bevolkingen zo ver? Hoe doe je de mensen dubbel werken voor een half loon? In de *International Herald Tribune* van 22 juni 2005 schrijft topjournalist Roger Cohen, terwijl hij een Europese vriend citeert:

'Hier in Europa kijken we naar de prachtige ondergaande zon. Straks zet ik de tv op. Of ik lees een boek bij een glas rode wijn, mijmerend over onze verspeelde kansen. Dat deden de Oude Grieken ook terwijl de Romeinen hun land aan het veroveren waren.'

Ach, veroveringen maken op Europeanen geen grote indruk meer. We zijn al zo vaak onder de voet gelopen. En de moderne uitdaging is geen militaire: het gaat om onze boterham. Om die van onze kinderen. Momenteel merken we misschien niet zo veel van die tanende welvaart. Maar de angst voor het gebeuren heeft al heel wat onheil over ons geroepen.

Doen we er iets aan? Of krijgen we de plooi die we hebben aangenomen nooit meer glad gestreken?

2

Met Gods adem in de rug

Als er één van nature hard werkend volk op aarde leeft, dan is het wel het Amerikaanse. Om dat te verklaren moeten we terug naar de pioniersjaren, naar de negentiende eeuw. Dichte drommen afgepeigerde gelukzoekers ontvluchtten toen het vechtende en verhongerende Europa. Als ze de overtocht hadden overleefd, baanden ze zich een weg door het nog ongerepte Amerika. Ze trokken achtereenvolgens door de prairies, de stofvlakten en het rotsgebergte, onderweg buffels en indianen liquiderend. Ze waren geobsedeerd door het Land van Belofte dat helemaal in het westen lag te glimmen als een grote klomp goud. De miljoenen jaren oude rotsen rukten vaak de wielen van hun huifkarren of deden de assen doormidden breken als lucifershoutjes, zodat hele families vast kwamen te zitten in de ruige Far West. De pioniers kwamen om van de honger en ellende die ze in Europa ontvlucht waren.

Eens in Californië stortten ze zich in de rivieren, waar ze met schopjes en zeefjes of met de blote handen tekeer gingen, in de hoop er een kleine morzel goud uit op te delven. Ze durfden hun plot, hun stukje van de rivier, geen ogenblik uit het oog te verliezen uit vrees dat iemand anders, bij hun terugkeer, hun plaats zou hebben ingenomen. De pioniers leerden dus wel degelijk werken tijdens de verovering van het Beloofde Land. Het land was hun dan misschien beloofd, maar ze moesten het niettemin veroveren. Aan die *gold rush* zat al onmiddellijk een typisch Amerikaans aspect vast: wie zich uit de naad werkte, kon vlug rijkdom verwerven. Het begrip 'brood verdienen' stond zeker niet in het woordenboek van de gouddelvers. Hun collectieve verzuchting was *to strike gold, to strike richness*. Ze dachten helemaal niet aan een fatsoenlijk pensioen als ze op rust zouden gaan: het was alles of niets. Het grote lot, dát was de inzet!

Zo ging het in de Wilde Jaren van het Verre Westen. Maar dat fenomeen kon niet blijven duren. Er zat niet genoeg goud in de rivieren en niet voldoende overmoed in de pioniers. Na een paar decennia werd er meer gekaart, gedronken en gevochten dan goud gezeefd.

Gelukkig voor de Amerikanen was er nog een andere motivering om hun ontembare ijver te stimuleren. Naarmate de migranten meer in contact kwamen met de nakomelingen van de eerste, oorspronkelijke Amerikanen, de erven van de Britse kolonisten, raakten ze ook in de cultuur van die 'oude' Amerikanen ingebed. En de cultuur van de eerste Amerikanen, uit het begin van de 17de eeuw, was diep religieus. Het waren intens gelovige calvinisten, een zeer strenge soort protestanten. Zij waren ervan overtuigd dat ze een uitverkoren volk waren. En die overtuiging zou het zout van hun bestaan en van hun missie worden. De calvinisten hadden voor zichzelf uitgemaakt dat offervaardigheid en noeste arbeid de beste bewijzen waren dat iemand uitverkoren was om 'gered' te worden voor het hiernamaals. Eigenlijk waren ze ervan overtuigd dat de mens al van bij zijn geboorte ofwel uitverkozen was, ofwel veroordeeld tot het eeuwig vuur... Zoals ontelbare ouders het geslacht willen kennen van hun ongeboren baby, zo wilden de calvinisten ook wel graag, hier op aarde al, vernemen of ze nu 'gered' dan wel 'verdoemd' waren. En er was maar één middel om daarachter te komen: wie met vlijt en overgave zijn werk verrichtte, was bijna zeker dat hij op weg was naar de hemel. Maar ook dan bestond er nog geen absolute zekerheid over het eeuwige lot. Was het dan niet aangeraden altijd op veilig te spelen en zijn taken met maximale vlijt uit te voeren? Hoe harder je werkte, hoe meer zekerheid je had om in de hemel te komen. Calvijn was er bovendien heilig van overtuigd dat het ieders taak was om voortdurend zijn of haar situatie te verbeteren. En dat kon alleen maar door je productiviteit op te voeren. Al was Calvijn van herkomst een Frans theoloog, niemand kon een meer Amerikaanse slagzin hebben bedacht: de productie opdrijven!

Die productie opdrijven kon natuurlijk in de eerste plaats door lange dagen te werken en korte vakanties te nemen. De onzekerheid van het Amerikaanse bestaan is ook al een bedenking van Calvijn. Vanuit zijn doctrine verklaarde hij dat de mens van ogenblik tot ogenblik leeft. Je bent nooit zeker van wat er morgen komt. Of straks. De onzekerheid is de essentie van het leven. Ze heeft de Amerikaan gepantserd tegen alle sociale zekerheid, van ziekteverzekering via werklozensteun tot pensioen. Het werk was de allereerste zorg. Doorgaans verricht voor iemand anders. Vaak voor een onbekende.

Terwijl de Europeaan geleidelijk zijn gezinsleven en zijn maatschappelijk bestaan naar de voorgrond heeft gehaald en het werk als een veeleer noodzakelijk kwaad is gaan beschouwen, heeft de Amerikaan zijn filosofie uit twee bronnen geput. Hij heeft de rationele, technologische prestaties weten te koppelen aan zijn fundamenteel religieuze ijver. Zouden de Amerikanen nog wel weten dat ze hun dubbele werkbeurten (voor de burgers uit de onderklasse) te danken of te wijten hebben aan Calvijn en de zijnen? Dat Calvijn, met zijn obsessie van productiviteit, aan de basis ligt van heel de moderne Industriële Revolutie, om al maar te beginnen met de fameuze *lopende band*? Vanaf het ogenblik dat Henry Ford zijn allereerste band liet lopen, moest de arbeider meelopen. Hij mocht geen centimeter of geen seconde achterop raken. Terwijl de Europeaan zijn weg naar de hemel plaveide met goede werken, kwam het er voor de Amerikaan op aan zélf goed te werken. Hoe vlugger en hoe efficiënter hij tewerkging, hoe dichter hij bij God stond! Kijk naar de menselijke openbare werken, ook in onze geautomatiseerde Aards Paradijs, en tel de weken en maanden die eroverheen gaan vooraleer ze klaar zijn. Kijk dan ook naar de goddelijke Openbare Werken: God kreeg de schepping van hemel en aarde voor elkaar in amper één week. Alles bloeide en groeide en was tot in de puntjes verzorgd. Welnu, de manier waarop de mens aan zijn Aards Paradijs werkt, moet daar zoveel mogelijk op lijken. De mens kan dan nog rekenen op de hulp van machines, maar God stond er met blote handen voor. Eigenlijk is de positie van God zélf er ook op vooruitgegaan met het ontstaan van die duizenden machines: met elke machine die er bijkwam, heeft Hij meer greep op de mens gekregen. God is een duizendpoot geworden. Hij staat 100 procent in dienst van de Amerikaanse efficiëntie. De journalist en auteur Jeremy Rifkin heeft in zijn knappe boek *The European Dream* een paar bijzonder rake vergelijkingen gemaakt tussen Amerikanen en Europeanen. Zo is hij is ervan overtuigd dat de Europeaan een zekere afkeer voelt voor het woord *efficiency* en ertegenop ziet het te gebruiken als het over zijn eigen persoon en leven gaat. Voor de Europeaan hoort 'efficiency' bij machines. Zo schrijft hij: 'Wie het woord gebruikt in verband met mensen, beschouwt hen niet meer als een doel op zich. Ze worden gewoon een middel om de productie te vereenvoudigen.'

De auteur wijst ook op het merkwaardige Amerikaanse begrip *quality time*. Het gaat dan om enkele minuten dat men een en al oor is voor iemand. Voor zijn kinderen, bijvoorbeeld. In die korte tijdspanne geeft men alle beschikbare aandacht. Maar wat doet men dan voor de rest? 'Europese ouders kennen geen equivalent voor *quality time*. Europeanen,' aldus Rifkin, 'weten wel een ijdel moment te waarderen.'

De meeste Amerikanen geloven niet dat het geluk iets is dat iemand te beurt kan vallen. Voor hen is het geluk iets waaraan ze ononderbroken moeten werken. *Werken* aan je geluk is Amerikaans. Je gelukkig *voelen* is Europees.

Angst voor de Chinees

Met dit alles in het achterhoofd kunnen we alleen maar concluderen dat de Amerikanen wel opgewassen moeten zijn tegen de Indische en Aziatische concurrenten. Medespelers die klaarstaan om onze economie als sprinkhanen te overvallen en in ijltempo klein te knabbelen. Als er een volk opgewassen is tegen de uitdaging van de globalisering, dan is dat het Amerikaanse. En toch is dat niet zo. Ernstige tijdschriften als *Business Week* of *Fortune*, die de uitdaging wel degelijk serieus nemen, zijn van oordeel dat de Verenigde Staten in hun economie uiterst kwetsbaar zijn. Zakenlui maar ook gewone burgers vergaat de eetlust als ze zien dat IBM zijn computerafdeling kwijtspeelt aan een Chinese multinational. Een Chinese multinational? Hoe bestaat het? Maken die bruikbare spullen? Ooit een Chinese computer in een Amerikaans kantoor gezien, of in een uitstalraam? Zou je er echt één kopen? Waren de Chinezen niet de kampioenen van het allergoedkoopste speelgoed? Je weet wel, die blikken autootjes met daarop 'Made in the People's Republic of China'.

Maar we horen het op de radio, zien het op tv, lezen het in de krant. Elke dag wordt het echter. En dagenlang regende het berichten over een Chinese oliemaatschappij die haar zinnen had gezet op het Californische bedrijf Unocal. Ze zitten dus ook aan de Amerikaanse olie. Zal Washington dat laten gebeuren? De regering Bush, die miljarden uitgeeft aan een oorlog in Irak – waar het toch ook (onder meer) om olie gaat? Olie is het zakelijke bloed van de VS. Gaan de Chinezen de levensader van de Amerikaanse economie doorsnijden? Wij die dachten dat de Chinezen helemaal aan het veranderen waren en elke dag een beetje meer werden zoals wij in het Westen.

Of hebben we het allemaal verkeerd ingeschat? Hebben we de Chinezen door een te roze bril bekeken? Zijn ze in hun binnenste tóch doodgewone, kwaadaardige communisten gebleven die Amerika willen verhinderen een tweede Amerikaanse eeuw te beleven?

Het is simpelweg niet te geloven. Wat voor een Chinees schimmenspel speelt zich aan de Yangtsé af? Hebben de Amerikanen hun superbreinen verloren, zijn hun economische spierbundels aan het verdunnen en verslappen? Staan ze niet langer aan de spits van de universele vooruitgang? Ach kom, laten we ons eens nuchter bezinnen. Amerika telt slechts 5 procent werklozen. In Duitsland, in Frankrijk, zelfs in Japan zijn er dat twee keer zoveel. Die 5 procent Amerikanen zonder job, dat is een minuscuul hoopje maatschappelijk afval. Wie doet het beter, waar ter wereld? Neen, de Amerikanen willen geen nutteloze nachtmerries dromen. 'Laten we doorgaan zoals we bezig waren' is hun reactie. Overal ter wereld hebben ze concurrenten, dat is een feit. Maar concurrenten zijn er om verslagen te worden. Ze zijn er om zich mee te meten. Ze dienen als maatstaf voor het eigen Amerikaanse kunnen. Het is waar dat de Yanks soms van zichzelf de indruk krijgen dat ze achteruitboeren. Het wekt verwondering en wrevel als ze George W. Bush horen ageren tegen het stamcelonderzoek, gedreven door obscure, religieuze motieven. Maar dát zijn de uitzonderingen die de regel van de vooruitgang bevestigen, meer ingegeven door voorzichtigheid dan door wetenschappelijke achteruitgang. De Verenigde Staten hebben nog altijd de sterkste economie, het grootste aantal rijken, de meeste kansrijke immigranten, het sterkste leger. Hoeveel Chinese vliegdekschepen dobberen op de wereldzeeën? Hoeveel kernraketten bezit India? Hoeveel divisies telt Taiwan? Neen, de pas begonnen eeuw wordt ook Amerikaans. Misschien nog meer Amerikaans dan de voorbije. Amerika meet zijn sterkte in eerste instantie aan de groei van zijn bevolking. Het is een eeuwenoude waarheid dat een land met de grootste bevolking het sterkst staat in de wereld. En op dat stuk gaat het goed met de VS, heel goed zelfs. Dat is ook hoogst nodig: de topconcurrent, China, herbergt tenslotte een bevolking van 1,3 miljard stuks. De nummer twee in de competitie, India, nadert het miljard... Samen tellen die twee aankomende grootmachten meer dan een derde van de wereldbevolking. In Washington noemen ze China en India liever de twee jonge 'Grote Onmachten'. Amerika kan daartegenover slechts 293 miljoen mensen in het gelid brengen. Niet zoveel, maar de VS is trots op de adembenemende aangroei van zijn menselijk potentieel. Van naderbij bekeken komt dat erop neer dat er de voorbije tien jaar 30 miljoen Amerikanen bijgekomen zijn. Als dat zo verder gaat, zijn ze op de goede weg. De Chinezen houden zich (in theorie alvast) aan de eenkindpolitiek. Ook dát speelt in de Amerikaanse kaart.

De rest van de moderne wereld moeten ze ook al niet vrezen. Vanuit Washington bekeken lijkt Europa wel een zeurend en bevend bejaardenhome waar de doorsnee leeftijd boven de 40 jaar ligt en vrolijk blijft klimmen. De Amerikaanse bevolking echter is jong, met een gemiddelde leeftijd van 35 jaar. Tegen het midden van de huidige eeuw zal Amerika's bevolking met slechts zes jaar verouderd zijn. Wie doet beter? In China zal het gemiddelde met vijftien jaar omhoog gegaan zijn. De Amerikanen zien het reproductietempo van een land als een blijk van vertrouwen in de toekomst.

En dan bezitten de Amerikanen toch nog altijd hun Amerikaanse Droom. Die is gratis en van levensbelang. Die droom is ook absoluut vrijblijvend. In een chique flat op Manhattan, in een woonwagen in Missouri, overal kan rond die droom worden gefantaseerd. De droom zegt helemaal niet dat alle burgers ooit de maatschappelijke top zullen bereiken. Hij stelt alleen dat alle inwoners van de States het mogen proberen. Hij zegt niet eens: 'Wie waagt, die wint'. Soms lijkt het erop dat het Europese loterijbriefje, statistisch, meer kansen biedt dan de droom. Nochtans verkoopt de droom even vlot als onze lottobriefjes. Het boek *The Purpose Driven Life* (*Leven met een doel*) is een religieuze cursus die precies zegt hoe de dromer zijn leven moet organiseren om er te komen. In 2005 zijn er in de VS 25 miljoen exemplaren van over de toonbank gegaan. Uiteraard in de Verenigde Staten, waar ter wereld zou je het boek nog aan de man kunnen brengen? Bijzonder opmerkelijk is het vasthaken van de jackpot aan het bovennatuurlijke: hoe word ik rijk door veel te bidden? Ziet ook de Amerikaan zijn droom, in zijn diepste binnenste, niet écht als een natuurlijk gegeven?

En dan is er hun nooit aflatende vlijt. Als het moet 80 uur per week. Als het moet ook zaterdag en zondag. Als het moet met slechts een dozijn vakantiedagen per jaar. Op 16 juli 2005 schrijft de gezaghebbende *The Economist*: 'Amerikanen werken harder dan om het even wie, ze kloppen jaarlijks 300 uren meer dan bijvoorbeeld de Europeanen. En een dynamische Amerikaanse maatschappij staat borg voor een goed geschoold en technisch geavanceerd volk.' Het blad wijst erop dat momenteel een kwart van de volwassenen een universitair diploma op zak heeft.

De optimisten zien hun land als een plaats waar ruimte overblijft voor ontdekking. De eeuwige trekkers, de moderne pioniers. Ze zien de omvang van hun land, gecombineerd met de dadendrang van de burgers, als een garantie voor de mobiliteit van de besten onder hen om telkens opnieuw ergens in dat onmetelijke land nieuwe uitdagingen aan te gaan. De *meritocratische* traditie (het zich naar de top presteren, het zich opwerken) is het toverwoord dat Amerika tegen alle economische belagers moet beschermen.

Zij die de dodelijke concurrentie van Chinezen en Indiërs wegwimpelen, zien het hedendaagse Amerika als de technologische versie van de pionierstijd. Als er dan toch met China moet worden vergeleken, argumenteren ze, besef dan dat Amerika de eerste maatschappij ter wereld is die de helft van haar bevolking in een stedelijke omgeving heeft ondergebracht. Denk terloops dan aan de honderden miljoenen Chinese landbouwers die klaarstaan om de snelgroeiende steden te bestormen. Niets daarvan in de Verenigde Staten! Tussen de regels door laat *The Economist* wel vermoeden dat de spanningen tussen rijk en arm de laatste decennia flink zijn toegenomen. Een rijke Amerikaan durft zijn villa niet langer zomaar langs de stoep neer te poten. Hij verschanst zich achter stalen hekken met automatische poorten die hem veilig beschutten tegen de medeburgers van de nochtans 'klassenloze' maatschappij. Want daarbij zweert de Amerikaan nog altijd: zijn land kent geen sociale klassen. Eigenlijk kennen ze in Amerika slechts één enkele klasse en dat is de middenklasse. Maar zelfs als de rijken zich steeds nadrukkelijker gaan verschuilen binnen de omheiningen van hun domeinen kan de Amerikaanse cultuur dat zonder verpinken verklaren. Zo wordt er met trots op gewezen dat de nieuwste wijken in Californië al voor 40 procent met omheiningen beveiligd zijn. Doen ze dat om zich in te dekken tegen de komst van de Chinezen? Of willen ze zich beschermen tegen de miljoenen klassenloze burgers die overhand toenemen zonder dat ze bij de werklozen worden gerekend? Zij zijn gewoon de onderste laag van de bevolking. Daaruit kunnen de goedkoopste werkkrachten worden geput. Misschien worden ze ooit Amerika's geheim wapen tegen de buitenlandse competitie. Geboren zijn in een armoedig milieu is helemaal geen schande in de VS: het is een feit om trots op te zijn. Als je het tot president van de Verenigde Staten kan brengen, tenminste. In de jaren negentig van de vorige eeuw was Bill Clinton het lichtende voorbeeld. Ook nu nog blijft de bewondering overeind voor de man die zijn middelbare school niet afmaakt maar die tien jaar later dan toch miljonair is geworden. Zo werd bij het overlijden van Peter Jennings, nieuwsanker van ABC-TV, van de daken geroepen dat hij er nochtans zonder voltooide middelbare studies was gekomen. Dat moest dan klinken als een adelbrief. In één adem vermeldden de bladen, de Amerikaanse maar ook de buitenlandse, dat Jennings een *high school drop-out* was maar tegelijk een heel beschaafde man met een brede professionele achtergrond. In Amerika is een *drop-out* iemand die 'naast de maatschappij' staat. Dat heeft al een heel andere klank. Ach, ik heb Jennings zo vaak aan het werk gezien. Het wás een charmante, zeer professionele, beschaafde verschijning maar of zijn *drop-out*-verleden een essentiële bijdrage had geleverd tot zijn vakkennis viel nergens uit op te maken. Neen, die idolatrie rechtvaardigt nergens lage schoolcijfers. Als de Amerikaanse jeugd het wil opnemen tegen Chinezen en Indiërs dan zullen ze het schoolbord beter in het oog moeten houden. Het zal hen geen deugd doen als de Amerikaanse lagere schoolleerlingen met hun wiskundekennis op de twaalfde plaats blijven hangen in een reeks van 25 landen. Het zal hun zelfs niet baten als ze zesde scoren voor wetenschap. Ze zouden er beter aan doen een lagere school te bezoeken in Sjanghai of in New Delhi. Nochtans houden de optimisten vol dat het intellectuele leven in de VS aan de top staat in de wereld...

'Rusteloosheid te midden van de overvloed is Amerika's sterkste troef', schrijft *The Economist*. Toch moeten we ons ook afvragen of rusteloosheid te midden van de armoede, zoals in China of India, of zelfs in Oost-Europa, een niet even sterke troef bevat?

Ook deze eeuw wordt 'Amerikaans', redeneren de roekeloze geesten. Alleen de consumptie-idealen zijn veranderd. Vorige eeuw droomden de gearriveerde Amerikanen (en de andere ook) van een ranch, een Chevrolet en een kleuren-tv. Die idealen zien er nu anders uit. Nu grijpt de droom naar een ommuurd domein, een terreinwagen en een snelle internet aansluiting. Maar wat als de metselaars, de terreinwagens en de internettechnologie vanuit China geïmporteerd moeten worden? Kan het moderne Amerika zich echt indekken tegen de aanstormende commerciële competitie?

Omdat in de VS de absolute top van het succes altijd in de best gevulde brandkast eindigt, loopt ook op dat punt alles op wieltjes. De voorbije kwarteeuw is de weelde van de superrijken (= 1 procent van de bevolking) duizelingwekkend gestegen. Zij verdienen momenteel 200 procent meer dan 25 jaar geleden. De rijkste Amerikanen gaan nu met 46,5 procent van het nationale inkomen aan de haal, de onderlaag moet het met 4,4 procent stellen. De beruchte, want niet echt bestaande, 'middenklasse' is er in diezelfde periode 18 procent beter op geworden. Het inkomen van die 1 procent, vooral op de beurs en uit speculatie 'verdiend', kan nauwelijks zorgen baren, gezien zijn bescheiden omvang. De vooruitgang van de middenklasse, hoe bescheiden ook, doet de Amerikanen echter wél de das om. De middenklasse is bekeken door een binnenlandse bril allesbehalve te rijk, maar tegelijkertijd is ze te duur om met de goedkope werkkrachten uit de rest van de wereld te concurreren. Wat de Amerikanen als een ontoereikend zoethoudertje beschouwen, doet hen niettemin torenhoog uitsteken boven de echt 'goedkope' Indiërs en Chinezen.

Arme academici

Echt goed nieuws is er natuurlijk ook voor de dromers. Zo is een universitair diploma essentieel geworden bij het opbouwen van een carrière. Bij het begin van de Tweede Wereldoorlog had niet eens de helft van de bedrijfsbazen een papier van een universiteit in hun lade liggen. Nu heeft zowat elk van hen hogere studies gedaan. Niet minder dan 70 procent van de huidige gedelegeerd bestuurders heeft zijn universiteit ook tot het einde doorlopen. Vraag is nu hoe het gesteld is met de hogere scholing in die goedkope landen. Daar hebben we het later nog over. Intussen valt het wél op dat in de VS alle betere scholen aangetroffen worden in de betere buurten.

Alles goed en wel beschouwd zijn er ruim evenveel redenen om zich ongerust te maken over Amerika's toekomst in de Globale Wereld als dat er aanleiding is om een hoge borst te zetten. De optimisten zitten overwegend vast in redeneringen van vroeger. Ze zien hun land als een reusachtig eiland dat zijn eigen gangetje gaat, zijn eigen normen stelt, aan zijn eigen vooruitgang werkt. Maar er zijn eigenlijk geen eilanden meer in de Globale Wereld, waar alle kusten bloot staan

aan dezelfde wereldwijde ambities. Protectionisme en mercantilisme (zoveel mogelijk uitvoeren en zo min mogelijk binnenlaten) zijn voorbijgestreefde begrippen. Vluchten voor de concurrentie kan niet meer. Telefoon, internet en satellietcommunicatie laten Indische boekhouders het werk doen van Amerikaanse multinationals. Ons tv-toestel van Philips is misschien in Indonesië in elkaar gezet, met onderdelen die in China of in Thailand vervaardigd zijn, volgens Nederlandse blauwdrukken. Wie zal het zeggen, wie zal het doorlichten? Het prominente Amerikaanse financiële vakblad *Fortune* ziet de toekomst vrij grauw. 'Zijn wij in de wereld nog competitief?' vraagt het blad zich af in de zomer van 2005. Neemt onze levensstandaard een duik als we ons meten met de rest van de wereld? Om mee te kunnen moeten arbeiders én bekwaam én goedkoop zijn.

Dat was tot voor een paar jaar een contradictio in terminis. Nu is het een uniek recept geworden voor ons economisch overleven: geschoold én goedkoop. De aandachtige waarnemers, in de VS maar ook in Europa, weten perfect dat dergelijke witte raven in het geïndustrialiseerde Westen met een vergrootglas gezocht moeten worden. De arbeiders willen er niet van weten en koesteren zich liever in hun weldoende werkloosheid, de vakbonden verzetten er zich tegen en de bedrijfsleiders kijken machteloos toe. Dat is het: we hebben ons een eeuw lang blindgestaard op onze zogezegd geïndustrialiseerde wereld. Zolang de lopende band liep, was alles kits. De arbeiders keken toe terwijl de producten op de band passeerden. Maar de band deed zijn werk zo perfect dat er nog nauwelijks arbeiders aan te pas kwamen. Dat was een eerste opdoffer. Afdankingen vielen samen met steeds performantere machines. Een troost, een magere troost: de besten onder de arbeiders zouden nog wel aan de bak komen. Maar die bak is de jongste decennia steeds leger geworden. Steeds minder handen kwamen eraan te pas. Kijk bijvoorbeeld naar een moderne montagehall voor auto's. Wat zie je? Een adembenemend grote ruimte. De lopende band beweegt zich aan de zoldering. Carrosserieën, motoren, losse onderdelen defileren naar een bestemming waar intelligente machines heel de puzzel in elkaar passen. Voor de rest is de montagehall zo goed als leeg. Een adembenemende leegte, meteen symbolisch voor de kansen op de arbeidsmarkt. Eén man staat een beetje verloren in beeld: hij houdt heel het gebeuren in het oog. Een pientere kerel die er tegen opgewassen is. Maar hoeveel zijn er van zijn soort? Voor de rest zien we alleen machines, lucht en leegte. Voldoende om er agorafobie aan over te houden.

Zulke volautomatische fabrieken, dat is niets meer voor het gesofisticeerde Westen. De arbeiders staan de machines immers alleen nog maar bij! Dus moeten die arbeiders even goedkoop uitvallen als hun machines. Echt niets voor ons. Wat kunnen we nog wel? We houden niet van gebouwen poetsen, huisvuil ophalen, rekken vullen in de warenhuizen of parken wieden. Een groot geluk dat banen zoals kelner, deurwaarder, kapper, kok of naaister niet naar de derde wereld geëxporteerd kunnen worden. Maar zijn dat uitgerekend wel de banen waar de jongeren reikhalzend naar uitkijken? En dan nog blijft de dreiging bestaan van onze hoger genoemde 'Poolse loodgieter'!

En toch willen we niet naar beneden met onze ambities. We willen hogerop. Zeker als onze blik van onze portemonnee naar de etalages van de winkels afdwaalt. Maar 'hogerop' is steil voor sommigen. Veel scholen missen de stuwkracht om hun jonge volkje van hun banken naar een ambitieuze job te lanceren. Het blijft een voorrecht voor de slimste. Wie de juiste hersens heeft, moet zich op de 'hersennijverheid' storten. Dat hadden we al langer moeten doen. Kennis en informatie zijn de grondstoffen van onze toekomst. Productiebanden kunnen waar ook ter wereld 'lopen'. Na het einde van de Koude Oorlog en de 'bekering' van China is er nog slechts één commerciële wereld. De Amerikanen, die er zo prat op gaan dat zíj tenslotte de Koude Oorlog hebben gewonnen, zijn gewoon vergeten er een vervolg aan te breien. Ze zijn vergeten een scenario te verzinnen voor het verder draaien van de wereld die ze beweren te beheersen en te regeren.

Volgens *Fortune* zijn miljoenen westerse arbeiders aan die uitdaging blootgesteld: ofwel werken ze weldra voor een aalmoes, ofwel pijnigen ze hun hersenen tot die gaan meedraaien met de moderne tijd. De studiestof die ze vroeger niet wilden blokken kunnen ze nu niet meer missen. Wie voldoende bagage heeft, kan de duik in de 'dienstensector' wagen. Media en software, bankwezen en toerisme, wetenschappen en technologie wachten op creatieve geesten. 'Creatief' is het magische sleutelwoord voor het openen van de toekomst. Gewone 'moderne' beroepen die met telecommunicatie of computergebruik te maken hebben, zijn al voorbijgestreefd. Miljoenen bruine en gele handen tokkelen nu al de melodie van de toekomst op hun pc' s. 24 uur per dag. Ze verrichten hun job in broeierig hete, vochtige krotten nabij Mumbai of Sjanghai.

De optimisten blijven ervan overtuigd dat het volstaat onze kostbare voorsprong te behouden op die aankomende derde wereld. Maar dan moeten we eventjes gaan cijferen. Zijn het echt nog altijd Princeton, Harvard en Berkeley die de wijsheid in pacht hebben? Zijn Chinese universiteiten op één hand te tellen, en zijn ze niet veel beter dan onze lagere scholen? Moeten ambitieuze Chinezen uiteindelijk dan toch nog naar een Amerikaanse universiteit als ze écht professioneel 'af' willen geraken? Volgens het grondig uitgespitte rapport van *Fortune* zetten de universiteiten van China, India maar ook van Mexico, Maleisië, Brazilië en andere 'arme' landen perfect voorbereide jonge mensen op de markt.

Dit jaar zullen 3,1 miljoen Indiërs afstuderen. Pittig en nuttig detail: ze spreken stuk voor stuk een aardig mondje Engels. Ze kunnen zó uitzwermen over de hele Angelsaksische wereld. En bestaat er nog een andere? In China behalen dit jaar 3,3 miljoen studenten hun diploma. Dat zijn er, uit de twee grootste economische 'tijgers', 6,4 miljoen samen, kandidaten voor wat we de 'hersennijverheid' hebben genoemd. Wat stellen de Verenigde Staten daar tegenover? 1,3 miljoen jonge mensen die ook dit jaar het bewijs van hun intelligentie op papier mee naar huis zullen krijgen. Als we ons beperken tot het vak waarop onze hoop voor de toekomst gevestigd blijft, de studie voor ingenieur, dan brengt China er dit jaar 600.000 voort en India ongeveer 350.000. Waar staan de VS daarnaast met hun 70.000 afgestudeerde ingenieurs? Bedrijven met wereldfaam aarzelen niet om uiterst gecompliceerd werk in India te laten uitvoeren. Zo laat Texas Instruments de delicaatste onderdelen van zijn geavanceerde chips in India realiseren. Het is belangrijk daarbij te beseffen dat Texas Instruments op die manier zijn toekomst in grote mate uit handen geeft aan derdewereldtechnici.

Als het om eenvoudiger taken gaat, voelen en tonen de Amerikaanse bedrijven minder scrupules. Computerprogrammeurs die in de VS een riante 100.000 dollar verdienden zijn buiten de deur gezet en vervangen door een bijna gratis model uit India. Gemiddeld kost die 20 procent van zijn Amerikaanse evenknie, of vijf 'specialisten' voor de prijs van één.

De verhuizing van New York

Niet alle servicebanen worden uitgevoerd naar de lagelonenlanden. Banken kunnen, voorlopig althans, hun loketcontact met de klanten niet missen. Maar dag en nacht horen we hun spotjes op de radio waarin vermeende klanten langs hun neus weg vermelden dat ze 'natuurlijk' aan pc-bankieren doen. Daarom nemen ze ook hun laptop mee naar de zonnige stranden van hun vakantiebestemming, waar ze hun financiële belangen blijven behartigen van op het strand. Elk spotje zaagt een stuk van de poten van de stoel af waarop nietsvermoedende bankbedienden hun werk met ernst en toewijding verrichten. Zelfs als de banken voorlopig hun loketten openhouden om de klanten geen cultuurshock te bezorgen, dan wordt er al wel gewerkt aan de toekomst wanneer het loket door de pc vervangen zal worden. En die is helemaal niet veraf.

Intussen blijven de banken niet bij de pakken neer zitten. Binnen de instelling kunnen heel wat jobs verschoven én naar buiten gewerkt worden. Over heel de wereld hebben banken zo'n 25 procent van hun banen uitbesteed naar verre landen. De verzekeraars zitten nog maar aan 19 procent. De farmaceutische nijverheid moet het stellen met 13 procent. De positie van ingenieurs en boekhouders staat al op veel lossere schroeven. Naar schatting 52 procent van de ingenieursbanen kan van op afstand worden verricht. Boekhouden is voor 31 procent uitzendbaar! Nog een wonder dat het niet veel méér is, als je bedenkt hoe vaak je een 'exotische' stem aan de telefoon krijgt als je met Britse of Amerikaanse bedrijven een financiële regeling wilt treffen. Een paar weken geleden kreeg ik een aanmaning van mijn Amerikaanse krant

The International Herald Tribune om mijn abonnement dringend te verlengen. Mocht het om een misverstand gaan (misschien had ik al gestort) dan kon ik mijn situatie uitleggen via een 'rode telefoon', een 800-nummer. Vroeger werkte zo'n Rode Telefoon tussen Washington en Moskou, telkens als de wereldvrede in gevaar dreigde te komen. Nu dient die telefoon om duidelijk te maken dat er westerse jobs naar India of China geëxporteerd zijn: de stem aan de andere kant van de lijn was typisch Indisch. Dat wil zeggen dat het geluid vriendelijk en geolied zacht klonk. Indiërs zijn, in mijn ervaring tenminste, de Limburgers van Midden-Azië. Ze produceren een zoetgevooisd, zangerig en heel beleefd geluid. Elke zin begint en eindigt met 'Sir'. 'Yes, Sir' of 'No, Sir'. Zo ging het ook toen ik wou uitleggen dat ik al vijf weken eerder mijn abonnement had verlengd. Eerst wou hij mijn adres kennen om het in zijn computer op te zoeken.

'22, Acacia Drive', zei ik zo Engels mogelijk. Het antwoord kwam prompt maar anders dan verwacht:

'A beautiful name, Sir, and a beautiful tree, Sir.'

Onmiddellijk gevolgd door:

'I see, Sir, everything is okay. I see it on my screen. So, everything is okay, indeed! They probably didn't notice yet in New York, Sir.'

Was dat een verdoken code? Een manier om me duidelijk te maken dat ik eigenlijk niét met New York in gesprek was? Welke Amerikaan zou op dezelfde manier reageren? Kan je één New Yorker bedenken die met bewondering over onze acacia zou spreken?

Volgens ramingen van Amerikaanse deskundigen kunnen theoretisch een kleine tien miljoen jobs uitbesteed worden. Dat zou een immense weerslag hebben op de arbeidsmarkt aan de overkant van de Atlantische Oceaan. Het beroemde Amerikaanse werkloosheidcijfer van 5 procent zou dan alarmerend omhoog schieten tot 11,4 procent. Nooit gezien, nooit gehoord in de VS! Tussen haakjes: die 5 procent is een magisch percentage waaraan Amerika zich na de Tweede Wereldoorlog is gaan vastklampen. Het land had zich toen voorgenomen nooit terug te vallen in de onoverzichtelijke chaos van de Grote Depressie. Sindsdien worden de werkloosheidcijfers sterk gemanipuleerd. Wie zijn baan verliest, komt doorgaans terecht in een deeltijdse nepbaan. Zo moet hij er tenminste twee uitoefenen binnen elke 24 uur om net boven de armoegrens te blijven. Bovendien tikken die twee 'banen' ook dubbel aan in de berekening van het aantal actieve Amerikanen. Je zou ze ook kunnen noteren als 'twee keer géén werk'! Het is dus maar hoe je het bekijkt.

Maar hoe verhinder je het leegbloeden van een waardevol bediendebestand? Soms kan de uitrusting van een verouderd bedrijf daar gevoelig toe bijdragen. Ondernemingen met een flink achterop geraakte communicatiestructuur kunnen zich vooralsnog geen *outsourcing* permitteren. Het redt dan meteen de posities van de hoe dan ook bedreigde bedienden. Maar hoelang nog? Het consulentenbureau McKinsey schat dat de rijke westerse landen tegen 2008 ongeveer 4,1 miljoen jobs naar lagelonenlanden zullen afschuiven. McKinsey houdt het bij een zeer algemene schatting en maakt geen prognose voor de VS zélf. Een andere consulent en opiniepeilingbureau, Forrester Research, doet dat wel en voorspelt een Amerikaans banenverlies van 3,4 miljoen, alleen al in de witteboordensector, maar wel pas tegen 2015. De beroemde universiteit van Berkeley in Californië ziet de horizon pikzwart en voorspelt een overzees banenverlies van 14 miljoen in dezelfde sector en in dezelfde periode. Volgens *Fortune* kunnen die schattingen best nog heel bescheiden zijn.

Dit alles moeten we zien tegen de achtergrond van de huidige situatie. Momenteel zou er 'slechts' één miljoen bediendebanen over zee gegaan zijn. Zodra die beweging volop op dreef komt, mag men wel een *ripple effect* verwachten. De uitbesteding zal in de kortste keren steeds eenvoudiger worden naarmate de technologie ook eenvoudiger en meer gestandaardiseerd geraakt. Het effect van een succesvolle uitbesteding kan zich ook al 'kabbelend' voortzetten doorheen de hele economie...

Ook in de VS zal getracht worden de lonen naar beneden te krijgen. We kennen zo stilaan de formule van het Globale Tijdperk: minder verdienen voor enige vorm van vast werk. Maar een baan voor het leven is een verlangen dat voorgoed tot het verleden behoort. En *werk voor het leven* heeft trouwens nooit écht gepast in de Amerikaanse mentaliteit. Wie zijn werk beu is, gaat elders naar iets beters zoeken. Zo zal het ook de werknemers vergaan van wie de 'brood'-winning naar de 'rijst'-verdieners is uitbesteed. En omdat honderdduizenden zich in al nepbanen overeind proberen te houden, zullen ze ook bereid zijn hun verloren werk in te ruilen voor goedkopere arbeid. Ze weten en aanvaarden dat 'werken moet' binnen de Amerikaanse Droom. Sociale voorzieningen tegen werkloosheid zijn ze amper gewoon. 'Morgen wordt het beter' is hun devies.

En er zit nog een ander aspect vast aan de huidige evolutie. Omdat ook de kinderen van Calvijn er niet graag op achteruit gaan, zal de dreiging met *outsourcing* op zich al wel volstaan om de loonambities binnen de perken te houden of naar beneden te dwingen. Ze zijn tenslotte de kampioenen van de Vrije Markt. Als er veel bananen aangeboden worden, dan daalt hun prijs. En wat voor bananen en komkommers geldt, geldt ook voor werknemers. In 2004 gingen lonen en vergoedingen al naar beneden. Dat was wél ongewoon, omdat in de VS de productie gestegen was en de economie groeide. Velen hadden dus al de boodschap begrepen, en waren bereid ermee te leven.

De groei van de universitaire toppresteerders in China en India werpt nog een andere schaduw over de Amerikaanse economie. Een massa afgestudeerde Chinezen zal niet meer op zoek gaan naar een prestigieuze baan in de VS. In het verleden was dat doorgaans wel het geval. Die beweging is echter geleidelijk stilgevallen in het midden van de jaren negentig van de vorige eeuw. Erger nog: de Chinese studenten die zich in de VS verder gaan bekwamen zitten niet te wachten op een *green card,* die hen op termijn tot Amerikaan zal maken. Eens ze hun specialisatie op zak hebben, pakken ze hun biezen en keren ze terug naar China.

Er doet zich ook volgend dubbel fenomeen voor: er zijn stilaan voldoende technologiebedrijven in China zélf en, wat de sfeer betreft, is het communisme in die mate verbleekt dat de intellectuelen er nog amper hinder van ondervinden en dus niet meer de benen hoeven te nemen voor het regime. Al generatieslang zijn ze daarenboven meesters geworden in het verbergen van hun ideologische sympathieën. Nu er veel minder scherpslijpers aan het werk zijn, is de kans minuscuul geworden dat intellectuelen nog betrapt worden op 'afwijkende' meningen. Ze zijn nu ook veel meer geïnteresseerd geraakt in een Lexus dan in het gedachtegoed van Mao. De Grote Leider is ook zowat aan het wegdeemsteren uit het dagelijkse leven. Zijn beeld blijft weliswaar dromend over het Tian'anmenplein staren, maar voor de krioelende Chinezen aan zijn voeten is hij een beeld geworden dat hen meer herinnert aan de tijd waar ze vandaan komen dan aan de toekomst waar ze op afstevenen. Mao is zoals het Heilig-Hartbeeld dat boven Rio de Janeiro staat, of het bordje met 'Hier Vloekt men Niet' in een of ander oud Vlaams volkscafé.

Dat de Chinese studenten zich in dichte drommen op wetenschap en technologie hebben gestort, is ook niet zonder betekenis. Er bestaan aan de Chinese universiteiten heus nog faculteiten voor Rechten, Letteren en Wijsbegeerte, maar de rage van de tijd concentreert zich op de wetenschappen. De studenten beseffen gewoon dat er geen economische dominantie denkbaar is zonder meesterschap in de technologie. En dáár is het hem om te doen: om de economische dominantie. Daarin zit meteen ook de les voor de Verenigde Staten vervat. Wie de economie wil blijven beheersen, moet uitblinken in spitstechnologie. Het is aan de VS om daar werk van te maken. Als Amerika er niet in slaagt de huidige technologische ontwikkeling in China in te halen, dan kan het land van George W. Bush een historische klap krijgen. En de VS moeten dan echt van onderaan herbeginnen. Net zoals Europa.

Misschien zijn de Amerikanen er nog slechter aan toe dan wij. Daar is een uitleg voor. In de VS en in Europa komen jongeren tussen hun twaalfde en hun achttiende in middelbare scholen terecht. Maar de hele voorbije eeuw is er een fundamenteel verschil gebleken als het om de invulling van de lessenroosters in Amerika en in Europa ging. Wie het in Europa op de middelbare school nogal goed deed, werd door ouders en leraars in de richting van een universiteit geduwd. Over de rest van de klas maakten ze zich niet erg druk: die zouden het wel redden, hun vaders hadden het toch ook gedaan. Maar hun vaders hadden hun diploma's behaald in de jaren twintig van vorige eeuw. De wetten van toen zouden het echter niet meer doen in de jaren vijftig en zestig van dezelfde eeuw. Wie niet naar de universiteit kon trekken, kon ook niet veel aanvangen met zijn diploma middelbaar onderwijs.

De VS van hun kant hadden het middelbaar onderwijs opgevat als een sleutel voor allerlei beroepen waar geest én handen hun rol zouden spelen. Je kon naar de universiteit, maar je kon ook in een vak terecht. En je was er ook op voorbereid. In de jaren veertig bleken de VS dan ook zowat het best geschoolde land van de wereld.

De jongste decennia zijn de middelbare scholen er echter didactisch flink op achteruit gegaan. De Amerikaanse scholen zijn als het ware geëuropeaniseerd. De *high school* (de middelbare school) biedt nog alleen voor de besten een uitweg. De grote massa 'gewone' jongens en meisjes wordt aan zijn lot overgelaten. Op de koop toe is het middelbaar onderwijs in de VS algemeen naar beneden gehaald door de goedbedoelde integratiewetten uit de jaren zestig. Op de koop toe is er een brede bres geslagen tussen het privé- en het openbaar onderwijs, de *private* en de *public school*. Wie het zich kan veroorloven, stuurt zijn kinderen naar een privéinstelling, die doorgaans ook in een betere buurt is gelegen. De *private schools* staan doorgaans een heel eind boven de *public schools*, zeker als die laatste in gettobuurten gelegen zijn en vol zitten met verwaarloosde jongeren uit zwarte en andere armoedige gezinnen.

De *private schools* vertonen helaas een ander euvel. De meeste zitten in de ban van het neoconservatisme. Ze hebben zich resoluut afgekeerd van de avant-gardetechnologie. President Bush heeft zélf het sein gegeven voor het afremmen van de modernste spitstechnologie door zijn veroordeling van het stamcelonderzoek, een van de meest belovende terreinen van de medische biologie. Ook Darwin wordt zoveel mogelijk uit de klas geweerd. In een kordate terugkeer naar Calvijn wordt de goddelijke schepping beklemtoond in het creationisme. De evolutieleer van Darwin wordt naar een zijspoor geschoven. Het 'wetenschappelijk experiment', ooit de basis van de Amerikaanse wetenschap (en van alle wetenschap), is nu het mikpunt van een religieuze heksenjacht geworden die alleen maar nieuwe experimentele uitwegen kan afsluiten.

Anderzijds heeft de algemene verzwakking van het middelbaar onderwijs de VS naar de achterbank van de klas verwezen en er een van de meelopers uit de massa van gemaakt. Amerika dreigt zijn positie aan de kop van het wetenschappelijke peloton kwijt te spelen. In een wereldwijde peiling naar het mathematisch kunnen van de vijftienjarigen is Amerika op de 28ste plaats terechtgekomen. Aan de top staat Finland en het 'ontwikkelingsland' Zuid-Korea bezet de tweede plaats. Hongkong staat vierde en Amerika's buurland, Canada is derde. De leerkrachten in de VS moeten dus ook op eigen borst en bord kloppen...

Het is niet de eerste keer dat Amerika in een dergelijke educatieve dip vastloopt, zeggen professoren enigszins geruststellend. En het is nog waar ook. Een halve eeuw geleden werd er eenzelfde achterstand genoteerd. Dat gebeurde op 4 oktober 1957, toen de toenmalige sovjets hun eerste ruimtetuig, de Spoetnik, de ruimte in slingerden. Het werd het begin van het ruimtetijdperk. Alles wees erop dat het, vanwege de Russen, menens was. De maand daarop schoten ze het hondje Laïka de ruimte in en heel het Westen, met de Amerikanen op de eerste rij, stond met open mond naar het heelal te staren. De Amerikaanse paniek was lelijk overtrokken, zoals het vaak met ongecontroleerde gevoelens het geval is. De Russen waren toen nog volop de gevreesde communisten, het Rode Gevaar dat kort daarvoor in de Koreaanse oorlog het Noorden mee had helpen voorzien van wapens en inlichtingen. We hadden te weinig betrouwbare informatie van wat er zich toen precies achter het IJzeren Gordijn afspeelde om de uitdaging op haar reële waarde te kunnen schatten. We beseften toen niet dat de Sovjetunie alles op alles zette om de Amerikanen militair in the halen. We hadden het niet door dat ze wél een hond de ruimte konden inschieten maar dat ze hun volk geen fatsoenlijk voedsel of een degelijke woning konden bezorgen.

De uitdaging was toen trouwens een stuk kleiner dan nu. Laat het dan nog om het Rode Gevaar gegaan zijn, het bleef bij één tegenstander. Niet alle Rode Rijken begonnen meteen satellieten te lanceren. Amerika had trouwens al een lange reeks van (vooral mislukte) proeven met raketten op zijn actief. De sovjetuitdaging zou Washington ertoe aanzetten meteen ernstig werk te maken van zijn achterstand in de ruimte. Ze konden hun eigen achterstand vlug goed maken door exnazi's aan de bouw van het Apolloproject te zetten. De vader van de vliegende bom onzaliger gedachtenis, Werner Von Braun, werd met de opdracht belast. We weten nu dat hij erin slaagde de Amerikaanse achterstand in relatief korte tijd in te halen. Het voorbeeld van Von Braun zoog de Amerikaanse scholen mee in zijn zog. Er werd Federaal geld in het onderwijs van wiskunde, wetenschap en vreemde talen gepompt. En het vak van ingenieur werd in de jaren zestig opnieuw *cool*. De studenten kwamen er in trossen op af. De geschiedenis herhaalt zich dan toch. Nu zijn de wetenschappen opnieuw diep in de belangstelling gezakt. Terwijl Amerikaanse leerlingen hun wiskundekennis vlug moeten meepikken tussen twee basketbalwedstrijden in, besteden Aziatische leerlingen dagelijks negen tot tien uur aan hun studie. Ze zitten elke dag op de schoolbanken van 7.30 uur 's morgens tot 8.30 uur 's avonds.

In de VS zijn het in de eerste plaats de ouders uit de betere buurten die ongerust worden over de sombere ontwikkeling van de educatieve situatie. Zelfstandige leerkrachten spelen in op die ongerustheid van de ouders en bieden de achteropgeraakte leerlingen hun kennis aan voor een allesbehalve zacht prijsje. Die eenmansbedrijfjes zijn in een aantal gevallen snel aan het uitgroeien tot winstgevende intelligentieondernemingen. Normaal zou de overheid vlug moeten inspelen op de behoeften van het hele Amerikaanse leerlingencorps door de kwaliteit in de *public schools* op te krikken. De huidige president is daar wel voor te vinden, als het maar gebeurt volgens zíjn religieuze en wetenschappelijke normen. Het blad *Fortune* schrijft: 'Als we wiskunde en wetenschap in onze middelbare scholen maar konden optillen tot op het niveau dat diezelfde vakken in de Zuid-Koreaanse scholen halen, het zou al een gargantueske prestatie zijn! Dan zouden we op hún peil kunnen meepraten. Maar dan zouden zij hetzelfde onmisbare hightechwerk nog altijd voor 20 procent van onze loonprijs verrichten.'

Een dergelijke vaststelling spreekt boekdelen. Korea, het schiereiland dat de Amerikanen vijftig jaar geleden uit de klauwen van het communisme moesten redden, heeft nu op zijn beurt Amerika, op een voorlopig nog vreedzame wijze, in zijn klauwen.

Het blad wijst ook de Amerikaanse immigratiewetten met de vinger.

Wat doet Amerika nog om de beste buitenlandse breinen binnen te halen? Zo goed als niets. Momenteel zetten de VS alles op het aandikken van de bevolking.

Op de immigratiediensten hoor je steeds hetzelfde woord: 'gezinshereniging'! Wie al familie heeft in de VS geraakt er, zelfs tegenwoordig, nog wel binnen. Niet meer zo gemakkelijk als bij het begin van de eeuw, toen de terreur zich nog een weg moest banen in Amerika, maar als je maar bloedverwanten hebt in het grote land lukt het wel. En intussen weegt bloedverwantschap een stuk zwaarder dan intelligentie, talent en buitenlandse diploma's. Een nieuwe Albert Einstein die vandaag naar de VS zou willen maar die geen familie heeft over de Oceaan, zou terechtkomen in een lange, lange file van tienduizenden ongevormde handenarbeiders. En hij zou helemaal aan het staartje bengelen. Nochtans zijn er voorstellen en ideeën om aan die toestand te verhelpen. Er zou al heel wat vooruitgang geboekt worden als alle buitenlands jonge mensen die in de VS gaan studeren, een groene kaart ontvingen samen met een jobaanbieding (voor een tijdelijk verblijf in de VS) op de dag van hun diploma-uitreiking. Het zou hen niet écht verplichten, maar het zou toch een zachte morele dwang uitoefenen en de afgestudeerden duidelijk maken dat Amerika in hen had geïnvesteerd en dat het land nu ook op hun wetenschappelijke inzet rekende. Toch voor een tijdje.

Maar de VS staan uiterst wantrouwig tegenover buitenlandse studenten die zich in Amerika aan een universiteit laten inschrijven. Ze worden tot op het bot doorgelicht en afgewezen bij de geringste twijfel over hun herkomst en bedoelingen. Zaten er geen 'studenten' onder de negen die het onheil hebben aangericht op die vervloekte 11 september 2001? In Amerika gaan studeren vanuit een Arabisch land is zelfs zo goed als onmogelijk geworden zolang de VS, na al die jaren, in de greep van de terreurpsychose blijven steken. Het wordt zelden beklemtoond, maar misschien is dít een van de spectaculairste nevenresultaten van de aanvallen, een van de kwalijkste gevolgen van Osama bin Ladens 'oorlog' tegen de Amerikaanse satan. Misschien is het een van de meest kwetsende klappen die zijn terreur aan Amerika heeft toegebracht: de intellectuele aftakeling van zijn aartsvijand.

Had hij een mooier resultaat kunnen bedenken? Sinds 9/11 heeft de instroom van buitenlandse studenten zich precies in de omgekeerde richting ontwikkeld. Na de aanslagen op de Twin Towers zijn de tijdelijke immigratiekansen voor studenten (die heel hun studieperiode van zes jaar in de VS mochten verblijven) gedaald van 195.000 tot 65.000. Het is een feit dat de VS – ook nu nog – intens aan Research and Development (R&D) doen. Maar het gaat vooral om *development* (de ontwikkeling van bestaande producten): de verfijning, de perfectionering, van medicijnen tot gsm's. Investeringen in nieuwigheden, zoals vroeger in de transistor of de laser, nemen steeds verder af. Het is al moeilijk genoeg zich aan de spits te handhaven van de producten die al in de etalage liggen. Tegelijkertijd verraadt dit vermijden van het diepteonderzoek, van de échte *research*, het tekort aan inventieve breinen die nieuwe technologische terreinen kunnen aanboren.

Amerika heeft onlangs de Trade Adjustment Assistance (TAA) uit de grond gestampt. Vrij vertaald is dit de 'Hulp om het Tekort in de Handel op te vangen'. Het komt erop aan de gaten te dichten in Amerika's concurrentiepositie. Mensen waar wel wat inzit, en die werken op een niveau dat beneden hun peil ligt én die op de koop toe dan nog buiten vliegen, krijgen een tweede kans. Ze krijgen de gelegenheid zich 'op te werken', de magische formule in het Land van Belofte.

Ze kunnen voor de duur van twee jaar opnieuw naar de universiteit terwijl ze ook nog werklozensteun ontvangen. Of daarmee de achterstand ingelopen zal worden, is een andere kwestie. Kijk naar de cijfers: voor het experiment (meer is het niet) komen 75.000 mensen in aanmerking, op een totaal van 141 miljoen werknemers. Aan het project wordt zowaar 1 miljard dollar besteed. Werd er bij het begin van de 'interventie' in Irak (neen, het mocht niet 'oorlog' heten) geen 80 miljard dollar per jaar uitgetrokken? Dat getal is intussen al angstwekkend opgelopen...

Maar goed, wat gebeurt er dan met de afgestudeerden van dit voortgezet universitair onderwijs? De meeste afgestudeerden komen uiteindelijk toch terecht in een of andere vorm van handenarbeid, waarvoor ze op het einde van de maand een pijnlijk laag salaris opstrijken. Veel lager dan de baan die ze door buitenlandse concurrentie zijn kwijtgespeeld. Dit lijkt niet het middel om de achterstand in te lopen. Intussen beweren mensen die het kunnen weten dat de VS nu al niet langer tot de wereldklasse behoren als het aankomt op infrastructuur voor de informatietechnologie.

Het blad *Fortune* zou zijn naam niet waard zijn als het de oorzaak van al die kommer en kwel niet zou gaan zoeken in de zakken van de werknemers. Het blad schrijft: 'De reden (van Amerika's achterstand) valt te zoeken in de onkosten. De Amerikaanse arbeiders zijn veel en veel duurder dan hun collega's in de rest van de wereld (behalve in Europa dan). Op die manier zullen ze zelf een antwoord moeten vinden op waarschijnlijk de belangrijkste vraag van hun werkend leven: hoe, in godsnaam, kunnen ze waard zijn wat ze verdienen?'

Het blad ziet al de spoken van het protectionisme aan de horizon. In de textiel is het al zover, in de VS zowel als in Europa. Maar een Amerikaans blad heeft altijd een potje balsem bij de hand om over de wonden te strijken die het zélf heeft geslagen. Dat is ook het geval met *Fortune*. Er is altijd een uitweg, we moeten hem alleen vinden. Ook als het een nooduitgang is. Toch blijft het blad er ook bij dat de Amerikaanse arbeiders terug naar de schoolbanken moeten. Ze moeten klaargestoomd worden voor de nieuwe tijd. Ze moeten 'heruitgevonden' worden voor totaal nieuwe taken. We kijken geboeid toe hoe dokwerkers, hoogovenarbeiders, bandwerkers of bouwvakkers de nodige kennis van zaken zullen opdoen om een duik te nemen in de wereld van de technologie, van de mobieltjes waarop je ook CNN kan bekijken, van de biotech, van het internet...

3

De vinger op de Europese wonde

De Verenigde Staten zullen het niet onder de markt hebben om de globale concurrentie het hoofd te bieden. Daar zijn we van overtuigd. Maar ze zullen over lijken gaan om hun doel te bereiken, desnoods over die van hun eigen volk. Figuurlijk gesproken dan toch. Maar wat dan met Europa? Europa heeft een halve eeuw lang gedroomd dat het een tweede Amerika zou worden. Een economische supermacht, maar dan zonder de buitensporige kosten van voortdurende oorlogen in de vier uithoeken van de wereld. Zonder confrontaties met andere grootmachten. Een Europeaan staat niet te springen om in verre woestijnen of in zompige rijstvelden zijn bloed te vergieten om Pyrrusoverwinningen te behalen. Waarvoor en voor wie dan wel? Europa wou wel even rijk worden als de VS, maar het zou alle burgers deelachtig maken aan die rijkdom. Het aanbeden persoonlijk bezit van de Amerikaan zou door de solidaire rechtvaardigheid van de Europeaan worden vervangen.

Tussen de jonge VS en het Oude Continent ligt een diepe oceaan, maar het blijft niet bij water. Er is een even diepe mentale kloof. We zegden het al: de Amerikaan is ongeduldig en raast naar de horizon. Hij wil erdoorheen of eromheen alsof het om een decor ging. Wij beperken onze horizon tot de wolken boven het veld voor de deur. Soms moeten we vrede nemen met een fabrieksmuur voor onze neus, maar ook daar kunnen we mee leven.

De Amerikaan is een gokker, wij in Europa kopen soms wel eens een loterijbriefje. Een gokker heeft een voorsprong op de koper van krasloten: hij denkt het lot in eigen handen te hebben. Voor de doorsnee Amerikanen hebben aandelen op de beurs iets van loterijbriefjes, maar voor de échte gokkers zijn er de casino's. Ze zijn wat overgebleven is van het avontuurlijke leven van hun voorvaderen. 'Spelen' is een avontuur. Het is een soort geldmijn, zoals er vroeger de goudmijnen waren. Met dit grote verschil dat er bij het goud delven weleens een fortuintje werd boven gespit, terwijl in de geldmijn meer geld verdwijnt dan er wordt uitgehaald. Géén goud zoeken dus, géén olie boren, geen buffels of Indianen neerschieten. Die tijd is voorbij. Wat gebleven is, is de uitdaging van het lot. De kans om te winnen of te verliezen. De kans om alles kwijt te spelen met één worp van de teerlingen. De eerste gokstad hebben de Amerikanen gebouwd in de Nevadawoestijn, in Las Vegas. Toch nog een soort wildernis maar dan één met wolkenkrabbers, topvedetten in de hotelbars, met zwembaden en met sloten whisky. Vegas is een fonkelende lichtstad met levensloterijen, met de *wedding chappels*, waar een ontgoochelde partner een nieuwe bruid(-egom) kan aanschaffen. Dát is ook Amerikaans gebleven: het gaat er allemaal erg vlug. Het is denkbaar dat het spiksplinternieuwe huwelijk al aan diggelen ligt nog vooraleer het haar van het stralend blonde bruidje aan de wortels gaat verkleuren.

Dat gokken is de jongste jaren een rage geworden. Volgens een schatting uit 2002 waagt 70 procent van de Amerikanen zich aan één of andere vorm van gokken. Ook de kopers van 'onschuldige' loterijbriefjes zijn erbij geteld. Een troostende gedachte maar een veeleer magere troost: er zijn dan toch 31 procent mensen die zich rond de casinotafels scharen of zich aan de automaten laten gaan. Als je dan in het achterhoofd houdt dat hun aantal het voorbije decennium met 9 procent is toegenomen, dan maakt dat toch nog indruk. Zeker als je beseft dat de omzet van de casino's sneller groeit dan de hele Amerikaanse economie. Wie gokken als een vorm van ontspanning ziet, stelt vast dat de Amerikanen méér geld uitgeven aan hun goklust dan aan bioscoopbezoek, video's, dvd's, concerten en boeken bij elkaar. Toen ik kind was kon je voor je goklust alleen in Las Vegas terecht. Momenteel kan je in 47 van de 50 Amerikaanse staten je geld kwijt aan roulette of speeltafel, desnoods op de renbaan.

Waarom al die aandacht voor Amerikaanse casino's in een hoofdstuk dat eigenlijk over Europa's problemen gaat? Gewoon om er de aandacht op te vestigen dat de Amerikaanse Droom niet meer bereikt wordt met een pikhouweel in beide handen maar veeleer met elegante handschoenen aan, desnoods in China vervaardigd. Het historische harde werken, waarop de Amerikanen zo sterk rekenen om de Aziaten van repliek te dienen, is vooral een symbolische *act* geworden. Wat de inwoners van het rijkste land ter wereld overgehouden hebben aan hun legendarische geschiedenis is de haast waarmee de beloning voor hun ingebeeld hard werken moet komen. Voor de onderlaag van de bevolking, die ook in het gareel moet gehouden worden, zijn er de *reality shows* en de quizzen waar ze een minislag kunnen slaan in, alweer, de illusie van het 'te maken'. Geld is niet meer de échte beloning voor meedogenloos zwoegen en wroeten maar het is een drug, onder een of andere vorm, en hij ligt binnen het bereik van iedereen. Het is zeker niet meer de ultieme inzet met een bundeling van alle krachten tot het einddoel is bereikt.

De Amerikanen verwijten de Europeanen hun vele voorbije oorlogen waar de Amerikanen bij betrokken raakten en, op de koop toe, de kastanjes uit het vuur moesten halen. Het is gewoon een feit dat drie grote Europese landen, Groot-Brittannië, Frankrijk en Duitsland, beurtelings oorlogen gevoerd hebben om de heerschappij over de wereld of over een stuk ervan. Zij waren de toenmalige supermachten. Ze sloegen de boel stuk bij de buren en bij zichzelf, maar trokken níét naar Korea, Vietnam, Nicaragua, Irak of Afghanistan. Het schandelijke bloedvergieten dat ermee gepaard ging, werd gestopt door de Verenigde Staten, die er – in Europa en in Japan dan tenminste – economisch veel beter van werden. Ze versloegen de nazi's en Hirohito en wonnen de grootste consumptiemarkten ter wereld, dé remedie tegen een recessie zoals die van de jaren dertig.

Terwijl de VS de voorbije vijftig jaar en ook in de nieuwe eeuw hun politiek van grote en kleine oorlogjes hebben voortgezet, is het in Europa de voorbije vijftig jaar relatief stil gebleven, de Balkan niet te na gesproken. Maar dat kon alleen gebeuren omdat de Amerikanen de koelkast van de Koude Oorlog stuk sloegen waarin die Balkanlanden een halve eeuw lang ingevroren hadden gezeten. De landen konden alleen opnieuw de wapens opnemen nadat hun oude illusies ontdooid waren na een historische slaap van vijf decennia. Het was het reinigen van oude wonden die onder hun Koude-Oorlogverband waren blijven voortetteren. De chirurgen van de Koude Oorlog waren voor Servië, Bosnië, Herzegovina en voor Kroatië, Macedonië en Slovenië zachte heelmeesters geweest. En is het niet van oudsher bekend dat precies dát soort heelmeesters doorgaans vuile wonden nalaat?

Intussen heeft Amerika zich in niet geringe mate op zijn verleden teruggeplooid. Gefrustreerd door moslimterroristen, benijd door chagrijnige Arabische armoezaaiers, bekritiseerd door oude bondgenoten en geplunderd door een aanslepende, geld verslindende oorlog aan de Golf, zijn de VS zich resoluut gaan afwenden van de tegenvallende hedendaagse geschiedenis. Vol afkeer voor de Moderne Wereld, een erfenis van de Verlichting – waar Europa dan toch wel dicht bij aansluit – hebben ze zich vastgeklampt aan hun oude 'waarden'. Tegen abortus, tegen homoseksualiteit, tegen euthanasie, tegen de evolutie hebben ze zich in hun strakke fundamentalisme gepantserd. Europa gunt de mensen die brede vrijheid, de vrijheid waarop de VS een patent beweren te hebben.

Onder meer door al de pech die ze ondervinden, zijn de Amerikanen stevig gaan geloven in Het Kwaad: *The Evil Empire* is weer tot leven gekomen. Of tot leven geroepen? Is de Chinese en Indiase textiel een uiting van *The Evil Empire*? Je zou het nog denken. In elk geval gelooft volgens zeer recente peilingen 68 procent van de Amerikanen in de duivel. Hoe hoger de opleiding, hoe minder ze in die duivel geloven. Amerika maakt de mens ook kordaat los van de aap: in de klas wordt Darwin in de hoek gezet. Terwijl zowat de halve Europese bevolking zelden of nooit naar de kerk gaat, vervult de helft van de Amerikanen elke week zijn zondagsplicht. En het is heel belangrijk hoe het met de religieuze waarden van een volk is gesteld. Het bepaalt in grote mate zijn gedrag in binnen- én buitenland. Ze kleuren als zondig, goddeloos en boos wie ons iets in de weg legt. Zoals Ronald Reagan het al deed in de jaren tachtig van de vorige eeuw, toen het failliete Rode Rijk van Michaël Gorbatsjov sneller en sneller begon te verkruimelen. Landen die ons niet zinnen, zetten ze gewoon op de As van het Kwaad.

In augustus 2005 hielden honderdduizenden katholieke jongeren hun grote, tweejaarlijkse vergadering in Keulen. Nooit gaven de kranten, ook zogezegd katholieke, nadrukkelijker uiting aan hun scepticisme over het geloof. Kan je in de VS een krant tonen die even achterdochtig schrijft over het geloof als bijvoorbeeld een (weleer) katholiek dagblad als *De Standaard* in Vlaanderen? Na afloop stelt hun verslaggever enkele directe vragen:

'Wordt God een deejay? Evolueren we naar een theologie van het *ietsisme*? Is de beklimming van de Mont Ventoux de moderne bedevaart?'

De krant verwijst bij die gelegenheid naar een colloquium dat aan de katholieke universiteit van Leuven plaats heeft onder het motto: 'God, Overal en Nergens?'

Het 'diepe' geloof van de Amerikanen maakt hen bereid om voor hun land te strijden en te sterven. Er wordt tegengeprutteld, ja, maar in stilte. Het was wel even anders ten tijde van Vietnam... Kunnen we eigenlijk wel beweren dat de 'jongens' in de Golf of in Afghanistan voor hun land sterven? Of sterven ze voor hun salaris? De soldaat is immers omzichtig losgemaakt van het Vaderland. De toestand is precies dezelfde in Europa. Maar in de VS wordt aan het huidige 'huurleger' nog het nodige bombastische patriottisme vastgemaakt. Toch verwijten de Amerikanen de Europeanen dat ze militair geen knip voor hun neus waard zijn.

In zuinig gedoseerde toespraken rept de huidige president weleens over de zware taak van de 'jongens' in Irak. Hij mijdt alle overdrijving. De ouders van de gevallen soldaten ontmoet hij slechts schoorvoetend: wanneer ze bijvoorbeeld wekenlang voor de inrijpoort van zijn vakantieranch in Crawford, Texas, kamperen. Hij voelt zich ook maar matig verplicht omdat de jonge mensen die aan de Golf hun leven laten uiteindelijk uit vrije wil naar die moorddadige woestijngebieden zijn getrokken. Ze hadden het leger vrijwillig als 'job' gekozen omdat ze aan geen ander werk raakten. Hun gebaar was dus edelmoedig, maar getuigde dan wel van een betaalde edelmoedigheid. Ze zijn geen burgersoldaten die voor hun vaderland naar het front moeten, ze hebben voor een gevaarlijke *job* gekozen. Maar doen politiemensen en brandweerlui niet net hetzelfde? Als ze dan pech hebben en bij een confrontatie het leven laten, worden ze met militaire eer begraven met een *Stars and Stripes* over hun kist gedrapeerd. Als een schaliedekker van het dak dondert, gaat hij het graf in zonder al die eerbewijzen. Géén eerbewijzen, géén vlag, geen decoraties! En toch heeft ook hij geprobeerd zijn brood te verdienen.

Risico nemen, religiositeit, ongebreidelde vrijheid, de heiligheid van het leven, patriottisme, het glorieuze Supermachtgevoel, het is allemaal opgeklopte bombast waarmee Europa zich niet wil meten. Toch worden we aan die holle Amerikaanse 'waarden' in Washington afgemeten.

Europe, Land of the Lazy

Over eigen 'zonden' weigert men wakker te liggen in de VS. Het royaal opbranden van steeds schaarser wordende benzine, het schenden van het milieu, het door de schouwen jagen van ouderwetse steenkool, het vervuilen van land, lucht en water, een Amerikaan ligt er écht niet van wakker. Amerika wil voor eeuwig (hoe kort die eeuwigheid ook duurt) in weelde leven, Europa wil zijn welvaart beschermen. De Amerikaan werkt aan een nimmer stoppende vooruitgang, de Europeaan ligt wakker over de kwaliteit van het leven. De Amerikanen gaan ongeremd voort met 'verbruiken' van grondstoffen, de Europeaan denkt ook wel eens aan het 'gebruiken' van de natuurlijke rijkdommen. Europa wil leven in de tolerantie van de Verlichting. De laatste jaren doet Amerika uitgerekend dát Licht uit om door het Kwade niet gezien te worden. Geen wonder dat er voor die twee werelden momenteel amper plaats is op één enkele aardbol. Toch moeten ze het elk (of samen) opnemen tegen gevreesde concurrenten. Worden ze ook elkaars concurrenten in de competitie met de 'nieuwe landen' die ze achter de verre horizon niet hadden zien liggen? Wie zal het verwonderen dat Amerika, zekerder van zijn stuk dan ooit tevoren, Europa al als de verliezer brandmerkt nog vooraleer de race is begonnen?

Zijn de VS dan zó bekommerd om ons welzijn? Houden ze hun hart vast bij de gedachte dat we achterop zouden raken en door de Aziaten opgeslokt zullen worden? Waarom willen ze dat we harder én langer én goedkoper gaan werken? Het zou hen natuurlijk niet slecht uitkomen als de Europese maatschappij meer gelijk werd aan de Amerikaanse. We zouden meteen een waardige partner zijn tegen het Aziatische gevaar. En, niet te vergeten, de VS hebben nog altijd zóveel meer bedrijven in West-Europa dan in China, India of Maleisië. Als we dan eens de handen verder uit de mouwen staken en dat méér uren per dag volhielden en er het weekend bijnamen, zou dat de Amerikaanse economie niet voortreffelijk uitkomen? En als de kraaminrichtingen nu eens wat intensiever gingen draaien? De geboortesoaps op tv waar we de jongste jaren mee overstelpt worden, trekken alvast steeds meer kandidaat-kraamvrouwen aan. Ze zouden echter ook meer nieuw leven moeten schenken aan de economie! Maar waar zijn de kandidaat-moeders? Wat vreemd nu we toch in een spectaculair oversekste wereld leven.

Het is voorlopig echter het langzame werkritme van de Europeaan dat de Amerikaanse bedrijfsleiders in de gordijnen jaagt. Er is geen Amerikaanse krant of weekblad die Europa in 2005 niet heeft voorgerekend hoeveel tijd we verprutsen op party's en in pretparken, tijd die 'nuttig' op kantoor of aan de machine doorgebracht zou kunnen worden. Ze ervaren het als bloedstollend wanneer ze een volk (steevast het Franse, op de voet gevolgd door het Nederlandse) hun job vanuit een hangmat zien bekijken. Begin juni 2005 schrijft de bekende en niet eens neoconservatieve commentator van de *New York Times*, Thomas L. Friedman: 'De globalisering knabbelt volop aan Europa's welvaartstaten. En toch willen de Fransen hun 35-uren werkweek behouden in een wereld waar Indische ingenieurs klaarstaan om 35 uur per dag te werken. Veel geluk! Het is alsof de burgers van het Oude Europa – dat is de bevolking van Frankrijk, Duitsland, Nederland en Italië – tegen hun overheid zeggen: 'Stop de Wereld, we willen eraf.' De Indiërs van hun kant lijken te zeggen: 'Stop de Wereld, we willen erop!' Ik heb te doen met de West-Europese arbeiders. Hun vijftig jaar durende verzorging van de wieg tot aan het graf is snel aan het uitrafelen. En hun regeringen durven er geen vinger naar uit te steken. Ze weten niet hoe die scheve toestand recht te trekken.'

De haren rijzen de commentator ten berge wanneer een Duitse politicus de bedrijven die falende firma's opkopen om ze een kopje kleiner te maken en dan aan de man te brengen, vergelijkt met een zwerm sprinkhanen.

Ook het feit dat de Europeaan zijn jaarlijkse vakanties aanpast aan zijn bescheiden dagelijkse prestaties zet hectoliters kwaad bloed over de Oceaan. 'In Europa verkiezen ze werkloosheid gecombineerd met een jaarlijkse vakantie van zes weken boven het uitoefenen van een job', weet de hoger genoemde journalist. Hij bezit een zwarte lijst van de 'luie' landen van Europa. De Fransen hebben zo maar eventjes 25 vakantiedagen per jaar en daar doen ze elf wettelijke feestdagen bovenop. In totaal dus 36 'verloren' dagen. Op de lijst prijken de Fransen tussen de Grieken en de Portugezen, dé zonnekloppers van het Oude Continent. De nijverste Europese vakantiegangers zijn die van Nederland en van Groot-Brittannië. Maar er volgt geen uitleg voor het feit dat de Finnen alle records breken met 39 vrije dagen, hét Europese record. Misschien heeft het er mee te maken dat de Finnen al een kwart eeuw lang alle aandacht op hun onderwijs toespitsen met een enorme aandacht voor technologie. Is het denkbaar dat een resem gewaardeerde rustdagen de vindingrijkheid meer stimuleren dan afremmen? De conclusie blijft hoe dan ook dat de Amerikanen drie keer minder vakantie opnemen dan die luie Europeanen. Wat moest aangetoond worden, en wat verder filosoferen mogelijk maakt:

'Wat zal er gebeuren als een dergelijke verouderde, onbuigzame economie nauwer verstrengeld raakt met een Oost-Europese, Indische en Chinese industriële pletwals die momenteel over de wereld dreigt te rollen. Het geheim bestaat er niet alleen in dat die volkeren goedkoper zijn. Het heeft er ook alles te maken dat Indiërs bereid zijn harder te werken en dat ze zowat alles aankunnen. Ze kunnen Uw telefoons beantwoorden in callcenters maar ze ontwerpen even vlot onze nieuwste vliegtuigen of het jongste automodel.'

Als goede Amerikaan voelt Thomas Friedman zijn afkeer voor het communisme opborrelen, ook vijftien jaar na de val van de muur. Wat is de West-Europese economie anders dan een versteende reliek van de communistische planeconomie? Alle macht aan de arbeider zolang die met zijn proletarisch welzijn genoegen neemt. Zonder risico, zonder rijkdom. Terwijl Oost-Europa zich agressief afzet tegen het verslagen communisme, blijven de West-Europeanen zich koesteren in de sociale verwennerij van het Kremlin. Misschien omdat ze zélf nooit in de schaduw van dat Kremlin hebben geleefd. En wat ziet de Yankee gebeuren in India? 'In de Indiërs is een enorme honger aan het opwellen. Geen honger naar voedsel, maar een honger naar nieuwe kansen in het leven. Een honger die gedurende vier decennia opgekropt is, als kokende lava onder een dubbeldikke laag socialisme. En nu barst ze uit de jonge generatie.' En wie over de 'jongeren' spreekt, moet weten waarover hij het heeft. In landen zoals India is 70 procent van de bevolking jonger dan 35 jaar en 50 procent is nog geen 25! Op de koop toe worden de meesten van hen in het Engels opgevoed. Een universele voorsprong, ook op de onstuitbare Chinezen, die zich amper verstaanbaar kunnen maken in de wereld en daarom afhankelijk blijven van tussenpersonen, meestal uit het Westen.

Kalmere Amerikaanse naturen zoals *New York Times*-journalist Roger Cohen, bespeuren ook wel vlekken op hun eigen blinkende blazoen. Wanneer ze in de spiegel zichzelf bekijken, zien ze de zwarte vlekken in het gehavend kwik. Ze stellen met de nodige zelfkritiek vast dat er bijvoorbeeld geen vergelijking denkbaar is van hun eigen gezondheidssector met de Europese. Ze weten dat Belgen die in de VS hun brood verdienen voor elke pijnlijke tand het vliegtuig nemen naar hun vaderland en zich daar naar hun dorp haasten om die kwade tand te laten verzorgen. Ze geven toe dat de Amerikanen ook wel enkele ideetjes in het 'luie' Europa zouden kunnen opdoen als het bijvoorbeeld op ontspanning aankomt. Een jaarlijkse vakantie van een volle maand zou nu stilaan ook moeten kunnen in de VS! Liever dát dan de Amerikaanse gewoonte om af en toe ziekteverlof te nemen. Maar hoe zou dat ziekteverlof vermeden kunnen worden? Het gewoon verbieden? Geen antwoord.

En in Europa zouden ze hun immigranten welkom moeten heten als een bron van vernieuwing en verjonging (Welke Europese immigranten worden hier verward met welke Amerikaanse inwijkelingen?).

Hun schrijnend probleem van de armoede gaan ook die 'nuchtere' Amerikanen echter uit de weg. Het doktersbezoek zou al een hint moeten geven, maar daar wordt niet over doorgeboomd. Nochtans zou het zeker de moeite zijn. In onze dossiers steekt een doktersverhaal uit de VS, speciaal opgespaard voor dit hoofdstuk. Het komt, alweer, uit de oerdegelijke *New York Times*. Het is een ingezonden klaaglied van een dame van middelbare leeftijd uit Los Angeles, Freddie Odlum, een borstkankerpatiënte.

De titel: 'Je zal maar patiënt zijn!'

De ervaring van de vrouw loopt over een aantal weken, over heel de periode dat haar huisarts met vakantie is geweest. Een paar dagen voor zijn afreis had hij een oncoloog een scan laten nemen om na te gaan of de borstkanker van Freddie nog niet was uitgezaaid naar de longen, een vrees die tijdens onderzoeken ontstaan was. Geen wonder dat de patiënte zowat de hele dag op uitsluitsel zat te wachten bij haar telefoontoestel waar niemand van het gezin gebruik van mocht maken. De dokter kon elk ogenblik bellen. Ze raakte steeds meer opgewonden omdat hij gezegd had dat hij meer wou weten voor zijn vertrek. Ze zat 48 uur lang te wachten terwijl haar polsslag opliep en haar mond uitdroogde zoals gebeurt in tijden van extreme spanning. Zou de dokter haar dossier in zijn onderste lade gestopt hebben? Bij de vorige behandeling had ze hem pas met enige vertraging kunnen betalen. Ze probeerde hem nog op de valreep te vatten via zijn antwoordapparaat en daarna met een e-mail. Maar de dokter liet niets meer van zich horen en ging gewoon met vakantie. Ze stuurde ook een soort noodoproep: 'Ga alsjeblieft niet weg vooraleer me de resultaten van het onderzoek te bezorgen!' De dokter reageerde niet. Hij was zijn patiënte doodgewoon vergeten. Pas weken later zou ze vernemen dat de kanker niét uitgezaaid was. Eigenlijk goed nieuws, maar ze had er weken moeten op wachten, want ook bij zijn terugkeer vergat hij spontaan te bellen! Een ongewoon gedrag zou je zeggen vanwege een arts die al jaren de gezinsarts van de patiënte was. Dit is niét de uitzondering op de geneeskundige regel, wat je zou denken en verhopen. De dokters zien de patiënten als 'human resources', letterlijk als 'menselijke bronnen' van inkomen. Meer is er niet tussen hen en de patiënten. Weken wachten op een afspraak is heel normaal in de VS en hele voormiddagen doorbrengen in de wachtkamers van de dokters wordt ervaren als een bekend ritueel. Dokters boeken vaak dubbel voor het geval een zieke het zou laten afweten zonder verwittigen!

Roger Cohen legt het geneesherengedrag in zijn land uit als een reactie op de vele processen die door klanten tegen de artsen worden aangespannen. Vandaar de bijzonder 'koele' relatie tussen beide partijen.

Misschien zou een betere relatie volgen als de dokter enige toewijding wist op te brengen? De auteur vraagt het zich niet af. Het houdt hem niet écht bezig. Hij is gezond en hoopt het nog lange jaren te blijven. En het is van gezonde mensen dat de Verenigde Staten het moeten hebben. Een zieke is een last voor de maatschappij.

Europa moet gewoon leren werken. Europa moet zijn negatieve instelling zien kwijt te spelen. 'Nu is het een continent van sakkerende taxichauffeurs, van perorerende, ontevreden kelners, van slecht bereide cocktails. Als die kerels uit het stadsbeeld zouden verdwijnen, zou alles goed gaan in Europa.'

Uiteindelijk komt het weer naar boven: 'Niemand zou meer mogen verdienen door niet te werken dan door een job uit te oefenen, en die Franse 35 urenweek, net als andere gekke sociale schikkingen, zouden zo vlug mogelijk moeten geklasseerd worden bij de herinneringen aan dat luie verleden! De openbare scholen in Frankrijk, ja, die kunnen er mee door. Maar dan zouden de schoolbanken gevuld moeten worden met kinderen vol verbeelding zoals die er zijn in de VS.'

Van zelfoverschatting gesproken.

Ach, onder ons mogen we het wel toegeven: er zitten wel een paar waarheden in de tonnen kritiek die de Amerikanen over ons uitstorten. Maar we willen het uitgerekend van hen niet horen, van hen die Vrijheid en Democratie laten aankondigen met kettingbombardementen en 'precisieaanvallen' die hele gehuchten liquideren op jacht naar één (vermoedelijke) terrorist. Vrijheid en Democratie voor landen met onmisbare petroleum in de bodem. We nemen het niet van een land waar mensen een heel leven rond de armoedegrens moeten ploeteren en twee werkbeurten per dag draaien om zelfs dán nooit in de Amerikaanse Droom te belanden!

We kennen persoonlijk ook mensen in Europa, zelfs jonge mensen, die liever langs de steun passeren om dan de rest van de dag, de week, de maand met rust gelaten te worden. We kennen ook mensen die voortdurend te laat op kantoor aankomen en dat goed maken door 's avonds een uurtje vroeger naar huis te gaan. We zijn ervan overtuigd dat het leven in de luwte van de sociale voorzieningen niet tegen dit huidige ritme kan voortduren. Elk uur 'overwerk' kan niet langer worden omgezet in een volle vrije dag. We weten het en beseffen dat de bedreigde economie er niet echt beter van wordt. Maar we nemen het niet dat de kritiek van over de oceaan komt.

Zijn mensen met verantwoordelijkheid in Europa dan blind, dat zíj dat allemaal niet opmerken? Zijn de politici bang voor hun verwende kiezers? Durven ze de vakbonden niet voor het hoofd te stoten om 'spontane' en gevreesde acties op de werkvloer en in de straten te vermijden? Die sfeer van angst voor het gewoel en voor nog meer schade heeft zeker een rol gespeeld toen de staatshoofden van de Europese Unie zich over het probleem gingen buigen. Dat deden ze al in 2000, toen ze samen waren in het zonnige Lissabon. Met een groots gebaar tekenden ze toen een blauwdruk voor het Europa dat op komst was. Dat nieuwe Europa zou op volle toeren draaien tegen 2010. Merkwaardig was de omzichtigheid waarmee ze hun woorden kozen. Ging het écht om werk, om een fatsoenlijk inkomen, om een extra inzet? Ze formuleerden hun intenties in een taal die dokters gebruiken als ze tegen een zwaar zieke patiënt spreken die zich niet echt van zijn toestand bewust is.

Het ging om een noodsituatie die offers zou vergen, maar eigenlijk spraken ze de sussende woorden die een stervende over de brug moesten helpen. Het zou wel allemaal niet zó erg worden. Ze schreven dat het in de eerste plaats ging om het beschermen van 'banen, groei, het milieu én een behoorlijk sociaal net'.

Europa's staatshoofden hadden meteen kunnen zeggen dat alles bij het oude zou blijven maar dat ze, voor het oog van de wereld, een paar cosmetische ingrepen zouden uitvoeren. Het 'sociaal net' waarvan sprake was de opvangende werklozensteun, het reddende pensioen, de genezende ziekteverzekering, kortom: de bekende levensstandaard. Daar mocht alvast niet aan getornd worden. Over offers en inspanningen, financiële bezuinigingen en fysieke inzet werd met geen woord gerept. Er werd integendeel ijdele hoop gewekt. Zo luidde het dat er 'iets' gedaan moest worden, want dat anders 'het gewaardeerd sociale model en het milieumodel onbetaalbaar dreigden te worden. De internationale competitie en de vergrijzing van de eigen bevolking dienden harmonisch behandeld te worden.'

De economische groei in de wereld mocht die oude Europese verworvenheden in elk geval niet opslokken. Aan die buitenlandse competitie en aan die eigen vergrijzing kon de Europeaan echter zélf niets doen. Oud worden was de triomf van deze tijd. Oudjes waren trouwens opgegroeid tot 'senioren'. Geen troostende koosnaam om beschaamd over te doen. Een eretitel was het veeleer, de bekroning van een matig gevuld leven. De vergrijzing was een biologisch wonder waar de mensheid sinds haar komst op aarde van gedroomd had. Nu was het wonder geschied. Laten we juichen.

Wat Europa zou dóén, werd er niet met zoveel woorden bij gezegd. Er werd behoedzaam op gezinspeeld. Wat Europa 'wou' worden, dat viel in Lissabon te horen. Verder kwamen of durfden ze niet. En wat 'wou' Europa dan realiseren?

'Door ambitieuze hervormingen op nationaal en Europees vlak zou ons continent zich commercieel herpakken. Een efficiënte binnenmarkt was een must. Onderzoek en inventiviteit moesten prioriteit krijgen. De opvoeding moest een duw in de rug krijgen om van het oude Europa de meest dynamische en competitieve kenniseconomie in de wereld te maken.'

Dat alles moest een feit zijn tegen het jaar 2010. In 2000 leek die streefdatum nog veilig veraf. Sommige van de oude heren die in het zonnetje van Lissabon bijeen zaten, zouden – ondanks de succesvolle vergrijzing – dat jaar misschien nooit halen. Waarom dan geen gokje wagen? Een mooi sprookje was het dat de werkelijkheid wel nooit in de wielen zou rijden.

Maar toen kwam de Nederlandse, donkerblauwe politicus Frits Bolkestein naar Europa als Commissaris voor het Concurrentiebeleid. Dat was in 1999. Hij had onmiddellijk gezien dat de Strategie van Lissabon de vorm had van een lekkere, grote wortel die de lidstaten zoet moest houden. Bolkestein hanteerde die wortel echter als een bijzonder botte knuppel die hij hoogst persoonlijk en zeer resoluut in het Europese hoenderhok zou gooien. In de Strategie van Lissabon had één element Bolkestein bijzonder getroffen, en dat was het woord 'binnenmarkt'. Hij zag het perfect passen in zijn opdracht: de concurrentie in de Unie stimuleren. Precies daarover ging het toch in het nieuwe Europa? Was de interne concurrentie niet dé bestaansreden van de Europese Unie? Wat Bolkestein wou, was de arme en rijke Europeanen loslaten op een en dezelfde markt. Goedkope Polen, Tsjechen, Slovaken, Hongaren zouden op die eengemaakte markt hun veel duurdere Franse, Nederlandse, Italiaanse, Belgische collega's tegen de vlakte concurreren. Bolkestein zou uiteindelijk de vader worden van de legendarische Poolse loodgieter.

Dezelfde fantasiefiguur die door de Franse en Nederlandse hoofden spookte toen die, in hun respectieve referenda, de Europese ontwerpgrondwet hadden gekelderd. Die bange kiezers zagen in hun verbeelding de Pool aan het werk die met zijn snijbrander grote gaten ging boren in hun sociale vangnet. Die aanzwellende concurrentie uit het vroegere Oostblok zou over onze westerse hoofden rollen en we zouden met zijn allen ondergespit worden. Zij zouden immers hun spectaculair lage prijzen van thuis handhaven op de westerse markt. Ze zouden alleen maar gebonden zijn door de eigen lakse sociale arbeidsnormen. Wél leuk voor de westerse consument, voor zover die er tenminste zijn eigen job niet bij inschoot.

Bolkestein had vroeger in Nederland al een populistische reputatie verworven met zijn uitvallen tegen de allochtonen. Hij had al campagne gevoerd tegen de Turken, die hij ervan beschuldigde heel Europa te willen 'islamiseren'. 'Turken buiten' was toen zijn slogan. Hij bedoelde dat voor nú en voor later...

Toen de weldra beruchte Bolkestein nog voorzitter was van de Nederlandse liberalen (1990-1999) was hij al bij elke gelegenheid van leer getrokken tegen de allochtonen terwijl hij een terugkeer naar de Echte Nederlandse Waarden predikte. Zijn gedachtegoed zou pas echt luide weerklank krijgen bij het aantreden van Pim Fortuyn.

Dé historische datum in het Europese optreden van Frits Bolkestein staat op de kalender genoteerd op 13 januari 2004. Toen was het dat de commissaris zijn concurrentierichtlijn op Europa afvuurde. Een richtlijn? Is dat zoiets als een wetsontwerp? Neen, helemaal niet. Maar komende van wie het kwam, was het ook geen vrijblijvend hersenspinsel. Een 'richtlijn' is een advies, een aanwijzing van hoe de dingen zouden moeten gebeuren. Het is zoals het woord het aangeeft het trekken van een gedachtelijn waarlangs de evolutie van een project zich zou moeten ontwikkelen. Het was niet bindend maar wél zwaar adviserend. Hij loste zijn schot op een ogenblik dat er ook in ons land werd geroepen en betoogd voor hogere lonen en meer kwaliteit op het werk. Zodra de vakbonden hun krachten hadden gebundeld, zouden ze dan ook de straat optrekken tegen de fameuze richtlijn. De dreiging uit het Oosten was ineens opvallend concreet geworden. Socialistische en christelijke vakbonden haakten de armen in elkaar en stapten op 4 juni 2004 door Brussel. Ze waren 5.000 man sterk. Dat was veel volk, maar een enorme massa kon je het bezwaarlijk noemen. Waren alleen de 'vaklui' van de vakbond zich echt bewust geworden van de dreiging? Ze zouden een jaar later hun schade goedmaken toen ze, in Frankrijk én in Nederland, naar de stembus trokken. In zijn richtlijn was de Schrik van Europa heel breedvoerig geweest met een lange opsomming van wat, in zíjn visie, allemaal zou moeten kunnen in een harder werkend en goedkoop Europa. Want om tegen die kerels uit het vroegere Oostblok op te kunnen, zouden we een sociaal vangnet met heel wat grotere mazen moeten hanteren. Later met pensioen? Geprivatiseerd pensioen? Minder vakantie? Privatisering van de ziekteverzekering? Alles zou zich wel vanzelf en per land uitwijzen. Waar het allemaal moest mee beginnen was die absoluut Vrije Markt. De concurrentie zou zich afspelen zowel in de architectuur als in het bouwbedrijf, zowel in consulting als in de advertentiewereld, zowel in de beveiligingsdiensten als in de afvalverwerking, zowel in de ontspanningssector als in de horeca. Ambtenarij en vaklui zouden ervan genieten. Wat de vaklui betreft, noemde hij schrijnwerkers en loodgieters (hét geboortemoment van de Poolse loodgieter!). Er waren ook terreinen waar de autochtonen *safe* bleven. Wat niet met de economie te maken had, bleef buiten schot. Aan openbare diensten zoals openbare onderstand, openbare scholen, culturele diensten van de overheid, daar mocht niet aan geraakt worden.

De Bolkesteinrichtlijn vereiste dat alles heel vlot en snel zou verlopen. Daarom dienden stapels formulieren – de klassieke, administratieve barrières – te verdwijnen. Ze waren te ingewikkeld en dus te duur. Het was in het land van herkomst dat de werkregels vastgelegd dienden te worden. En als er in het land van herkomst (zullen we nog eens Polen noemen?) geen of zo goed als geen regels waren, dan maakte dat de opening van de interne markt des te gemakkelijker. En, ultieme subtiliteit: de goedkope Oostblokkracht die in een westers land een job vond, kon heel het Westen afschuimen, want die had automatisch een vrijgeleide voor de hele EU. Hoe verschillend de sociale wetten in de diverse landen ook mochten wezen.

Volgens de vakbonden zou Bolkestein met zijn richtlijn doodgemoedereerd het Europese sociaal model tot een puinhoop herleiden. Een democratische aanpak kon je daarbij vergeten. Het Land-van-Herkomst-principe zou bedrijven of individuen uit het Oosten toelaten zich te installeren in die West-Europese landen waar de sociale wetgeving het zwakst is. Landen met de meest liberale wetgeving op het gebied van sociale, fiscale en ecologische aangelegenheden zouden het mikpunt worden van de ex-communistische haviken. Vooral de mogelijkheid om vanuit het Oosten ook interimkantoren te openen en een private gezondheidsverzekering op te zetten deed de emmer van het vakbondsgeduld overlopen. Bolkestein noemde de vakbondskritiek 'flauwekul' die perfect in de mond van het Front National zou passen. In heel Europa werd door politici opgemerkt dat de richtlijn de rechten van de arbeiders zou fnuiken, en dat ze heel wat jobs zou kosten. In Frankrijk werd het initiatief van links tot rechts afgewezen. Uit Scandinavië klonk schuchtere instemming, maar dan wel heel schuchter. De Zweedse premier Goran Persson verklaarde dat het voorstel wel kon, maar alleen na een grondige herziening, met alle respect voor het Europese sociaal model. De Luxemburgse premier Jean-Claude Juncker ging nog het verst. Hij vond dat de West-Europese dienstensector mocht worden opengegooid. 'Daar zal geen ernstig mens aan twijfelen, maar dan moet dat gebeuren met het passende respect voor zekere gevoeligheden en overtuigingen', aldus Juncker. Na de referendums in Frankrijk en Nederland zijn discussies over (de intussen van het toneel verdwenen) Bolkestein zowat stil gevallen. Geen wonder.

Maar ook al is de felle Nederlander ondertussen commissaris áf, West-Europa is wel blijven narillen van zijn optreden. Er móét iets gebeuren, zeggen de staatslui in koor. Het mes moet in het sociale welvaartsvlees! Maar zo ondiep mogelijk. En hoe doen we het zonder dat iemand het merkt? Het mag geen pijn doen en niet te veel bloeden.

De –ismen van Dominique de Villepin

Protectionisme is weer in bij de Europeanen, voor zover het helemaal weg is geweest. Soms is het verborgen protectionisme, vermomd als patriottisme. Het is de typisch Franse reactie geworden. De viriel ogende premier (aangesteld na het rampzalige referendum) Dominique de Villepin, lijkt een ideale echtgenoot voor het Franse staatssymbool Marianne. Onder zijn grijze kapsel dat op een pruik uit de Belle Epoque lijkt, kijkt hij jong en spiedend voor zich uit. Streng maar rechtvaardig. Met hem zal het in het vaderland op wieltjes lopen. Hij is het omgekeerde van een losse, sociaal bewogen moderne eerste minister. Hij is schrijver, gewezen diplomaat ook, en behoorlijk hautain. In zijn ambtswoning treedt hij de pers tegemoet door hoge witte deuren met opgelegde bloemmotieven, die dik onder het verguldsel zitten. De nieuwe Charles De Gaulle? Zo moet hij tenminste overkomen. De Villepin moet het van zijn twee '-ismen' hebben: *patriottisme* en *protectionisme*. Hij versmelt ze allebei. Hij laat het ene uit het andere voortvloeien. Een Franse arbeider die korte werkweken mag kloppen, is dan ook wel een beetje verplicht zijn bedrijf lief te hebben. Dus moeten de bedrijven hun werknemers aandelen aansmeren, zodat die zich mee verantwoordelijk gaan voelen voor de onderneming. Als je de firma mee in handen hebt, zullen buitenlanders er wel afblijven. Die krijgen zelfs geen kans meer. Dat wordt dan het 'economisch patriottisme' van de nieuwe premier. De arbeider steekt een stuk van zijn loon in de firma maar wordt als het ware mede-eigenaar. En als de arbeider dan ook nog wat minder gaat verdienen, of minder opslag gaat eisen, dan kan hij zich nog dieper in de zaak inkopen.

Tegelijkertijd knutselt De Villepin aan het ontslagrecht. Dure arbeiders de straat op en jonge, goedkope krachten in dienst nemen, dat moet kunnen. Voor één dure, oudere werknemer kan de baas twee goedkope jongeren inhuren. Dát is de oplossing. Ze helpt de hopeloos grote werkloosheid van de baan. De bazen van kleine bedrijfjes met minder dan twintig werknemers mogen voortaan personeel buitengooien en in dienst nemen naar believen. Pas in de lente van 2006 komt het straatgewoel los, wanneer de premier met een wet komt aanzetten die toelaat om jongeren onder de 25 zonder rechtvaardiging aan de deur te zetten.

De Villepin is wél een auteur maar hij leeft alvast niet in de wolken. Zijn maatregelen neemt hij onmiddellijk na zijn aantreden. Hij is de man van de vliegende start. Maar laat die operatie nu net in hartje zomer vallen. De politici bezoeken andere werelddelen, de parlementsleden gaan pootjebaden aan de Côte d'Azur. Niemand heeft oor naar de decreten van de premier. Ze zijn tenslotte ook niet zó spectaculair. Het zijn voorzichtige stappen in de goede richting, meer niet. De vakbonden reageren niettemin woedend, maar hun achterban ligt in de zon te braden.

Amerikaanse specialisten halen de neus op voor de kleinschalige hervormingen van De Villepin. In de grote bedrijven worden immers nog altijd enorme gouden handdrukken uitgedeeld om van de dure vogels af te geraken. Een klein succesje dus voor De Villepin, dat klopt, maar niettemin een succesje. Uit de statistieken blijkt op het einde van de zomer dat de werkloosheid in Frankrijk aan het dalen is. Zal ze blijven dalen? Dat is een andere kwestie. Maar aan het begin van de herfst van 2005 zijn er de cijfers. De Villepin zwaait er triomfantelijk mee. In juni waren er 10,2 procent Fransen zonder job. In september zijn er dat nog slechts 9,9 procent. Zullen we ermee meesmuilen? Misschien. Maar er is een belangrijke barrière doorbroken. Frankrijk telt bij het begin van de herfst geen 10 procent werklozen meer. Dat is pure symboliek. Maar het is met symbolen dat staatslui het volk regeren. Kijkt u maar naar Bush. In zijn land groeit de werkloosheid en neemt de armoede toe, maar hij dirigeert de aandacht van zijn getrouwen naar de oorlog in Irak. 'We zijn op weg naar de overwinning!' laat de president weten. Hij is zowat de enige die dat weet. 'Kijk,' zegt hij, 'Irak heeft voor de eerste keer in zijn bestaan een democratische grondwet.' Dat klopt dan ook nog, alleen: het Iraakse volk verwerpt hem. Jammer. Maar de Amerikanen vinden die grondwet oké. *'Look at the bright side!'* Het Franse volk is echter het Amerikaanse niet. Ze blijven de neus ophalen voor de vlugge successen van De Villepin. De Fransen zijn geen pessimisten, maar wél fundamentele sceptici. Vóór de ingreep van De Villepin stond het wantrouwen tegenover de premier op 47 procent. Bij de bekendmaking van zijn 'succes' stond het op 50 procent!

Waarschijnlijk is Bolkestein al evenmin enthousiast?

Hartz = hard

Is De Villepin de man van de vaderlandse, sluwe aanpak en van de patriottische strategieën, dan zijn de Duitsers de mannen van de harde aanpak. Zij hebben hun eigen Bolkestein gehad. Een harde jongen, Peter Hartz. Hartz was zowel *human resources manager*, zeg maar de personeelsdirecteur, bij Volkswagen als boezemvriend van kanselier Gerhard Schröder. Een bizar koppel. Water en vuur. Maar gekke tijden geven kansen aan duivelse formules. De tandem Schröder-Hartz is er een schoolvoorbeeld van. Als rasecht socialist kon Schröder moeilijk zelf het slagersmes in de welvaart zetten, in een land beroemd om zijn harmonieus samengaan van werkgevers en werknemers.

En toch moest het ook in een Duitsland met meer dan 5 miljoen werklozen dringend gebeuren. Daarom kreeg Peter Hartz de heikele taak om het vet rond de werkloosheid weg te snijden. Het ging dan zoals elders om zalige vakanties, herstellend ziekteverlof, aantrekkelijke werklozensteun of weldoend pensioen, maar vooral om de 'inspraak' van de arbeiders die voortdurend leidde tot eindeloze palavers waarbij de arbeiders altijd aan het langste eind trokken. Zijn naam werd in de pers vermeld als de wonderdoener die de Duitsers uit het moeras van de werkloosheid zou tillen. Maar in de ogen van de werklozen was hij al vlug de boosdoener die een eind zou maken aan de oppermacht van de arbeiders en die de werklozen zou uitkleden vooraleer ze naar het stempellokaal zouden kunnen.

Wat hij bedacht had, was een soort *Endlösung* voor de economische crisis. Alleen al de naam 'Hartz' deed de Duitse werknemers beven van angst én van woede. De naam 'Hartz' leek in Duitse oren té zeer op het woordje 'hard'. Sindsdien werd de naam in officiële communiqués zoveel mogelijk vermeden. Men sprak van het 'Hartz-Concept'. Dat klonk als een soort wetenschappelijke formule waar helemaal geen mens meer achter zat. Peter Hartz was een mechanisme geworden, een instrument, een werktuig om een heel speciale, delicate taak mee uit te voeren: het opkrikken van de wankele Duitse economie. Of Hartz nu een mens of een concept was, veranderde weinig of niets aan de opzet. Het ging fundamenteel om een plan dat de werknemers docieleler en goedkoper moest maken opdat de Duitse bedrijven niet langer dienden uit te wijken naar goedkopere werelddelen nadat ze de eigen arbeiders op het stort van de economie hadden gedumpt. Het was de bedoeling van de regering in Berlijn om het bittere Hartz-medicijn druppelsgewijs toe te dienen, gespreid over ettelijke maanden of jaren. Alle potentiële 'profiteurs' van de sociale voorzieningen zouden, een na een, hun dosis ingelepeld krijgen. Gespreid over drie jaar zouden de 'correcties' op de sociale voorzieningen aangebracht worden.

De jongste uitkeringsgerechtigden kwamen eerst aan de beurt. Hen werd doorgedreven jobtraining voorgeschreven. In plaats van werklozensteun zouden ze alleen nog maar een bestaansminimum ontvangen. En ondertussen schoten over het hele land nieuwe arbeidsbureaus als paddenstoelen uit de voorheen onvruchtbare grond. Met die 'jobcentra' (bureaus voor arbeidsbemiddeling) moest het werk die mensen op de hielen zitten die aan het arbeidsproces probeerden te ontsnappen. Vroeger moest de werkloze naar een baan zoeken, nu ging die baan op zoek naar de werkloze. Vluchten kon niet meer! De jacht op de ontduikers werd er ook een stuk gemakkelijker op gemaakt, aangezien het hoofd van een dergelijk jobcentrum nog slechts 75 jonge werklozen onder zijn hoede kreeg. Daarvóór moest hij 400 van hen aan het werk krijgen. Als klap op de vuurpijl zouden de werklozen gelijkgeschakeld worden met steuntrekkers van de openbare onderstand. Ze zouden voortaan met 345 euro per maand moeten rondkomen, met daarbovenop nog een centje voor de huishuur van een bescheiden onderkomen. Samengevat: wie vroeger een kleine 70 procent van zijn of haar laatste loon als werkloze ontving, zou het voortaan met ruim de helft van dat laatste loon moeten stellen. De werkloze kon vroeger 32 maanden lang op die uitkering rekenen, nu houdt die na twaalf maanden op. Het principe, nieuw voor heel de wereld, was wel dat de werkloze écht aan steun toe was. Hij of zij mocht geen spaarpot onder het bed verborgen houden. Dat zou niet meer kunnen. De overheid telde nauwkeurig de 'bezittingen' van hen die uit het werkproces waren gevallen. En dát geld moest eerst worden opgemaakt. Het was een omschakeling van 'potverteren' naar 'spaarpot verteren', een nogal rauwe aanpak. Het spaargeld van de werkloze, maar ook van diens vrouw, moest eerst opgemaakt worden. De levensverzekering en eventueel een eigen huis moesten eerst verzilverd worden. Praktisch betekende zoiets dat een half miljoen niét straatarme werklozen al meteen uit de boot vielen.

De werkloze zou ook een baan moeten aannemen die het bureau van arbeidsbemiddeling hem aanbood. Feitelijk zou er geen sprake meer zijn van aanbieden. Het was te nemen of te laten. Maar wie 'neen' zei, weigerde meteen ook de werklozensteun. Zelfs als de baan minder mocht opbrengen dan zijn vroegere werk kon hij niet weigeren. Het Hartz-Concept werd geleidelijk en schoorvoetend ingevoerd. Geen echt wonder dat de aanpak de socialistische kanselier zijn eigen job kostte... Volgens de vakbonden botste dit concept met de Duitse grondwet, die het 'recht op een menswaardig bestaan' heet te garanderen. Die al vlug beruchte 345 euro per maand kon onmogelijk die 'menswaardigheid' garanderen, aldus de critici.

Voor een socialistische regering kon het initiatief tellen.

Schröder verloor zowat alle deelstaatverkiezingen. Hij zag het rode licht en zorgde ervoor dat het parlement zijn ploeg kelderde om voortijdige verkiezingen te kunnen uitschrijven. De bevolking verkeerde in de herfst van 2005 in een staat van absolute verwarring. Ze liepen massaal over van Gerhard Schröder naar de christendemocratische Angela Merkel, die al vlug de Iron Lady werd genoemd naar het voorbeeld van de aartsconservatieve Britse ex-premier, Margaret Thatcher.

Het Noord-Europese yes-gevoel

Dan is er ook nog het Europese wonder. De welvaart die in een wijde boog rond Noord-Europa ligt. Van Ierland tot Finland, over Noorwegen en Denemarken heen. In Noorwegen en Denemarken is de welvaart in aardolie gedrenkt. Maar voor Ierland is dat niet het geval, en al evenmin voor Finland. Toch zijn het allemaal landen die zowel aan economische stilstand als aan grote schulden en hoge werkloosheid ontsnappen. Allemaal verschillend, zijn ze toch gelijk in het feit dat ze allemaal 'welvaartstaten' zijn. Ze zijn allemaal in iets uitzonderlijk.

Ierland wordt in de VS de Keltische tijger genoemd. Zo genoemd naar Aziatische 'tijgers' als Singapore, Taiwan, Zuid-Korea. De Ieren zijn het model voor het 'goede' Europa. Het Europa waar de Amerikanen durven op te bouwen, waar ze willen in investeren. Wij zélf, die Ierland in onze jeugd zo vaak bezochten, hebben er de pubs van onthouden, de propvolle, donkere kroegen waar de zwarte Guiness van de tafels lekte en waar lokale muzikanten, met of zonder harpbegeleiding, romantiek van voorbije eeuwen ten gehore brachten. Eindeloze, triestige armoede, waar men de ellende al drinkend probeerde te verdringen. Dát Ierland is niet meer. Niemand durft een gokje te wagen als je vraagt wanneer dat wel gebeurd is. Het oude Ierland is weg, en er is geen heimwee naar die tijd overgebleven. De ziekelijk zakelijke Amerikanen antwoorden dan dat het allemaal gebeurd is toen ook in Ierland de bedrijven de kans kregen mensen te ontslaan en in dienst te nemen naargelang de behoeften van het ogenblik. Het heeft waarschijnlijk allemaal een rol gespeeld, maar we horen het niet graag zeggen. Er is op die manier een stuk oeroude Europese cultuur weggespoeld. *'So what'*, zeggen de Amerikanen daarop. En we moeten bescheiden en onderdanig knikken. In het jaar 2004 ontving Ierland meer directe investeringen van de VS dan het reusachtige China. Werknemers waren in geen tijd beter getraind en soepeler geworden, bereid langere uren in ploegen te werken en onderweg naar huis niet meer in de pubs te blijven hangen. Een 'mentaliteitsverandering' zoals dat heet. Dat begon natuurlijk op school en had er ook mee te maken dat de meeste bedrijven in harde Amerikaanse handen vielen. De universiteiten sloven zich momenteel uit om tegen het (alweer magische) jaar 2010 hun aantal afgeleverde wetenschappers en ingenieurs te verdubbelen. En met een rijkelijk gespijsd fonds proberen de Ieren verstandige jongelui naar het Groene Eiland te lokken.

Het lukt hen nog ook. Zelfs Chinezen komen eropaf. De Ieren zoeken niet bewust naar goedkope Chinezen omdat ze zélf al niet te duur zijn. Maar ze willen ook weleens van het Chinese verstand profiteren. Critici van het vasteland vragen dan om een paar grote Ierse merken te noemen. Dat lukt nauwelijks. Voor het ogenblik is Ierland een economische kolonie van de VS: Ierland zou gewoon instorten als de Amerikanen er vertrokken. Dus werken de Ieren ook hardnekkig aan een eigen bedrijfsleven. Voor het geval dát... Ze doen het wel via een Amerikaans opstapje en het lijkt ze te lukken. En toch blijven ze intussen een Europese welvaartsstaat. De kwadratuur van de cirkel?

Vroeger een land van turfstekers, nu een hoogtechnologisch paradijs! Het is een overdrijving, maar het is slechts een bescheiden hype. Ierland moet nog wel zijn dienstensector aanzienlijk uitbreiden. Slechts de helft (49 procent) van zijn bnp komt uit de diensten. Maar dat is al meer dan de (klassieke) nijverheid (46 procent). De Ierse economische groei was in de eerste jaren van de 21ste eeuw ruim twee keer zo groot als bijvoorbeeld de Belgische.

En dan de andere parels aan Europa's kroon. De Verenigde Naties klasseren Noorwegen helemaal aan de top als het gaat om de leefbaarheid. Noorwegen is volgens de VN de meest uitgelezen woonplek op aarde. Die positie heeft het land de eerste vijf jaren van de nieuwe eeuw veroverd en weten te behouden. Geen land biedt meer sociale voordelen dan Noorwegen, wat dus zeer Europees zou moeten zijn, maar zoals eerder al aangehaald, is die weelde in de olie gedrenkt. Het leven wordt immers een stuk gemakkelijker als je weet dat je land de op twee na grootste exporteur van petroleum is. Noorwegen komt onmiddellijk na Saoedi-Arabië en Rusland. In tegenstelling tot Verenigde Staten is Noorwegen zeer zuinig op zijn bodemschatten. De inkomsten van die miljardenschat worden in een fonds gestopt waar de Noren heel spaarzaam mee omgaan. Té spaarzaam menen heel wat burgers, wat soms tot politieke spanningen leidt. Noorwegen treedt anderzijds zeer vrijgevig op tegenover de Europese Unie. Het opent zijn portemonnee breder dan de meeste andere lidstaten. De werkloosheid is intussen minimaal en blijft tot 4,3 procent beperkt. Terwijl we dit schrijven, zit België aan meer dan 12 procent. Het lijkt er wel op dat de Scandinavische landen hun economische handboeken in Amerika aanschaffen om de lessen in Europa toe te passen. En met succes...

De Denen, die ook in de olie baden, klagen weleens over hun graad van werkloosheid. Met 6,2 procent van de beroepsbevolking zitten er in Denemarken bijna anderhalve keer zoveel mensen zonder job als in Noorwegen. Maar dat is dan nog maar de helft van België: alles is dus relatief. Want er zit groei in de industrie. Is de Deense textielindustrie niet de enige in Europa die groeit? Een bewonderenswaardig feit. Wie wil dat hier geloven? En het zal wel pijn doen aan onze oren, maar de Denen zijn tamelijk goedkoop als werkkrachten. Vooral de oudere werknemers hebben bescheiden looneisen. Een oudere verdient ongeveer 17 procent meer dan een jongere. Even vergelijken met onze eigen ambities? Een oude Belg die nog aan de slag is incasseert 46 procent meer dan een 25-jarige landgenoot. Zou dat iets te maken hebben met de vele ontslagen van oudere werkkrachten in dit land? Ook al komt Scandinavië over als een paradijs, laten we dan toch opmerken dat het nog niet de hemel is: het is een Aards Paradijs. Denemarken heeft ook te kampen met snel toenemende vergrijzing, en recentelijk is de economische groei veeleer bescheiden.

Laten we ook nog deze merkwaardige voetnoot maken bij het succesverhaal aan de rand van Europa.

Denemarken, met zijn 5,4 miljoen inwoners, heeft 4,7 miljoen gsm-toestellen in gebruik De Denen voelen daarnaast slechts behoefte aan 3,6 miljoen vaste telefoons. Economen beweren dat volkeren met zoveel mobieltjes op zak sneller en actiever handelen. Ook in zaken. Bij de Noren zijn er eveneens 4,7 miljoen draagbare toestellen ingeschreven naast 2,5 miljoen vaste apparaten. Zouden mensen met meer gsm's daadwerkelijk ook actiever en beweeglijker optreden dan volkeren die aan hun bureau gekluisterd blijven wachten op een belletje? In elk geval zijn Zweden, Noorwegen en Finland er vast van overtuigd dat Europa zich aan de wereldmarkt moet aanpassen, dat het Oude Continent daar niet meer onderuit kan. En tóch zijn dit landen met een grote solidariteit en sociale bewogenheid. Natuurlijk is er die olie bij de Denen en bij de Noren. Gelukkig zijn er ook de Ieren, die geen olie in de grond hebben. Is het dáár dat we de economische mosterd moeten gaan halen in plaats van in Dijon?

4

Handen uit de mouwen!

In een altijd goed zittend pak, met een altijd keurig geknoopte das, een 'professional' om door een ringetje te halen: zo staat minister Frank Vandenbroucke van Arbeid gedreven maar *cool* naar de beweging op de arbeidsmarkt te kijken. Momenteel is die verontrustend. Soms heeft ze meer weg van een Moorse markt waar bedrijvige kooplui, bezige koperslagers, handige tapijtwevers naast lummelende nietsdoeners een warrig kluwen vormen. Wie werkt eigenlijk en wie kijkt alleen maar toe? Wie verdient zijn brood en wie krijgt of schooit zijn brood? België telt midden 2005 623.000 toeschouwers op de arbeidsmarkt. 623.000 werklozen. Vlaanderen neemt daar 250.000 van voor zijn rekening. Het zijn mensen die verplicht of vrijwillig hebben afgehaakt. Ze zijn hun baan kwijtgespeeld en ze doen ofwel vruchteloos ofwel amper hun best om er een nieuwe te vinden.

Al te vaak stellen ze zich tevreden met hun uitkering. Ze schikken zich in hun lot en doen niet meer actief mee. Ze hebben zich gelaten in de werkloosheid genesteld. Uitgerekend dát wil Frank Vandenbroucke omkeren. Hij heeft het keurig voorgerekend. 'Het verschil tussen wat we doen en wat we zouden moeten doen, komt neer op zo'n 400.000 à 600.000 arbeidsplaatsen', redeneert hij. Anders gezegd: we zouden van de werkloosheid verlost zijn als iedereen meedeed. Vandenbroucke wil iedereen aan het werk zetten, en in zijn logica begin je daarbij onderaan de sociale ladder: bij de lager geschoolde bevolkingslaag. En die krioelt (nog altijd) van de vrouwen. Als we de lager geschoolde vrouwen aan de slag krijgen, dan kunnen hun hoger geschoolde zusters comfortabeler aan het werk blijven en de lager geschoolde kan het huishouden dan voor haar rekening nemen: poetsen, wassen, strijken enzovoort.

Om dat te realiseren heeft de overheid een systeem van *dienstencheques* bedacht. Een dergelijke cheque koop je op het gemeentehuis of bij een van de dienstverleners die elke ideologische zuil erop nahoudt. Daarmee huur je een 'werkkracht' voor in je huis, voor de was of met de kookpan. Om het systeem aantrekkelijk te maken, betaalt de staat twee derden van de cheque. Goedkoop voor de gebruiker dus en aantrekkelijk voor man of vrouw die in het circuit stapt. De poetsvrouwen of -mannen worden op die manier uit het zwartwerk gelokt met zoethoudertjes als een pensioenbijdrage en ziekteverzekering. Is dat niet aantrekkelijk? Als je 'in het zwart' je boterham verdient en je dondert van de trap, dan ben je je job kwijt en je moet op de koop toe de dokter en de apotheker betalen. Nu kan je zonder zorgen van de trap tuimelen en thuis rustig 'uitzieken'. Het Riziv trakteert en het pensioen loopt door...

Een van de organisaties voor dienstverlening, Familiehulp, heeft ons een trio poetsvrouwen uit het systeem van dienstencheques voorgevoerd. In een tijdelijk leeg lokaaltje zitten ze alle drie voor mij. Drie landgenoten die de werkloosheid moeten helpen oplossen. De oudste komt het eerst aan het woord. Het is Marleen die ons vanachter haar zwaar omrande bril nieuwsgierig aankijkt. Ze is van het jaar 1963. Dát weet ze pertinent zeker. Hoe oud is ze dan? Dat is al moeilijker. De anderen schieten haar ter hulp, want ze is geen Einstein maar een poetsvrouw. Ze kent haar plaats op de arbeidsmarkt.

'Ik zocht werk op mijn niveau,' zegt ze opgeruimd, 'en ik vond wat ik zocht. Ik wou namelijk iets waarmee ik andere mensen kon helpen. Mijn ervaring is heel positief!' Ze komt niet uit het zwartwerk en ze is nooit werkloos geweest, maar ze had er wel in kunnen terechtkomen. In een vroeger leven is ze winkelbediende geweest. Ze verkocht huishoudapparaten, variërend van luchters over diepvriezers, koelkasten en tv-toestellen. Maar op een dag stond de moderne tijd voor haar neus, in de gedaante van een computer. Dat was haar te veel. Ze deed haar best maar kon niet meer mee. Ze schroefde haar ambities een draai terug.

'Het was te frustrerend en ik ben gaan zoeken naar iets dat ik wel aankon', zegt ze zonder zichtbare spijt. Uit haar vorig leven heeft ze wel een rijke woordenschat meegebracht. Ze heeft het in ons gesprek over toestanden als 'fulltime', 'frustrerend', 'euforisch' en 'gerund'. 'Euforisch' gebruikt ze om de gemoedsgesteldheid van haar klanten te omschrijven als die 's avonds thuiskomen na een lange werkdag en het huis ordelijk en proper aantreffen, welriekend want pas geboend. Haar eigen gezin baart Marleen weinig zorgen. Haar kinderen van zestien en achttien jaar zitten de hele dag op de schoolbanken. Ze is in haar nopjes met de uurregeling. 'Ik begin om acht uur 's morgens en ik heb om vijf uur gedaan met werken', zegt ze. Vroeger was dat niet het geval. 'Vroeger was dat niet mogelijk omdat de winkel tot zeven uur open bleef. 'Nu heeft ze de hele avond voor haar gezin. Op die manier wil ze nog lang blijven doorwerken. 'Ik zou tot aan mijn pensioen willen doorgaan. Ik vermoed dat het tussen 60 en 65 jaar zal worden, dat hangt van de staat af.'

Van de te moeilijke computer naar de poetsvloer is wel een trapje naar beneden, maar ook op de vloer bestaat een zekere status in onze tijd. Ze communiceert met haar klant (of is het haar 'bazin'?) via haar mobieltje. Als er onvoorziene problemen opduiken, kan ze haar 'mevrouw' altijd via de telefoon of de gsm bereiken. En ze kent ook de geheime code die haar toegang tot de villa verschaft. Voor de zekerheid heeft ze dat nummer in haar hoofd opgeslagen. Een hoofd dat dan nog zo moeilijk cijfers onthoudt! Maar ze wil zo'n kostbare code in geen geval laten rondslingeren. Beeld je in dat haar handtas mét code gestolen wordt? Neen, dat kan gewoon niet. De eigenaars van een miljoenenvilla met zwembad en jacuzzi hebben haar tenslotte de toegang tot hun weelde gegeven. Alweer een blijk van vertrouwen. En hoe lager men daalt op de maatschappelijke ladder, hoe groter de behoefte aan vertrouwen wordt. Het is hart- en statusverheffend. De dienstencheques hebben haar dus níét uit de werkloosheid gered en al evenmin uit het zwarte circuit. Alleen valt ze met dienstencheques een heel stuk goedkoper uit voor de klant.

Naast haar zit Diane, op haar 39ste slank en vinnig en toch moeder van vier kinderen. Ze draait 28 uur per week. Zij is wél uit het zwartwerk gestapt. Ze vervult dus een vurige wens van de regering. Het is echter niet uit pure vaderlandsliefde dat ze het zwartwerk heeft afgestoten. Ze voelde zich gewoon behoorlijk misbruikt. Tien jaar lang heeft ze het volgehouden. Maar telkens waren er een paar gezinnen die slechts moeizaam met hun betaling over de brug kwamen. 'Ik was het beu dat ik altijd op mijn centen moest wachten', zegt ze rancuneus. 'Soms duurde dat drie weken!' Om haar geval een beetje aanvaardbaar te laten overkomen, voegt ze eraan toe dat ze wel zwart werkte maar niet tegelijkertijd ging stempelen. Want ook dát gebeurt frequent. Nu is ze blij dat haar maand doorloopt als ze ziek wordt en dat er later een pensioentje volgt. Ze is warempel ook werkloos geweest gedurende negen maanden. Dan is ze geschrapt. Waarom dat gebeurd is, kan ze moeilijk verklaren. Zat ze die maanden tóch in het zwarte parcours? Ze gaat er zo vlug mogelijk overheen. Toen ze haar werk verloor, was ze een soort kassajuffrouw in een bedrijf van diepvriesproducten. Maar ze vloog eruit. Ze begrijpt nog niet hoe dat kon gebeuren. Ze was immers in staat om zo maar eventjes de gegevens van bijna 3.000 producten uit haar hoofd af te ratelen. Nu hoeft dat niet meer en ze voelt dat niet aan als een vernedering. Het schoonmaken zit haar als het ware in het bloed. 'Mijn moeder is gestorven toen ik dertien was en van dan af deed ik thuis de schoonmaak, de strijk. Ik ben tot mijn zestiende naar school geweest.'

Ze is trots op wat ze presteert: 'Ik heb eens vier uur aan een stuk gestreken. Rechtopstaand. Veel mensen vinden dat moeilijk maar ik doe het graag!' En als er toch klachten opwellen, dan kunnen de poetsers hun ongenoegen kwijt op de maandelijkse vergadering met de staf van de hulpdienst waarvoor ze werken. Elk lid van het schoonmaakteam heeft een begeleider. Die probeert dan de brokken te lijmen. Als de klant het echt te bont heeft gemaakt, dan belandt die helemaal onderaan de wachtlijst, want er zijn vaak lange wachttijden. Er zijn in Vlaanderen al 14 miljoen cheques verkocht, maar er zijn er slechts 8 miljoen gebruikt, bij gebrek aan kandidaat-dienstenchequers.

Heel verwonderlijk is dat niet: er zijn wel degelijk klachten. Sommige chequegebruikers zien de schoonmakers meer als robotten die je gewoon 'aanzet', waarna de gebruiker verwacht dat de poetser alles vanzelf voor elkaar brengt. 'Er zijn poetsvrouwen die klagen omdat ze geen gereedschap van hun klanten krijgen. Ze vinden bijvoorbeeld in het rommelhok alleen maar een emmer met een paar gaten. Die moeten ze dan maar dichten met kauwgom. Als schoonmaakmiddel moeten ze het soms stellen met alleen maar een waterverzachter. Natuurlijk kan die het zware vuil op de vloer niet aan. Enzovoort, enzovoort.

Ja, dit lijkt wel een overwinning voor minister Vandenbroucke: uit de werkloosheid én uit het zwartwerk!

De derde poetsvrouw is eigenlijk een 'poetsmeisje'. Ze is verzorgd, blond en mooi. Ze spreidt een permanente glimlach tentoon die de kuiltjes in haar wangen accentueren. Ze rooit het al een jaar op haar eentje. Haar naam: Melissa, 19 jaar jong. Ze heeft een diploma maar daar pakt ze nauwelijks mee uit, al bezit haar titel wel de nodige uitstraling. Ze is niet min of niet meer dan 'logistieke verzorgster'. Toevallig heb ik persoonlijk mogen ontdekken wat er achter die titel schuilgaat. Toen mijn schoonmoeder in haar home op haar 100ste verjaardag zat te wachten, werd ze ook geholpen door een 'logistieke verzorgster'. Die was het hulpje van de verpleegster. Ze diende op en ruimde af. Ze sleepte het schoonmaakgerei aan en zette het klaar voor de poetsvrouw. Ze ververste handdoeken. Ze reed met mama door de eindeloze gangen van het home naar de kapel en daarna terug naar de kamer. Het was voor haar vooral kwestie niets verkeerd te doen. Wat ze wél moest doen, was een stuk minder duidelijk dan wat ze niet mocht doen.

In het jaar dat ze afstudeerde, had Melissa al gewerkt in een kledingzaak waar ze, als parttime medewerkster, niet genoeg verdiende om de maand uit te zingen. Dan kwam ook zij in een home terecht waar ze als jongste 'kracht' een beetje gepest werd door de ouderen. Te jong? Is dat het hele verhaal? Ze voegt er ruiterlijk aan toe dat ze ook niet met de collega's overweg kon. Waarom? Ze voelde zich sterk onderschat. Ze voelde er ook heel weinig voor om heel de tijd tafels te dekken en de vaat te doen.

De dienstencheques brachten de oplossing. Ze moest in een test uitleggen bij welke temperaturen ze de diverse kledingstukken zou wassen. Bij welke temperaturen? Melissa was wat blij dat ze een jaar vroeger de deur van de ouderlijke woning achter zich had dichtgetrokken. Een jaar ervaring met haar eigen was bezorgde haar de antwoorden. Ze kreeg een strikvraag: wat zou ze beginnen in een huis dat in zes weken geen borstel of dweil had gezien? Nu moest ze haar eigen fantasie aanspreken. Als logistieke verzorgster wist ze hoe belangrijk de hygiëne wel is. 'Ik zou de keuken eerst schoonmaken', zei ze. 'Dan de badkamer en de wc. Wat het meest hygiënisch moest zijn, kwam eerst aan de beurt. Pas daarna de rest, de woonkamer en zo.' Ze kreeg de job. Ze leidde eruit af dat ze een goede beurt had gemaakt, zo maar uit haar eigen ervaring puttend.

Nu is ze een tevreden schoonmaakster. 'Ik ben heel tevreden met deze job. De uren zijn goed. De dagen zijn goed. Ik doe 32 uur per week. Elk weekend ben ik vrij. Dat was niet het geval in het bejaardenhome.'

Weet de minister al dat er echt één nijpend probleem is voor zijn arbeiders en arbeidsters in het dienstencircuit? Dat zijn de verplaatsingen. Van de ene klant naar de andere hollen. Daar wordt een half uur voor uitgetrokken. Amper genoeg. Heel wat poetsmannen en -vrouwen hebben een eigen wagen maar lang niet allemaal. Ze moeten zich met een bus behelpen. Welke bus? Welke halte? Komt hij op tijd? Melissa volgt nu rijlessen om weldra met een brommer van de ene klant naar de andere te tuffen. Ze zoekt intussen niet naar ander werk: ze voelt zich prima in haar vel en in haar baan. Zou ze daar terechtgekomen zijn zonder cheques? Waarschijnlijk. Ze is iemand die niet bij de pakken blijft zitten. Nu volgt ze avondschool om een woordje Frans mee te pikken.

Vlaams minister van Werk, Onderwijs en Vorming Frank Vandenbroucke noemt de dienstenchequesoperatie 'een grandioos succes'. Er zijn dan toch 18.000 mensen die meer dan deeltijds bezig zijn. Dat geldt voor heel België, maar het merendeel zit toch in Vlaanderen. Om echt indruk te maken, berekent hij het nogmaals anders: 'Je moet dat zien als vijf à zes fabrieken met elk zo'n 3.000 arbeidsplaatsen. Met de dienstencheques wordt voor een stuk recht getrokken wat krom stond', zegt hij voldaan. 'Iemand die in het zwart bezig is, geniet geen enkele bescherming. Voor hem of voor haar is er geen arbeidsongevallenregeling, geen ziekteverzekering. We creëren voor die mensen een fatsoenlijk kader waarbinnen dat schoonmaken gebeurt.' Dat is correct, maar spreken van zes fabrieken die met schoonmakers gevuld zijn, is dat niet een beetje overdreven? In die fabrieken zal de vloer wel glimmen, maar of de poetsers ook de machines draaiende zullen houden, is een heel andere kwestie.

Het zal wel allemaal een kwestie van perceptie zijn. Hoe je het dus bekijkt. Van op afstand zou je geneigd zijn van de 250.000 werklozen de 18.000 poetsers af te trekken. Dat is een vermindering van de werkloosheid met 7 procent. Maar we stellen ook vast dat die schoonmaakploegen soms (vaak?) geen werklozen waren toen ze naar de dweil en de bezem grepen. Ze zagen wél de charmes van een baan die met belastinggeld overeind werd gehouden. De minister heeft zo zijn eigen filosofie als hij over werkloosheid praat. Het woord 'werkloosheid' zelf zou hij liefst uit ons taalgebruik bannen. Hij verkiest 'werkgelegenheidscijfers' boven 'werkloosheidscijfers'. Daar zit natuurlijk wel wat in. Er is meer dan één reden om van werkgelegenheidscijfers te spreken. De werkloosheid verbergt (moeten we zeggen 'herbergt'?) heel wat mensen die helemaal niet naar werk uitkijken en zich tevreden stellen met hun maandelijkse uitkering. Dat is een van de pijnlijke redenen waarom de begroting van de Rijksdienst Voor Arbeidsvoorziening (RVA) van jaar tot jaar de hoogte ingaat en nu voorbij het astronomische bedrag van 8 miljard euro is geraakt. 'Werkloosheid' kent ook wel mooie, verhullende synoniemen. Wat is het woordje 'brugpensioen' anders of meer dan een dure koosnaam voor werkloosheid?

In Nederland zitten honderdduizenden 'werk'-nemers in het unieke systeem van de arbeidsongeschiktheid. Theoretisch zouden ze wel willen werken maar ze kunnen de druk niet meer aan. Ze zijn mentaal versleten. Ze hebben een burn-out. Werken is hen te veel geworden. Het is een systeem dat zelfs Saoedi-Arabië of de Verenigde Arabische Emiraten zich niet meer kunnen permitteren. Vandenbroucke ziet het zo: 'In andere landen zitten mensen in ziekte-uitkeringen, maar eigenlijk gaat het over een vorm van werkloosheid.'

Ze zijn niet hun job verloren maar wél hun gezondheid. Het klinkt beroerd maar het zou passender zijn die mensen 'gezondheidslozen' te noemen.

En dan is er de tussensoort, aldus de minister: 'Je hebt ook mensen die niet werkloos zijn maar die ook niet aan het werk zijn. Vrouwen die thuis bezig zijn (in een of ander beroep) maar die onzichtbaar blijven op de arbeidsmarkt. We wonen in een land waar die groep traditioneel tamelijk sterk vertegenwoordigd is.'

Om al die redenen wil Vandenbroucke dat zijn fameuze 'werkgelegenheidsgraad' omhoog gaat. Hier spreekt een hooggeplaatste politicus die wil dat er zaad in het bakje komt. Als iedereen werkt, zal iedereen ook belasting betalen. Daar ligt die heel aparte taak voor de mensen die via dienstencheques werken. Als zij zich over de wasmachine buigen, kan de vrouw des huizes op kantoor met een geruster gemoed achter haar computer blijven zitten, en ze betalen meteen allebei belasting. Voor de schoonmakers heeft hij een mooi woord bij de hand: zij zorgen voor de 'gezinsondersteuning'. Het doet denken aan de 'logistieke verzorging' van de hoger geciteerde Melissa. Zij zijn de moderne steunbalken van de maatschappij. Tja, het is een feit dat er thuis geen grootjes of oudste dochters meer bij de haard zitten te wachten om op de jongste kinderen te passen. Dus moet er een professional komen om met de kinderen bezig te zijn. Dat heet 'kinderopvang' voor de jongsten. Voor de oudsten, die nu écht stokoud worden, komt een bejaardenhelpster. Het is merkwaardig dat in de meest individuele maatschappij sinds mensenheugenis van overal 'opvangers' en 'helpsters' gevraagd worden. Dat is natuurlijk de beruchte overgang van het ouderwetse 'werken' naar de moderne 'dienstverlening'.

Onze maatschappij heeft de blauwe kiel afgelegd en de witte boord omgedaan. Dit is de overgang naar de diensten- en informatie-economie. Als 40 procent van de jongere bevolking niet meer mee kan met de eisen van die gloednieuwe maatschappij en de aanleg mist om in het échte arbeidscircuit te stappen, dan moet er maar een *apart* soort 'diensten' voor hen uit de grond worden gestampt. Dat zijn dan diensten waarin ze wél mee kunnen zonder aan een te moeilijke machine te gaan staan. Ze krijgen een lichte, een uitzonderlijk lichte job, die ze zouden moeten aankunnen en waarmee ze een loon kunnen verdienen. Als ze niet echt gehandicapt zijn, moeten ze toch nog in staat zijn om bijvoorbeeld herfstbladeren bij elkaar te harken, om de banken in de gemeenteparken te schilderen, om de hekken te teren tegen dat de winter er aankomt, om foutparkeerders op te sporen, om te verhinderen dat haastige voorbijgangers in kuilen strompelen tijdens openbare werken, om mee te doen in onderhoudsploegen, om een toilet in een station te onderhouden (een toilet 'runnen' zou een mooie functieomschrijving zijn) et cetera. De 'lager geschoolden' kunnen bij de lobby van een chic hotel worden geplaatst om taxi's voor de hotelgasten aan te fluiten en om de dubbele deuren van het hotel open te houden.

In steden zoals Londen en New York is hun soort zichtbaar en sterk aanwezig. Ze dragen een uniform met het monogram van het hotel op hun revers geborduurd en ze laten zich *door men* noemen. Ze weren alle figuren die er slonzig en dus verdacht uitzien. Hoogst belangrijke job in een tijd van permanent dreigend terrorisme! Ze vormen een versimpelde versie van wat voorheen 'portier' heette. Maar de portiers, die zijn ook blijven bestaan. Zíj waken over de binnenkant, de *door men* zijn bezig met buiten, het verwelkomen van de gasten, het openhouden van de taxiportieren! Op die manier kunnen de tienduizenden overtollige 'krachten' ook in de dienstenmaatschappij worden ondergebracht. Ze produceren wel niets maar ze verlenen toch 'diensten'. De *doorman* roept je taxi en de portier ontbiedt de *bell boy*, de loopjongen die je koffers sjouwt en je naar je kamer begeleidt voor een fikse fooi. Er is natuurlijk ook de *bell captain*, die toezicht houdt over de *bell boys* en de liftjongens, want die zijn er ook nog!

De *doorman*, de portier, de *bell boy*, de *liftboy*, allemaal figuren die een normale reiziger zou kunnen missen en er een flinke duit bij uitsparen. Maar het is onbegonnen werk hen te ontwijken. Het is ook boeiend te beseffen dat al die mensen zich in de marge van de échte hotelactiviteiten bewegen en er soms een flinke stuiver aan verdienen. De werkgever kan zich op die manier grotendeels ontdoen van lonen en sociale lasten. Hoe noem je deze snel aangroeiend soort van dienstverleners? Zoals we niet meer mogen gewagen van 'invaliden' maar over 'andersvaliden' moeten praten, zo zouden we over de massa ongeschoolden kunnen praten als over 'andersgeschoolden'.

Ze moeten een taak toegewezen krijgen die ze aankunnen zonder dat ze er een diploma voor op zak hebben. De redenering gaat uit van het principe dat iedereen toch érgens bedreven moet in zijn. Als de lat laag genoeg ligt, desnoods op de grond, moet ten slotte iedereen eroverheen kunnen. Ook minister Vandenbroucke is er kennelijk van overtuigd dat een diploma ook niet alles is.

'We zijn een beetje diplomafetisjisten', zegt hij. 'We kijken uitsluitend naar wat er op papier staat.' Maar als je iets maar vaak en lang genoeg doet dan leer je het wel. Dát is de achterliggende gedachte.

'Dat betekent dat we de mensen moeten taxeren op wat ze kunnen, veeleer dan op wat hun diploma's zijn. We zijn, qua arbeidsmarkt, nogal rigide in de benadering van wat de mensen kunnen', zegt de minister. 'Er zijn mensen die heel veel geleerd hebben in de praktijk van het leven, maar wij laten na dat te appreciëren, dat te valoriseren. Mensen zouden, meer dan vroeger, in staat moeten zijn hun competenties te laten verifiëren, te laten attesteren en daar ook mee uit te pakken als ze gaan solliciteren!'

In het ministeriële brein is een plan aan het ontluiken om dat allerneteligste probleem van onze tijd vorm te geven en op te lossen. Hij verwoordt het behoedzaam en precies:

'Ik ontwikkel op dat vlak een langlopend programma, waarbij we procedures gaan vastleggen waardoor mensen die misschien hun beroep niet op de school geleerd hebben maar ergens in het leven, hun vaardigheden tóch kunnen laten attesteren om aan te tonen dat ze die toch onder de knie hebben. Dat zorgt voor smeerolie op onze arbeidsmarkt, smeerolie die we nu missen. Dat gebeurt dan met een soort examen.' Al bij al dan tóch nog een examen, maar dan meer als behendigheidsproef. Het komt erop aan het onderste uit de professionele kan te halen. Maar het blijft het onderste. De minister ziet zijn, voorlopig 'virtueel', programma als het licht aan het eind van de werkloosheidstunnel. Iedereen een baan, iedereen de handen uit de mouwen, iedereen aan de slag. Hij moet niet naar voorbeelden zoeken:

'Neem bijvoorbeeld iemand die twintig jaar trappen gemaakt heeft in een gespecialiseerd bedrijf: zo iemand zal dat werk waarschijnlijk wel aankunnen, zelfs als hij daar niet voor opgeleid is toen hij in zijn firma begon. Als dat bedrijf nu op de fles gaat, moet je kunnen laten attesteren dat die man trappen kan maken. Zo kan hij daarmee gaan solliciteren en belandt hij ook op de kandidatenlijst van de VDAB.'

Telkens opnieuw komt de ministeriële obsessie aan de oppervlakte: iedereen moet aan het werk. Geen wonder: hij is nu eenmaal minister van Werk.

'Als je de arbeidsmarkt soepel wil laten lopen en alle talenten van alle mensen wil laten gebruiken, dan gaan we een beetje verder moeten kijken dan het initiële diploma. Dan moeten we een systeem ontwikkelen om elders verworven competenties tot hun recht te laten komen. En dat moet je doen in een *assessment center* dat kan vaststellen dat onze man trappen kan maken.'

Het woord is nieuw en het klinkt goed: een *assessment center*, een 'inschattingscentrum' zou je kunnen zeggen, een evaluatiecentrum. Voor mensen zonder diploma moet er een 'certificaat' komen, een soort gedeeltelijk diploma. Per talent, per vaardigheid. Voor Vandenbroucke is dat certificaat het pasje naar de werkvloer, het uitreisvisum uit de werkloosheid. Dat is het manoeuvre om de werkzoekenden uit hun nietsdoen te bevrijden.

Warmrijden bij Velo

In Leuven is er bijvoorbeeld Velo, een project dat jongeren uit het bed moet krijgen en op de werkvloer. De minister is er trots op. Velo draait al tien jaar mee en probeert jongeren te leren hoe ze hun handen uit de mouwen moeten steken als ze ooit al werkend hun brood willen verdienen. Het zijn geen 'gewone' jongeren. Het zijn leerlingen uit het beroepsonderwijs die het allemaal al lang voor bekeken houden. Werken op een bepaalde plaats en binnen bepaalde uren is hun ding niet. Ze zouden niet weten waarmee te beginnen. Ze zijn de school beu, ze worden doodmoe als ze een schoolboek zien of de krijtgeur van de klas opsnuiven. Die schoolgeur is een drug voor hen, maar niet van de soort waarnaar hun voorkeur uitgaat. Liefst zitten ze thuis te wachten tot alweer een rotdag verstrijkt. Omdat ze nog schoolplichtig zijn, heeft de wijze overheid een systeem voor hen bedacht, een dagregeling met enige variatie, waardoor die genetische schoolmoeheid misschien wel overgaat. Misschien! Proberen dus maar! In het overheidsjargon is Velo een *sociaaleconomisch bedrijf*. Een instelling om U tegen te zeggen. Je moet het weten vooraleer je er binnenstapt. Aan de buitenkant is er van die mooie benaming niet zoveel te merken. Het gebouw lijkt wel een typische werkplaats uit de 19de eeuw. Grote hallen of loodsen zijn het, in bruine baksteen. Met grote ramen en rammelende deuren. Het gebouw ziet er roestig uit, het slachtoffer van de tand des tijds. Maar binnenin is het nog een stuk roestiger. De brede en hoge ruimte is volgestouwd met fietsen die hun beste decennia achter de rug hebben. Jonge mensen van minder dan achttien jaar lopen tussen de kreupele tweewielers door en knutselen eraan. Uit de brokstukken zullen ze proberen opnieuw rijwaardige fietsen in elkaar te steken. En er zijn ook 'oudere' jongeren van ergens tussen de achttien en de dertig jaar. Dat zijn de 'leefloontrekkers', allemaal jonge mannen, want meisjes kom je er zelden of nooit tegen. Het zijn mensen die als enig inkomen op een 'leefloon' kunnen rekenen, een uitkering van het OCMW. Ze verdienen verder geen cent omdat ze nog nooit gewerkt hebben. Een menselijk mengelmoes, dat tref je dus aan bij Velo. Allemaal jonge mensen op zoek naar een baan. En ze beginnen voorzichtig met het herstellen van fietsen. Een bedrijfstak recht uit de 'oude' industriële wereld die we hebben afgezworen om ons in de kenniseconomie van deze nieuwe eeuw te storten. Hoe gaan zij het redden in een baan van 100 jaar geleden?

We praten erover met Ilse Steen, hoofd van het *sociaaleconomisch bedrijf*, die een diploma Economie op zak heeft. Ze noemt de instelling ook een 'Opleidings- en Tewerkstellingsproject'. Steen is een opmerkelijk knappe vrouw die in een modieus zwart pakje steekt. Het lijkt op een excentriek modeplaatje zoals je die in alle betere modemagazines tegenkomt: een knap model tegen die roestige achtergrond van kreupele fietsenwrakken. Haar manier van praten is even keurig als haar voorkomen.

'Wij werken met kansengroepen', zegt ze ter introductie. Zelfs tussen de roest en de olie op de zwarte handen en gezichten, is de taal het element dat nog het meest gesmeerd loopt in dit *sociaaleconomisch bedrijf*.

'De jongeren worden aangeleverd vanuit de beroepsscholen. Daar krijgen die jonge mensen elke week twee dagen les. Voor de opvang tijdens de rest van de week, dus voor de overblijvende drie dagen, is er op die scholen niets voorhanden. Dan is het de bedoeling dat ze werken. Maar velen van hen vinden helemaal geen werk. En wij passen in dát gat. Wij zijn dan het brugproject.'

Of de beroepsscholen zélf de jongeren uitpikken die ze naar Velo sturen, willen we weten.

'Ze kiezen jongeren afhankelijk van hoe sterk ze al staan om op de arbeidsmarkt werk te vinden. Er zijn inderdaad jongeren die direct aan de slag kunnen. Maar zij vormen een kleine minderheid!'

En wat komen ze dan bij Velo zoeken?

'Dat gaat vaak over arbeidsattitudes. Dat gaat erom of ze bereid zijn elke ochtend op te staan, bijvoorbeeld. De vraag is hier of ze bereid zijn naar het werk te gaan. Dat ze bereid zijn om hier de dag door te brengen. Dat ze bereid zijn om opdrachten te aanvaarden en die dan ook nog uit te voeren.'

Haar antwoord klinkt een tikkeltje tegen de borst stuitend. Het komt uit een andere wereld. Je werpt op dat die jongeren, net als wij, toch ook uit het bed moeten als de wekker afloopt!?

Haar stem klinkt zacht maar helder:

'Bij die jongeren werkt dat helaas zo niet. Zoals ik zei, gaat het meestal om jongeren die schoolmoe zijn. Om jongeren met een psychisch probleem.'

Je begint te beseffen dat het om minder gave exemplaren gaat van het leerlingenleger dat onze middelbare scholen bevolkt. Zit er aan elk exemplaar misschien een vlekje?

'Ja, ja, dat is wel waar. Toch wel,' zegt ze bedachtzaam, 'maar hier krijgen ze de kans om te bewijzen dat ze mee kunnen. En voor sommigen is dat hard werken om elke ochtend op tijd hier te raken. Sommigen hebben nooit een voorbeeld van broodwinning gehad. Anderen zijn mentaal nog te jong. Ze weten nog niet wat ze willen. Ze weten niet wat de wereld te bieden heeft. Hoe die draait. Hoe ze geld moeten verdienen om zichzelf te onderhouden.'

Je begint te beseffen dat Velo geen school is zoals een andere en zeker geen echt werkatelier. Het doet onwillekeurig denken aan een beschutte werkplaats. Maar dat mag je niet zeggen, zelfs niet denken. Want de jonge werklui van Velo zijn niet gehandicapt, ze zijn veeleer wereldvreemd. Of nog beter: ze leven in een eigen wereld waarin ze een geïsoleerd leventje slijten. Doet het de lezer ook aan 'verwaarloosd' denken? Moeten die jongens onze achteropgeraakte economie opnieuw op de sporen zetten?

Ze verduidelijkt:

'Ze mogen hier negen maanden doorbrengen. Dat is de afspraak. We moeten ze na die negen maanden klaar krijgen voor een volwaardige job. Er bestaan ook nog opvolgingsstatuten waardoor ze bijkomende kansen krijgen, zoals het Industrieel Leerlingenwezen.'

Het is een vreemd woord. Maar ook een hoopgevend woord. Want wie zich tot in het Industrieel Leerlingenwezen (ILW) weet op te werken, kan zijn situatie verbeteren, ze krijgen een soort voortgezette opleiding.'

De meest veelbelovende leerling-arbeiders zijn zich perfect van die situatie bewust. Ze willen in het Industrieel LeerlingenWezen raken. Ze noemen de richting het ILW. Wie in het ILW raakt, voelt zich op weg naar meer en beter. Ze blijven dan ook naar school gaan, waar ze één dag algemene vorming krijgen en één dag techniek. Zelfs hun fiets krijgt er rangverhoging. Ze leren de fiets in zijn details kennen. Op papier. Roestvrij.

'In het atelier komen ze dan hun praktische kennis bijschaven', zegt Ilse Steen.

Op school krijgen ze talen, rekenen, maatschappelijke vorming, sollicitatietraining.

Op hun Velo hebben ze dan een ommetje gemaakt naar de échte school. Aan een volwaardige job zijn ze dan voorlopig nog altijd niet toe. Als ze bij Velo stipt leren werken, zullen ze het voortaan misschien ook kunnen in de technische school.

Maar intussen zijn ze toch actief geweest in een Sociaal Economisch bedrijf? Is het niet té laag gemikt om met die fietsen de weg naar het bedrijfsleven aan te vatten? Draai en keer het zoals je wilt, in onze hoogtechnologische tijd blijft de fiets een eenvoudig vervoermiddel. Er zit weinig elektronica aan – waar staat zijn gps? We vragen het aan de jonge manager: waarom een dergelijk simplistisch thema als de fiets kiezen om de weg naar het moderne beroepsleven te forceren?

'Dat heeft gewoon te maken met het feit dat we een bedrijfje moeten zijn en een economische activiteit moeten ontplooien.'

Concurrentie met Eddy Merckx zit er voorlopig dus nog niet in?

'Nee. De afspraak is dat we ons beperken tot het studentenpubliek en tot de verhuur van fietsen. We krijgen de fietsen van de stad Leuven ter beschikking. De stad verzamelt achtergelaten en kapotte fietsen. Telkens als er in Leuven grote evenementen plaatsvinden, haalt de politie de achtergelaten fietsen op. De eigenaar heeft zes maanden de tijd om zijn fiets op te halen bij de politie. Als er echter geen vraag naar is, dan komen ze naar hier. Die fietsen worden geen eigendom van ons. We herstellen ze en verhuren ze daarna.'

Tja, wat te denken van een 'bedrijfje' dat voor zijn 'grondstoffen' afhankelijk is van de markt? In dit geval dan van de Grote Markt in Leuven, waar niet zo nuchtere studenten hun fietsen vergeten of gewoon achterlaten tegen de dageraad? De beschikbare oogst is niet echt voorspelbaar. En de studenten kunnen achteraf, in een nuchtere bui, hun tweewieler gaan terugeisen. Daarenboven blijven de fietsen eigendom van de stad. Het zijn wel zware beperkingen voor een 'bedrijfje'.

Onze vraag voor Ilse Steen: 'Wat denkt u als econome van deze gang van zaken? En wat verandert dit experiment bij de jongeren na negen maanden?'

'Je merkt wel dat de jongeren, na hier 9 maanden gewerkt te hebben, veel beter beseffen wat de realiteit is. Soms besluiten ze dan opnieuw naar school te gaan. Ofwel zeggen ze bij zichzelf: "Ik heb nog meer opleiding nodig, ik ben er nog niet." Soms keren ze dan terug naar voltijds beroepsonderwijs. Maar soms besluiten ze ook dat ze wel klaar zijn voor de arbeidsmarkt. Dan gaan ze echt werk zoeken.'

Velo is dus een buffer tussen het luie leventje in de keuken en de gevreesde arbeidsmarkt. Het vangt hun val in de realiteit al remmend op. Maar dat is het verloop van het Velo-avontuur in zijn gunstigste versie.

Ilse Steen: 'Het gebeurt ook dat ze zeggen: "Werken, dat is niets voor mij." Dan blijven ze twee dagen naar school gaan, en na een tijd krijgen ze een uitkering. Ze zijn daarom niet ziek. Maar ze hebben wél emotionele en psychische problemen.'

Dan zit je al even diep in de psychiatrie als in de economie? Haar antwoord klinkt een tikkeltje terughoudend, maar niet aarzelend.

'Tja, die jongeren hier wel.'

Dit is hét moeilijke thema: de vage grens tussen een werkplaats en een beschutte werkplaats.

Ilse: 'Het gaat hier over arbeidshoudingen, niet zozeer over fietsen oplappen. De besten komen in arbeidssituaties terecht. Heel diverse richtingen. Er zijn er zelfs bij die chauffeur geworden zijn. Er zijn mensen bij die in garages terechtgekomen zijn. En die het volhouden op de koop toe! We hebben ook onze succesverhalen.'

Ze zegt het met enige trots. Terecht, natuurlijk. Zeker als je Velo ziet tegen zijn ware achtergrond: werken aan het karakter van de vele dolende jongeren, in plaats van knutselen aan een fiets. Vraag: wie houdt toezicht op het leer- en werkgedrag van de jongeren die in een cruciaal gevecht met zichzelf gewikkeld zitten?

'Die controle wordt wel degelijk uitgeoefend. Ook door hen die ons subsidiëren, door de Europese Unie én door de Vlaamse Gemeenschap. We moeten immers ons percentage aan doorstroming – met andere woorden: het opgelegde aantal afgestudeerden – halen. We maken ook elk jaar een jaarverslag.'

Er zijn dus altijd voldoende jongeren die zich tot het experiment aangetrokken voelen.

'Ja, dat heeft te maken met de werkomgeving. Ook met de manier waarop er met de jonge mensen wordt omgegaan. Met de begeleiders, bijvoorbeeld.'

Waarom altijd spreken over 'begeleiders' en niet over leerkrachten?

Ilse Steen houdt stevig vast aan de economische basis van het haar toevertrouwd 'bedrijfje'.

'Ha, het blijft hier een bedrijf, hé! Er moet geproduceerd worden. Het is de bedoeling dat we hen begeleiden in hun arbeidshouding. En dat houdt onder meer in dat ze 's morgens op tijd komen en direct beginnen te werken.'

En als ze het vertikken?

'We blijven erop hameren dat ze op tijd moeten komen. Soms zeggen ze: ik had geen zin om op te staan. Of de bus had vertraging. Ze zoeken dus uitvluchten. Maar helemaal weerloos zijn we niet: we werken met een soort contract dat ze moeten nakomen. En ze weten dat als ze het niet volhouden, het hier voor hen na een maand afgelopen is.'

Ze kunnen dus buiten de deur worden gezet? Ze antwoordt voorzichtig:

'Ja, dat gebeurt af en toe. Maar meestal slagen we erin ze hier te houden. We mogen maximaal een half dozijn *brugprojectjongeren* en zes leefloners tewerkstellen. En dan hebben we ook nog drie jongeren met een ILW-contract.' (Jongelui met échte kansen, dus.)

Wat gebeurt er met de herstelde fietsen?

'Die fietsen worden verhuurd. Maximaal voor de duur van een jaar. En we vragen daar 31 euro voor.'

En mag je een dergelijke instelling dan écht een bedrijf noemen?

'Het ís een klein bedrijf. We hebben sociale belangen. We creëren zoveel mogelijk werkgelegenheid. We zorgen dat meer mensen arbeidsrijp worden. En omdat we groeien, hebben we nu toch een aantal vaste contracten. Zo hebben we zélf jobs tot stand gebracht binnen Velo. We hebben drie vaste arbeiders in dienst, twee administratieve bedienden en drie vakarbeiders. Die laatste drie zijn begonnen als brugprojectjongeren, als 'leefloners', en zij zijn in het vak gegroeid. Die laatste zijn geen begeleiders, dat zijn arbeiders. Wij herstellen immers ook de verhuurde fietsen. Studenten kunnen hier ook met hun eigen fiets terecht. Dan herstellen we die ook. Die arbeiders zijn daarmee bezig. Momenteel halen we ongeveer 40 procent van al onze kosten – we hebben immers heel veel personeelskosten – uit onze omzet. Maar we zijn nog altijd voor 60 procent afhankelijk van subsidies.'

Is dit een voorafbeelding van het Europa dat probeert bij te benen in deze tijd van kennis- en diensteneconomie? Neen, natuurlijk niet. Dit is een reddingsboei. Een poging om de nog jonge stempelaars uit de werkloosheid te halen en om te verhinderen dat de allerjongsten in diezelfde werkloosheid duiken.

En dan de jongens zélf, de zogeheten 'brugwerkers'. Neem nu Glenn Verscuren. Glenn is zeventien. Een niet zo grote, pezige jongen. Zijn antwoorden zijn kort en ondubbelzinnig. Maar je moet aandachtig luisteren, want de fonetische geluiden die hij vlug, té vlug uitstoot, moet je telkens in woorden vertalen. Maar hij lijkt uitstekend te weten wat hij wil. Niet het onmogelijke, en dat geeft hem alvast een voorsprong en dus een kans.

'Ik ben 17. Ik ben hier in september begonnen als 'brugwerker'. Dan moet je elke week twintig uur komen werken. Tweeënhalve dag, eigenlijk. Woensdag is dat een hele dag. Donderdag een halve dag en vrijdag dan weer een hele.'

Het klinkt alsof hij dat zelf redelijk vindt. Nooit twee hele dagen na elkaar in het atelier. De harde werkelijkheid, ja, maar liefst in schijfjes. Wat hem duidelijk pleziert, is de vergoeding die hij krijgt voor die experimentele stappen op de harde werkvloer.

'Je krijgt hier ook een vergoeding voor. Je krijgt 250 euro om in een brugproject te werken en dat valt heel goed mee.'

Hij ziet de briefjes waarschijnlijk voor zijn ogen schemeren terwijl hij er monkelend aan denkt.

' 250 euro, en het is niet dat je daar zoveel moet voor doen.'

Hij ontsnapt voorlopig dus aan de ratrace. Hij heeft er dus zélf voor gekozen?

'Neen, niet echt. Ik ga meer de richting van de brommers uit. Maar goed, dit zijn toch ook tweewielers. De richting brommers hadden ze niet en dan heb ik maar voor de fietsen gekozen. Ik heb zelf gevraagd om hier een brugproject te mogen starten. Een brug naar echt werk. Dit is een soort opleiding.'

Glenn klinkt heel bewust. Hij weet waaraan hij begonnen is. Hij zal proberen dit werk keurig uit te voeren. Hij weet ook dat hij dan misschien hogerop kan.

'Het kan wel zijn dat je dan naar een ILW-project gaat.'

Hij bezigt ook al het jargon van zijn nieuwe status. Weet hij écht waar ILW voor staat?

'Neen, dat zou ik eigenlijk niet weten.'

Kort en ongegeneerd. Hij heeft nog een leven voor zich om uit te vissen wat er achter al die geletterde acroniemen schuil gaat. Hij weet wél wat het ILW kan opbrengen. Is dat niet de essentie?

'Als ILW'-er krijg je toch zo'n 600 euro uitbetaald, denk ik.'

Hij weet het niet echt. Als beloftevolle Velokracht zal hij zo'n 750 euro verdienen aan het einde van de maand. Toch wel de moeite om op te rapen. De eerste keer dat het gebeurt, zal Glenn zich sterk gemotiveerd voelen.

'Dan moet je wél in de vakantie komen werken.'

Wat hij met die uitspraak mag bedoelen, kan je best bij de begeleiders te weten komen.

'In de vakantie komen werken' wil zeggen dat hij in de zomer slechts op één maand vrijaf kan rekenen, niet op de schoolse twee maanden. Zo te zien valt met die voorwaarden wel te leven. Na twee maanden is hij al stevig in de fiets gaan geloven.

'De fiets zal altijd bestaan. Elke student rijdt ermee!'

Glenn kijkt niet voorbij zijn lokale horizon. Hij is voorzichtig. Zijn cliënteel komt voorlopig van de universiteit. En er zullen wel altijd studenten zijn en dus ook klanten.

Zijn heimwee naar de brommers heeft hij voorlopig opgeborgen. Maar hij is het niet vergeten.

'Liefst zou ik nog altijd aan brommers werken. Daar ben ik ook van kindsbeen af mee bezig. Ik heb liefst iets met een motor eronder.'

En waar wil hij ooit aan werk raken?

'Ik ken wel een paar winkels waar ze mensen kunnen gebruiken. Daar zou ik als hersteller kunnen werken. En ik denk dat als je een fietsenwinkel hebt, dat je dan wel je kost kan verdienen.'

De aanpak van Glenn is vrij doorzichtig. Hij bezit een dosis realisme, zodat hij (voorlopig) zijn brommer aan de haak wil hangen en zich over zijn fietsen buigen. De vakanties houdt hij in het oog, maar wat hij kan verdienen, geeft de doorslag bij zijn inspanningen. Een jongeman met toekomst in de technologie? Niet meteen, maar hij komt van ver en moet nog verder, en hij heeft kans het te maken. Op zijn bescheiden manier.

Fast forward naar Björn Demares. Hij zit in dezelfde leeftijdsgroep als Glenn. Maar Björn heeft rood haar en een rond gezicht dat makkelijk glimlacht. Hij lijkt een ongecompliceerde jongen die niet van ingewikkelde dingen houdt. Dat geldt ook voor het werk. Precies om die reden is hij bij Velo terecht gekomen.

'Ik ben hier gekomen via een vriend. Ik werkte in de automechanica, maar dat lag me niet zo. Dat was niets voor mij. Veel te ingewikkeld! Toen zei een vriend: "Bij Velo zoeken ze volk. Je kunt eens gaan proberen, gaan solliciteren. Misschien kan je er ook beginnen".'

Ben je zelf een fietser?

'Neen.'

Rijd je dan nooit met de fiets?

'Nee, nooit. Maar hier werken is een beetje eenvoudiger dan in een garage bezig zijn. Ja, ik vind het werk plezierig. Ik kom hier dus graag. Ik sta rond halfacht op en ik moet hier om halfnegen zijn.'

Om halfacht uit de veren, dat moet kunnen. Maar wat hem vooral geholpen heeft is zijn talent voor de baan.

'Ik was hier nog maar vier maanden *brugger* toen Willy van het atelier tegen mij zei: "Je kunt eens naar beneden komen proberen te werken in het atelier. Daar heb je direct contact met de klanten. Je kunt er meer in je eentje werken." Dat doe ik nu: ik doe nu alles zelfstandig. Alleen in geval van nood moet ik er de begeleider bijroepen. Daarvoor werkte ik boven, daar worden de fietsen gemonteerd en dat gebeurt allemaal onder toezicht. Beneden ben je dus veel zelfstandiger.'

Björn is nu ILW'-er. Nu kan hij al eens een paar vakantiedagen tussendoor nemen. En hij verdient dus ook meer dan in zijn vorige job bij Velo. Hij heeft zich opgewerkt.

Dat lijkt wel heel belangrijk. Niet verwonderlijk:

'Hier verdien je drie keer meer dan als *brugger*. Zeker als je negentien wordt. Ik verdien nu 800 euro.'

Ga je ook een baan zoeken als fietsenhersteller?

'Ik weet al twee winkels waar ik kan gaan werken.'

Al contact genomen?

'Nee, nee, nee.'

Het is alsof hij plots beseft dat hij 'door twee winkels te kennen' nog geen job te pakken heeft. Zíj zullen hem niet komen vragen. Hij moet er zelf werk van maken. Ja, nu beseft hij het ineens.

'In de loop van volgend jaar ga ik er werk van maken. Ik moet nog eerst mijn certificaat halen, hé.'

Maar hij ziet wel een toekomst in het fietsen herstellen. Om zich heen ziet hij de cliënteel aangroeien.

'Ik zou ook in een fietsenfabriek terechtkunnen.'

Kent hij zo'n fabriek? Neen, niet zo meteen.

Het is zoals met de winkels, daar gaat hij volgend jaar eens werk van maken. Intussen krijgt hij toch ook nog lessen op school. Elke dag leert hij het leven met al zijn valstrikken beter kennen. In die lessen staan allerlei praktische onderwerpen op het programma.

'Je leert er van alles. Met computers werken, bijvoorbeeld. Je leert er ook van alles over werken. Je leert verschillende beroepen kennen. De bouw, maar ook de tuinbouw. En ze leggen uit hoe je met je geld moet omgaan. Hoe je moet leren rondkomen. Ik leer er talen zoals Engels.'

Engels. Is zo'n taal wel praktisch als je bij Velo werkt? En of!

'We spreken hier veel Engels. Heel veel. Alle dagen. Want het krioelt hier van de Chinezen!'

Velo kan je ver brengen.

Een dag bij de 'middengeschoolden'

De jongeren op de fiets dus, desnoods. Maar tegelijkertijd moeten ook de ouderen in het arbeidsproces gehouden worden. Ook daarvoor houdt de minister van Werk, Frank Vandenbroucke, een oplossing achter de hand: 'Je moet overstapsystemen maken in plaats van de vele uitstapsystemen die er zijn.'

Het woord spreekt voor zich. Van 'uitstap' naar 'overstap'. Maar je blijft aan de slag. Op die manier kom je na afdanking in een ander bedrijf terecht. Het begrip 'brugpensioen', wat een duur woord is voor een vrij schappelijk pensioen, staat bij Vandenbroucke niet in een gunstig daglicht. Zijn we streng maar rechtvaardig en zeggen we dan kordaat: weg met het brugpensioen? Dat nu ook weer niet. Hij wil het brugpensioen behouden voor in geval van nood: 'Neen, het brugpensioen moet niét weg. Zoiets blijf je nodig hebben in bepaalde omstandigheden en boven een bepaalde leeftijd'.

Zo ziet minister Vandenbroucke het. 'Iemand op 50, 52 jaar met brugpensioen sturen, dat zou in Vlaanderen niet meer mogen kunnen', zegt hij ons resoluut. Dát is een brug(-pensioen) te ver! Vandenbroucke wil het brugpensioen niettemin met fluwelen handschoenen aanpakken. 'Momenteel ligt de gemiddelde uitstapleeftijd rond de 56, 57 jaar. 'Mochten we dat al met enkele jaren kunnen verhogen – ik ga daar nu geen cijfer op plakken... (aarzelt). Een ander cijfer dat toch belangrijker is: met hoeveel moet de werkgelegenheidsgraad van die ouderen omhoog?' Hij is op beide voeten op de begane grond terechtgekomen. Ja, ook de ouderen moeten langer aan de slag. Dat wil zeggen: ze moeten aan de slag kunnen blijven. Hoelang? Want Vandenbroucke neemt het gewoon niet dat er van de 50-plussers nog slechts 43 procent een baan heeft. Die 43 procent moet dringend omhoog. Het werkloosheidsprobleem groeit inderdaad aan beide kanten van het arbeidscircuit: de jongeren willen er niet in, de ouderen wriemelen er zich uit.

Al de jongeren aan een (nep-)baan helpen, zou trouwens niet volstaan om het werkloosheidsprobleem de wereld uit te helpen. Als je de welvaart wil redden met klusjesopdrachten en met de belasting op die miezerige baantjes, dan wordt het onbegonnen werk om onze welvaartsstaat op peil te houden en de concurrentie met de boze, globale wereld aan te gaan. Vandenbroucke: 'Ook als alle jongeren (tegen 2010) bezig zouden zijn, dan moet de *werkzaamheidsgraad* van de 50-plussers nog altijd stijgen van 43 naar 65 procent. Daarmee zeg ik niet hoelang je moet werken. Maar een dergelijke stijging bij de 50-plussers vergt een enorme inspanning. Dan zullen we jaren langer moeten werken en zullen er heel wat meer mensen bezig moeten zijn.'

Eigenlijk is de situatie nóg somberder voor wie een eindje in de toekomst durft te kijken. Het aantal 'actieve' mensen gaat de volgende tien jaar nog gevoelig naar beneden, het aantal ouderen gaat omhoog! De (actieve) bevolkingslaag tussen de 25 en de 49 daalt in Vlaanderen met 182.000 eenheden. Die boven de 50 groeit aan met 192.000. Daarna, na 2015, wordt het alleen nog maar erger.

Er moeten dus dringend twee doelen worden nagestreefd. De lager geschoolden moeten aan het werk worden gezet, en de slimsten moeten hun plaats krijgen in de kenniseconomie. Dat is de kreet waarmee we de 21ste eeuw zijn ingestapt: Europa redden vanuit de kenniseconomie. En daar heeft Vandenbroucke een plan voor:

'We moeten ervoor zorgen dat de kennis van de universiteiten wordt doorgespeeld aan het bedrijfsleven. En op dat gebied gebeurt er heel wat. Maar de achilleshiel van Vlaanderen zijn de *middengeschoolde* mensen. We hebben te weinig jongeren die in het middelbaar onderwijs een technische keuze maken. Te veel leerlingen komen in die richting op een negatieve manier terecht.'

Voor velen is het beroepsonderwijs namelijk een noodoplossing. Wie in de Klassieke of Moderne richting niet meekan, stapt over – of liever: zakt af – naar een beroepsrichting. En daar brengt hij er vaak ook weinig of niets van terecht. De verhalen over wat er allemaal in het beroeps gebeurt, zijn homerisch en historisch. Leerkrachten worden er bedreigd of gemolesteerd. De leerlingen komen vaak niet te weten welk vak hij onderwijst omdat zijn stem niet boven het kabaal uit komt. Het beroepsonderwijs is voor velen te zeer een voorschot op hun aansluitende stempelloopbaan.

Op de dag van ons interview heeft minister Vandenbroucke net een bezoek aan een kunststoffenfabriek achter de rug. Daar werd hem gesmeekt om jonge krachten, maar het onderwijs kan ze niet leveren. Nochtans zijn er 19.000 mensen actief in die sector. In heel het Vlaamse onderwijs zijn er echter slechts 28 leerlingen die zich geroepen voelen. Gebrek aan belangstelling of gebrek aan talent? Wie een technische opleiding volgt, behoort in Vlaanderen al automatisch tot de lager geschoolden. Vandaar het spitse ministeriële begrip 'middengeschoolden'. Het woord bestaat wel niet, maar het maakt maar al te duidelijk wat hij bedoelt. Of de betrokkenen het subtiele onderscheid beseffen, aanvoelen en waarderen is nog de vraag.

Dus gaan we de 'middengeschoolden' op hun vormingsterrein bezoeken: in de school waar een keur van inventieve leraars probeert om actieve, min of meer enthousiaste werkkrachten te kweken uit deze onderlaag van het middelbaar onderwijs. De Don Boscoschool ligt onopvallend langs de Boomsesteenweg in Wilrijk. Het is een kluwen van gebouwenblokjes met elk een viertal klassen. Niet onaardig om te zien, weinig schools vergeleken bij de gebouwen uit onze eigen jeugd. Dat waren bruine, roestige, soms honderd jaar oude schoolfabrieken, colleges en athenea, uitziend op een reusachtig speelplaats waar honderden leerlingen joelend door elkaar dwarrelden, wachtend op de bel die de intellectuele fabriek in beweging moest krijgen.

Bij Don Bosco liggen de gebouwen verspreid. Je slalomt er met de wagen tussendoor om bij de parking uit te komen. Daar val je stil net vóór een ijzeren toren samengesteld uit zijdelings neergezette containers. Boven op die toren zijn drie of vier mannen in gele jekkers aan het werk. Wat ze er precies uitvoeren, kan je van op de begane grond niet zo meteen zien. Hebben ze iets met de school te maken? Zijn ze een storing aan de elektriciteit aan het herstellen, of aan de telefoon? Niets daarvan. Het zijn leerlingen van de school die tot de afdeling van de 'klimmers' behoren. Een belangrijke richting in dit 'deeltijds beroepssecundair onderwijs'.

Het zijn jongeren die over een paar jaar in de gsm-masten zullen klimmen om herstellingen of aanpassingen uit te voeren. De 'klimmers' zitten in een succesbranche. Om de andere dag komen er nieuwe modellen van mobieltjes op de markt en telkens moet de antenneapparatuur boven op de masten aangepast worden. Dan moet er geklommen worden. De kwaliteit van de arm- en beenspieren is daarbij minstens even belangrijk als die van de hersenen. De klimmers realiseren in feite een jongensdroom: sport, spel en werk combineren. Niet verwonderlijk dat hun leraar een amateuralpinist is...

Don Bosco doet nu eens precies datgene waar Vandenbroucke op aandringt: het schoolmoeë deel van de jeugd tóch aan de slag krijgen. Desnoods met trucjes, zoals bij de 'klimmers'. De school heeft bijna 200 meisjes en jongens in huis en een lang menu van mogelijke richtingen. De leeftijd van de leerlingen varieert van vijftien tot vijfentwintig jaar.

De gemiddelde leeftijd is achttien jaar. De doorsnee leerling is iemand die uit het klassieke onderwijs is opgestapt of eruit verwijderd is.

Wie achttien of ouder is, zit vrijwillig bij Don Bosco. Ze zijn niet meer schoolplichtig, maar blijven toch 'deeltijds' op de schoolbanken zitten in de hoop er, beter laat dan nooit, toch nog iets van te maken. De helft van de 190 leerlingen is boven de achttien: het zijn dus echt geen witte raven. Dat de opkomst van de ouderen zo groot is, heeft zeker met de geboden richtingen te maken. Het is niet alleen een zeer breed gamma, van de twintig richtingen zijn er zowat de helft die een 'ondersteunende' functie beloven. Zo kan je opgeleid worden toto *hulp*kelner, voor keuken*hulp*, voor keuken*medewerker*, voor zaal*medewerker*, winkel*hulp*, voor netwerk*assistent* enzovoort. De dreiging van de verantwoordelijkheid wordt zo een stukje minder.

Als je daaraan toevoegt dat een vijftigtal bedrijven klaarstaat om de leerlingen op te vangen voor hun praktijk, dan besef je dat het hier om een succesformule op eigen niveau gaat. 'Daarbij komt nog dat de vijftig meewerkende bedrijven geleid worden door mensen die allemaal sociaal bewogen zijn', merkt directeur Johan Jacquemin nadrukkelijk op. Jacquemin is een solide figuur in sportoutfit, met een rond, open gezicht. Hij is *soft spoken*, maar hij moet nooit naar zijn woorden zoeken. Zijn antwoorden zitten gewoon op vragen te wachten. Hij heeft ze ongetwijfeld al allemaal aan zichzelf gesteld en ze ook beantwoord. Hij oogt opvallend jong, al zal hij in het gesprek opmerken dat hij al twintig jaar in het vak zit. Aan ervaring ontbreekt het hem dus alvast niet.

'Als ik zeg dat al de werkgevers sociaal bewogen zijn, dan meen ik dat ook, maar die bedrijven zijn daarom geen OCMW's', benadrukt hij. 'Ze zoeken uiteindelijk ook naar geschikt personeel. Ze bekijken de stageperiode ook als een sollicitatieprocedure. En als iemand dan één of twee jaar deeltijds in een firma werkt met een contract dat dan toch gesubsidieerd is door de een of andere overheid, dan zou het bedrijf natuurlijk wel gek zijn de beste leerlingen niet in vaste dienst te nemen.'

Er bestaan dus wel degelijk bedrijven waar de sociale bekommernis bovendrijft. Maar die blijven toch de uitzonderingen. Jacquemin:

'Met de kantooropleidingen kunnen we terecht bij Agfa-Gevaert. Zij doen het werkelijk enkel en alleen omwille van hun sociale functie in Antwerpen. Maar dat is dan ook het enige bedrijf dat enkel vanuit dat oogpunt handelt. Met onze lassers kunnen we terecht bij Umicore. Een velgenfabrikant uit de buurt biedt dan weer veel werk voor laaggeschoolden. Hun werk wordt voorlopig nog in België uitgevoerd. Ik vrees al twintig jaar dat hun werk gedelokaliseerd zal worden, maar voorlopig gebeurt dat niet. We vormen ook jongelui die terechtkunnen in de winkelhulp. Dat trekt vooral jonge mensen aan die het moeten redden met een leefloon. (Mensen die dus helemaal geen andere middelen van bestaan hebben dan de minimumuitkering van het OCMW-mdk). Als ze voor winkelhulp gaan, wordt hun leefloon 'geactiveerd' (het gaat omhoog) en beseffen ze dat ze met hun bijkomende opleiding weg raken uit het doodlopende straatje van het OCMW.'

En wat dan met de opleidingen tot hulpjes?

'Het is niet nodig dat iedereen de competenties van kok of van kelner verwerft', zegt Jacquemin. 'Ze kiezen dus voor een relatief eenvoudige baan. Elk naar eigen vermogen. In de diensteneconomie passen allerlei jobs waar de jongelui leren omgaan met kant-en-klare maaltijden, waar ze actief worden in strijkateliers. Alle vroegere huishoudelijke taken zullen binnenkort uitbesteed worden aan bedrijven. Dat zijn vaak nicheberoepen.'

Wat Johan Jacquemin eigenlijk doet, is alle gaatjes in de markt zoeken om er jongeren van zijn school, mét een korte opleiding, in te stoppen. Dat geldt bijvoorbeeld ook voor de hoger genoemde 'mastklimmers'. Daarbij merkt hij op: 'Dat is helemaal geen moeilijk werk, maar het wordt in geen enkele technische school aangeleerd. Aan geen enkele technische school studeren elektriciens af die kunnen klimmen. En toch willen ongeveer alle jongens van achttien die opleiding volgen: het is een sport om daar te hangen, op 30 meter hoogte. Wat ze doen is vooral montagewerk, het in elkaar steken van afgewerkte onderdelen. Ze hoeven niet te begrijpen hoe die gsm-technologie eigenlijk werkt. Ze monteren een antenne, sluiten de kabel aan, en de rest is niet hun zorg.'

Jacquemin blijkt een ervaren speurder in het zoeken naar nieuwe pistes voor zijn kudde. Zo heeft hij de belangstelling ontdekt bij de jongeren voor een job in de *security*. Bewakingsfirma's – en hun aantal neemt voortdurend toe – zijn ook bijzonder gesteld op de jongelui die Don Bosco aflevert.

Zegt Jacquemin: 'Ik kan niet alle leerlingen inschrijven die 'bewaking' willen doen! Bewakingsagent heeft vooral bij de allochtonen veel aanzien verworven. En de bewakingssector heeft graag allochtonen als agenten. Die doen dat werk heel graag en vaak heel goed. Het hoort een beetje bij hun machocultuur, hé.' Zolang er een grote vraag naar bewakers bestaat, zal Don Bosco ze leveren, dat staat vast. Maar: 'Als een opleiding niet meer tot tewerkstelling leidt, dan stop ik er onmiddellijk mee. Het grootste probleem bij die jongeren is hun tekort aan zelfvertrouwen. Dat hebben ze opgelopen door hun vele mislukkingen. Hier is het wel zo dat ze geen massa's huiswerk mee naar huis krijgen. Ze hoeven geen stapels boeken uit het hoofd te leren. Maar ze moeten wel altijd komen, en ze moeten *op tijd* komen. Ze moeten meewerken en gáán werken. Dat zijn vaardigheden die hen in andere scholen niet gevraagd worden. Het komt erop aan de jongeren te doen geloven dat ze wél iets kunnen. Dan loopt het meestal vanzelf.'

De resultaten bewijzen het. De school kan heel mooie cijfers voorleggen: niet minder dan 88 procent van de leerlingen vindt een baan tijdens hun opleiding, en doorgaans weten ze die ook te houden. Het gaat hier wel om 88 procent van de volhouders, van de leerlingen die hun opleiding afmaken. Lang niet alle jongeren die zich inschrijven brengen het er goed af. Jacquemin: 'Aan het begin van de rit hebben we met 40 procent afvallers te maken. Dat wil zeggen: ik schrijf elk jaar 100 leerlingen in, en ik krijg daarvan 60 à 65 procent op weg naar een diploma. Onderweg heeft dus 35 à 40 procent van de leerlingen afgehaakt.'

Wat er met de 40 procent afvallers gebeurt, weet Jacquemin niet meteen. Hij stelt wel vast dat zowel werken als niet werken besmettelijk is. 'Ik ben hier goed geplaatst om dat uit eerste hand vast te stellen. We hebben verscheidene opleidingen waar veel vraag naar is. Dat is zo voor de gsm-werkers, maar ook magazijniers zijn zeer in trek. Daarom wil iedereen in een van die groepen terechtkomen. Daartegenover staat de opleiding tot automecanicien: daar is veel minder vraag naar. En wanneer er bijvoorbeeld drie op de vier geen job vinden, dan zal de vierde er ook vlug mee ophouden. Je moet de jonge mensen dus zo snel mogelijk onderdompelen in de wereld van het werk. Als ze dan twee jaar de gewoonte hebben aangenomen om op tijd op te staan en te gaan werken, óók als ze zich niet zo goed voelen, dan zullen ze na twee jaar die gewoonte blijven houden. Wanneer ze hier twee jaar zouden zitten en niet werken, dan is dat ook geïnstitutionaliseerd en dan zijn ze gewend geraakt aan hun uitkering. Dan zal het heel moeilijk worden om tegen die gewoonte in te gaan.'

In internationale rapporten blinkt België trouwens niet bepaald uit door grote werkijver, zegt Jacquemin: 'België is binnen de Oeso een land met een hoog percentage ongekwalificeerde schoolverlaters. Wij vallen op door onze ongekwalificeerde 'uitstroom'. En dat vertaalt zich bij de jongeren in het gevoel dat ze niets waard zijn. Wel, het is niet waar dat de jongeren niets kunnen als ze uit deze scholen komen. Het is wel zo dat ze niets krijgen als ze 'uitstromen'. Het Vlaamse onderwijssysteem is nog altijd in hoofdzaak een systeem van alles of niets. Je kunt alles? Dan krijg je een diploma. Je kunt bijna alles? Dan krijg je geen diploma. Want je kunt zakken voor Frans, voor wiskunde of voor Nederlands terwijl je een zeer goede lasser bent. En daar trachten we wat aan te doen met een Europees project dat enkele jaren geleden gestart is, en dat men met een moeilijk woord 'modularisering' noemt. Het wil zeggen dat, telkens als een jongen of een meisje een belangrijke competentie verworven heeft, dat ook gevaloriseerd wordt. Het wordt op papier gezet. Zelfs wanneer de leerling daarna voortijdig de school verlaat, heeft hij toch nog iets op zak. Dan kan hij zeggen: "Kijk, ik heb wel degelijk die opleiding gevolgd tot lasser, tot elektricien. Ik ken dat vak!" Daarom wil minister Vandenbroucke het deeltijds onderwijs ook in die zin veranderen. Amper 50 procent van de Vlaamse leerlingen vindt op het eind van zijn opleiding een baan (Daar steekt Don Bosco met zijn 88 procent schril tegen af, mdk). Hij wil enkele stokken achter de deur en enkele wortels bij de hand houden. Maar ja, als de maatschappij ervan doordrongen is dat 'deeltijds beroeps' synoniem is voor 'laaggeschoold', dan is dat gewoon zo...'

Maar concreet zullen de meeste afgestudeerden van het deeltijds onderwijs in de lagelonensector blijven hangen? Jacquemin knikt bevestigend:

'De meesten zullen in de lage loonsector blijven dobberen, denk ik.'

Of het deeltijds onderwijs niet bewust een menselijke onderlaag aan het creëren is te midden van deze hyper intelligente informatie- en kennismaatschappij? Worden zij niet de gemanipuleerde onderlaag van Gamma's uit *Brave New World* van Aldous Huxley? De directeur antwoordt bijzonder vlug: 'Ik creëer geen menselijke onderlaag. Die is er! Ik vind dat ik die mensen opwaardeer.'

Maar ze zullen het wel met een zeer bescheiden inkomen moeten stellen?

'De mensen in onze sector menen dat die jongeren te veel verdienen. Ik vind dat niet. Het gemiddelde schommelt rond de 500 euro. Een zestienjarige moet zien rond te komen met 400 euro.'

Directeur Jacquemin noemt de salarissen die naar de jongeren gaan veeleer *snoepjes*. 'Als je met een snoepje een jongere 24 maanden aan het werk krijgt, dan zal hij de maatschappij honderdvoudig terugbetalen. Als ze de jongeren onbezoldigd op stage zouden sturen, dan houdt deze vorm van onderwijs meteen op te bestaan.'

Voor velen, zeker in het bedrijfsleven, worden de jongelui uit het deeltijds onderwijs niet ernstig genomen. Het zijn maar meelopertjes op de werkvloer. Ze zijn geen échte arbeiders. Het zijn en blijven leerlingen. En leerlingen, die betáál je niet om iets te leren. Het tegendeel vinden de critici logischer. Betalen om iets te leren! Wat moet je denken van de huidige regeling die de deeltijdse jongeren verplicht twee dagen naar school te gaan en dan drie dagen ergens in een fabriek door te brengen? Wat heb je eraan?

Don Bosco heeft daar een mouw aan gepast. De leerlingen zijn de ene week student en de volgende week trekken ze naar hun fabriek, waar ze ook een volle week actief zijn. Een dergelijke taak voeren ze met zijn tweeën uit: twee personen voor één taak. De baan is dus altijd gevuld door een van beiden.

Het is duidelijk dat, ook ondanks dit bemoedigend voorbeeld van Don Bosco, het probleem niet opgelost is. De Oeso plaatst België bij de slechte leerlingen als het op werkijver aankomt. Met al de gevolgen voor de aanslepende werkloosheid.

Wat Don Bosco met de 'laaggeschoolden' doet, levert een perfecte illustratie bij wat Frank Vandenbroucke verkondigt. De prenten bij de ministeriële woorden. Ons gesprek eindigt met een cruciale vraag: hoe krijg je – of hoe dwing je – de werklozen uit hun passiviteit?

Vandenbroucke wijst er behoedzaam en diplomatisch op dat er ook voor de werknemers een systeem van rechten en plichten bestaat. En plots overschrijdt hij zijn aangeboren voorzichtigheid: 'We zijn de voorbije 25 jaar te laks geweest voor de mensen met een werkloosheidsuitkering.' Waardoor de vraag zich meteen aandient: zijn de werklozen bij ons dan verwend? Dat klinkt een tikkeltje te grof in de ministeriële oren.

'Neen, ze zijn niet verwend. Wat we gedaan hebben, is dat we hen in een hokje hebben gezet en laten staan. We gaven die mensen een uitkering – geen hoge uitkering maar wél een uitkering – en we gaven die aan veel mensen. Verder contacteerden we die mensen nooit. We boden hen niets aan. We vroegen hen ook niets.'

Vraag: waren de mensen daar tevreden mee?

Vandenbroucke: 'Ja, omdat ze zich daarin *settelden*. Maar eigenlijk hadden we een armzalige, ietwat trieste opvatting van rechten en plichten: we formuleerden geen rechten, zoals die bijvoorbeeld in het Noorse model bestaan. Rechten zoals recht op individuele begeleiding, op opleiding, op hulp. We formuleerden al evenmin plichten. We zegden niet: 'Je móét een opleiding zoeken. Elke werkzoekende in dit land zou moeten recht hebben op hulp, begeleiding, opleiding. Maar daarbij hoort ook zijn individuele plicht om er iets van te maken. Dat is essentieel!'

Tot zover Frank Vandenbroucke. Hij weet dat er geen weg terug is. Het Vlaamse probleem is meteen ook universeel. De mens gooit in ijltempo zijn blauwe kiel af om naar een witte boord te grijpen. Hij hamert niet meer op een aambeeld maar op een toetsenbord. Hij geeft geen bevelen meer via een megafoon maar fluistert in een mobieltje. De voorbije 30 jaar is het allemaal gebeurd. Amerika is erin voorgegaan. Van China of van India was er toen nog geen sprake. De fabrieken draaien nu even snel als vroeger, ze produceren evenveel of meer producten. De lopende band doet nog steeds zijn werk, maar hij doet het op eigen houtje. De mensen aan die lopende band zijn geleidelijk verdwenen. Robots doen nu het (eenvoudige) werk. Er komt geen mens nog aan te pas om een laatste schroefje aan te spannen, om een half gevuld flesje weg te nemen, om een kapotte verpakking van de band te verwijderen: dat doet de robot. Miljoenen eentonige maar eenvoudige banen zijn verdwenen. De Britten hebben de industriële jobs in de voorbije 30 jaar van 35 procent naar 14 procent teruggebracht. Ze zijn koplopers geworden in de wedren naar de diensteneconomie, waarschijnlijk omdat ze ook van heel ver kwamen. De Italianen bengelen achteraan. Met hen gaat het ook niet zo heel goed. Ook in Duitsland staat nog 22 procent van de arbeiders aan de machine of aan de band om mee 'dingen' te maken, maar dat heeft dan weer te maken met de Duitse hereniging.

De recente diensten- en kennisrevolutie heeft intussen een diepe kloof geslagen in de maatschappij. Wie mee kan met de allernieuwste tijd zit per definitie aan de top. Wie niet aan de top zit, is in de kloof van de werkloosheid terechtgekomen. Van de band naar de bodem. Vandaar de dwingende behoefte aan een nieuw woordenboek met een vocabulaire die aan de nederigste arbeidsposities sinds de moderne tijd nog enige allure verleent. Denk aan de 'logistieke helpster', aan de *doorman* enzovoort. Er is nog alleen plaats voor vindingrijke geleerden aan de top en voor zeer gespecialiseerde vaklui – voor wie nog de luxe van zo'n vakman kan betalen tenminste. Wie niet tot de top behoort maar ook niet echt onbekwaam is, vlucht vierklauwens naar een onderkomen bij een touroperator, in een bewakingsopdracht of achter het stuurwiel van een vrachtwagen.

De Vlaamse minister van Werk, Onderwijs en Vorming heeft laten verstaan dat onze werksituatie móét veranderen. Daarvoor bestaat een instelling die wijdvertakt over heel Vlaanderen opereert, de VDAB, de Vlaamse Dienst voor Arbeidsbemiddeling en Beroepsopleiding. Er zijn honderden mensen bezig hun gestrande landgenoten uit de werkloosheid te helpen, te lokken of te jagen.

In Leuven is de VDAB gehuisvest in een smal straatje maar in een gigantisch, modern complex dat, van dak tot kelder, in prachtig marmer staat te blinken. De dienst beslaat een ruime verdieping in de smetteloos glimmende Fortis Building. Jos Geuvens is er het hoofd van de dienst. Tijdens ons gesprek wordt hij bescheiden maar aandachtig bijgestaan door Leen Geldof, stafmedewerker en verantwoordelijke voor de 'trajectplanning'. Je mag er niet bij stilstaan als je beseft welke enorme economische verantwoordelijkheid op hun schouders rust: ze hebben ongeveer 50.000 banen in de aanbieding en ze moeten zorgen voor ongeveer 15.000 werklozen. Op het eerste gezicht lijkt het kinderspel om hun 'klanten' aan een job te helpen. Ze bundelen immers álle werkaanbiedingen uit de streek, inbegrepen die uit bladen als Vacature. Maar zó eenvoudig is het helaas ook weer niet. Sommige werklozen weten van aanpakken. Dan gaat het vooral om betergeschoolden, die gewoonlijk zeer actief zijn in dat zelfbedieningssysteem. Daartegenover staat een heel grote groep lager geschoolden. Die moeten een duwtje in de rug krijgen, die moeten aangepord worden. Geuvens formuleert het zachter:

'Ze moeten *geactiveerd* worden', zegt hij met de milde glimlach van de geduldige leraar. 'Mensen die langer werkloos zijn – zeg maar achttien maanden of langer -, daar moeten we intensiever mee omgaan omdat bij hen het zelfvertrouwen al vaak weg is. Hun zoekgedrag brandt ook al op een lager pitje. Je moet al wat meer flexibiliteit aan de dag leggen met iemand die langer zonder werk zit. We hebben in België zelfs de unieke situatie dat we uitkeringen geven zonder dat daar een limiet op staat. Je mag in principe tot aan je pensioen werkloosheidsuitkeringen krijgen. Tegelijk zijn onze uitkeringen niet de hoogste van Europa. Maar in principe kan je als schoolverlater, en zonder dat je ooit gewerkt hebt, met pensioen gaan.'

Geuvens gebruikt vaak de uitdrukking 'in principe'. Dat wil waarschijnlijk zeggen dat levenslang gaan stempelen een zeldzaamheid is geworden. Geuvens: 'Tot voor kort kon het gebeuren dat iemand door alle netten glipte, en zich levenslang in de werkloosheid nestelde. Dat moet tot het verleden gaan behoren. Té lang werkloos, dat schommelt in Leuven rond de drie jaar en in Henegouwen rond de acht à negen jaar. Tot voor kort kon een werkloze in feite ontsnappen. Nu, met een meer sluitende aanpak, zou dat niet meer mogen kunnen. Nu moeten we iedereen op een gegeven moment in zijn werklozenloopbaan gezien hebben. Nu laat je niemand meer passief werkloos blijven. We moeten actief ingrijpen: via opleiding, scholing en het aanscherpen van zijn sollicitatievaardigheden moeten we de werkloze opnieuw voor het arbeidsterrein klaarmaken.' Let weer op de omzichtige stijl: 'het zou niet meer kunnen', de voorwaardelijke wijs, voor alle zekerheid.

'We zeggen niet meer: "Kom eens langs." Voortaan móét u langs komen. Dat is een verplichting geworden.'

En wat als ze die uitnodiging negeren en hun kat sturen?

'Dan noteren we dat in het dossier van de werkloze en wordt de RVA (het overkoepelende orgaan dat finale beslissingen kan treffen) daarvan op de hoogte gebracht. Daar zullen ze luisteren naar de verdediging van de werkloze, en wordt eventueel een sanctie uitgesproken.'

Dat is weer de theorie. Van op afstand lijkt er geen ontkomen aan die aanpak. En toch. Er zijn werklozen die van alle markten thuis zijn. Die altijd een smoes bij de hand hebben. Geuvens: 'O, ze zeggen dat ze de uitnodiging niet ontvangen hebben. Er is ook een minderheid die, na het ontvangen van een convocatie, plots ziek wordt. Dan moeten we hen natuurlijk opnieuw uitnodigen. Zo proberen ze het te rekken, hé. Ofwel doen ze volop zwartwerk. Maar zoiets merk je aan bepaalde lichamelijke tekenen: als iemand bijvoorbeeld twee jaar werkloos is, kan die gewoon niet veel eelt op zijn vingers hebben. Er zijn altijd details waaraan je merkt dat er iets niet pluis is.'

Chief Inspector Morse kan op de VDAB nog heel wat ervaring opdoen... De arbeidsbemiddelaar moet de kwaliteiten van een milde vader aan die van een Morse of een Poirot weten te koppelen. En dan nog staat hij vaak voor verrassingen.

'Ze kunnen ook vakantie nemen. Daar heb je weer die grote vrijheid. Je kan iemand niet oproepen in zijn vakantieperiode. Iedere werkloze heeft immers recht op 24 dagen dat hij vrijgesteld is van elke controle.'

Kan er een percentage gegeven worden voor het aantal mensen dat levenslang aan werken proberen te ontsnappen? 'Er is een onderzoek geweest van VUB-professor Els Witte over blijvende werkloosheid. Daaruit blijkt dat, bij het werkloos worden, 1 à 2 percent de intentie heeft dat lang vol te houden. Op het ogenblik dat ze hun werk verliezen, zijn de meesten nochtans wel optimistisch. Maar bij de langdurig werklozen, zij die meer dan twee jaar zonder job zitten dus, vertoont de helft nog maar weinig zoekgedrag', aldus Geuvens. 'Dan wachten ze een beetje af. Laten we zeggen dat een kwart weinig actief zoekgedrag vertoont en het eigenlijk niet meer ziet zitten, en dat de helft een veeleer bescheiden zoekgedrag vertoont. Ze kijken alleen nog naar jobs zeer dicht bij huis, onder de kerktoren bij wijze van spreken.'

Een ander heikel punt: niemand zet graag een stap achteruit.

Geuvens: 'Niemand is bereid spontaan naar de secundaire markt af te dalen, dat is de markt met de minder goede banen. Dat is werk aan de rand van de arbeidsmarkt, waar je terechtkomt in schoonmaak, horeca, confectie, textiel. Allemaal laag betaalde, arbeidsintensieve banen met ploegenwerk. Zo kunnen we iemand wel een passende betrekking aanbieden, maar als die persoon zegt dat hij, alles op een rijtje gezet (kinderopvang, kleding, verplaatsing enzovoort) minder zal verdienen dan met zijn werkloosheidsuitkering, dan is dat geen passende betrekking meer. Die kan voor zijn weigering dan ook niet meer op de vingers getikt worden. Hij kan dus niet verplicht worden op het aanbod in te gaan.'

In Leuven is ongeveer 40 procent van de 'werkzoekenden' structureel, blijvend, werkloos. We mogen ook de mensen niet vergeten die in het industriële tijdperk zijn blijven steken: 'Zij vragen om bandwerk, maar dat is vrijwel niet meer te vinden. We zitten nu eenmaal in een diensteneconomie en niet meer in de industrie.' Ook de bijscholing waar de werklozen mogen op rekenen is vaak een vorm van dweilen met de kraan open.

'De scholing kan nauwelijks de evolutie van de technologie volgen. Vaak maken we in de bijscholing de mensen klaar voor jobs die naar de lagelonenlanden vertrokken zijn.'

Elke maand is er in Leuven en omgeving een zestigtal mensen dat geen gevolg geeft aan een oproep om zijn toestand te komen toelichten of rechtvaardigen. Dat zijn er 720 per jaar. Verliezen die dan hun uitkering? Zo eenvoudig is het niet. Ze moeten natuurlijk correct worden behandeld. Eerst moeten ze een brief van de VDAB ontvangen met een oproep. Een 'gewone' brief om te beginnen: je mag de werkloze niet aan het schrikken brengen. Gooit hij die eerste 'gewone' brief in de prullenmand, dan krijgt hij een aangetekend schrijven. En pas daarna gaat de RVA uitvissen waarom de werkloze niet heeft gereageerd. Zegt directeur Geuvens:

'Men kan niemand straffen zolang men zijn verweer niet aanhoord heeft. De RVA zal hem dus nog eens uitnodigen om te vernemen waarom hij niet meegewerkt heeft. De werkloze mag ook een raadsman meebrengen. Een afgevaardigde van zijn vakbond, een advocaat, of zijn vrouw als zij het goed kan uitleggen.'

Wordt hun uitkering dan ingehouden? Neen, zo vlug gaat het dan ook weer niet.

Geuvens: 'Men kan iemand een waarschuwing geven. Maar de RVA kan ook iemand tijdelijk of gedeeltelijk zijn uitkering afnemen. Een werkloze kan voor beperkte of voor onbepaalde duur worden uitgesloten. Er zijn dus garanties voor de rechten van de werkloze in de sancties ingebouwd. Vroeger hadden we een veel strengere regeling met behoorlijk zware straffen. Toen kon de werkloze al bij de eerste inbreuk voor zes maanden uit de boot vallen. Intussen zijn de straffen aan het Europese gemiddelde aangepast. Nu beginnen de sancties met schorsingen van drie maanden. Men is iets minder streng geworden. Maar recidivisten riskeren natuurlijk nog altijd een harder optreden van de RVA.'

Geleidelijk aan gaat de werkloze zijn uitkering ook met andere ogen bekijken. Een werkgroep van wijlen Herman Deleeck, professor sociologie aan de UFSIA en stichter van het Centrum Sociaal Beleid, heeft aangetoond dat mensen die in de werkloosheid zijn vastgegroeid, hun uitkering geleidelijk als een vervangingsinkomen gaan beschouwen. Intussen doet de VDAB al het mogelijke om zoveel mogelijk mensen aan nieuw werk te helpen. Zegt Geuvens:

'Laten we zeggen dat we jaarlijks een kwart van de werkzoekenden die hier langskomen opnieuw aan het werk zetten.' Zijn gezicht klaart op: 'Er zijn er natuurlijk ook heel wat die zelf werk vinden via andere kanalen. Het belangrijkste wervingskanaal is nog altijd het spontaan zoeken naar jobs, via het netwerk dat een persoon zélf heeft uitgebouwd. Dan heeft men natuurlijk veel minder concurrentie.'

Maar ook daar zet de VDAB zich voor in: de werklozen leren op eigen benen te staan. Zo zijn er de 'jobclubs', waar de clubleider de timide naturen de trucjes aanleert om zélf de handen uit de mouwen te steken. De werklozen leren er in klasverband solliciteren. Ze beschikken er over gratis internet, gratis schrijfmateriaal, gratis postzegels. Hoe leer je naar een baan hengelen, een sollicitatiebrief opstellen, een c.v. opstellen, een jobinterview voeren...

Er is nog werk aan de winkel voor de VDAB. Die zal nog wel lange tijd in zijn dure marmer gebeiteld zitten, in Leuven. Of elders in beton gegoten.

Beweging van Mensen met Laag Inkomen en Kinderen

Er zijn nog veel mensen die thuis zitten met de handen in de schoot, en nog vaker met de handen in het haar. Ze hebben geen werk, en ze zien niet hoe ze ooit aan een baan zullen raken. Economisch zou je er harteloos aan kunnen voorbijgaan, maar dat valt af te raden: hun aantal is zo groot. Bewegingen die zich over hun problemen buigen, zoals de 'Beweging van Mensen met een Laag Inkomen en Kinderen' uit Gent, schatten hun aantal op 6 procent van de werklozen. Nogal onthutsend, want het gaat om kansloze 'werkkrachten' die door hun persoonlijke situatie nauwelijks voor een baan in aanmerking komen. In Gent zou het om 350 gezinnen gaan. 'De toegang tot werk is voor hen zo goed als afgesloten', zegt medewerker van de Beweging Jan Vanhee, die de situatie op zijn duimpje kent. Scholing en begeleiding schampen meestal op hen af. Ze hebben vaak gesolliciteerd maar ze hebben er meestal naast gegrepen. Er zijn voor hen zóveel drempels naar de job, dat het vaak onbegonnen werk wordt. Voor hen is het sleutelwoord *armoede*. Niet alleen werkloosheid. De armoede hebben al te vaak geërfd van hun ouders en grootouders; nu geven zij ze door. Op die manier zijn ze 'generatiearmen' geworden, die alleen financiële, sociale, educatieve en culturele tekorten als erfenis aan hun kinderen door te geven hebben. Na hen zal het vaak aan hun kinderen zijn om te *overleven*, meer dan om te *leven* in dit bestaan.

We bladeren in een fascinerende maar onthutsende brochure van de Beweging en maken er kennis met wat in het sociale jargon *casestudy's* heten. Daar verklaart een van hen:

'Tegenwoordig moet je minstens een diploma hebben om ergens werk te vinden. Als je een advertentie in de krant leest, staan er heel veel eisen bij. Voor een job als arbeider moet je bijvoorbeeld een rijbewijs hebben, liefst een dat geldig is voor een vrachtwagen. Je moet ook in staat zijn computergestuurde machines te bedienen. Nu moet je zelfs een attest hebben om te mogen rijden met een heftruck. En als je niet kan lezen en schrijven kan je het tegenwoordig helemaal vergeten. Ze zouden iemand kunnen aanstellen die tijd vrij heeft om te tonen hoe het moet. Ze kunnen je uitleg geven bij wat ze doen, zodat jij het ook kunt leren. De mensen willen voor elkaar geen tijd meer maken.'

Ze beseffen niet hoe veeleisend ze zijn in hun hopeloosheid. Iemand zou de hele dag bij hen moeten staan om elk gebaar, elke handeling bij het uitoefenen van hun toekomstige job voor te doen. Weinig bedrijven houden er werknemers op na die alleen maar de ongeschoolden moeten tonen hoe het zou moeten. *Time is money* voor de bazen. Niet dat zoiets bewondering verdient, maar feiten hoeven geen bewondering. Dat verklaart ook het volgende voorbeeld uit de brochure:

'Ik moest met een heftruck leren rijden, maar ik kon nog niet met een auto rijden. Daarom was ik zo angstig. Ik had een minderwaardigheidscomplex om nieuwe dingen te leren. Ik kreeg een opleiding van een instructeur die de hele tijd riep en brulde. Zo zit ik niet in elkaar.

Je *moet* veel, maar je leert niets bij, omdat er niets wordt uitgelegd. We moeten die schrik overwinnen dat het ons niet zal lukken.'

Hier komt de kern van het probleem aan de oppervlakte: angst en schaamte, het minderwaardigheidscomplex van de man of de vrouw die ervan overtuigd is geraakt niets te kunnen en niets te zullen kunnen. Een soort mentale verlamming. 'Werken' is iets dat zich afspeelt in een bang makende wereld daarbuiten...

We bladeren verder:

'Als je 47 bent, word je niet meer aanvaard. Ze willen altijd jonge mensen. Daar doen ze ook nog een voordeel bij: telkens als ze iemand nieuw aanwerven krijgen ze een premie van de staat.'

De Beweging van Mensen met een Laag Inkomen en Kinderen heeft een jonge vrouw uitgenodigd die zó uit hun brochure zou kunnen komen. Ze heet Wendy. Misschien is het niet eens haar echte naam, maar wat doet het ertoe. Voor de maatschappij blijven zij en haar lotgenoten toch naamloos en gezichtloos. Maar zij zit hier voor ons, Wendy. Ze is jong, pas 25. Toch oogt ze niet echt fit en vinnig. Ze lijkt op haar hoede. Het gesprek vlot niet meteen: ze antwoordt liever met een lettergreep dan met een woord. En als het toch een woord is, dan beperkt ze zich tot een enkel. Ze zit ook niet in haar stoel, ze hangt erin. Op de achtergrond beweegt zich een jonge man met een opvallend gesloten gezicht. Hij doet alsof hij niet tot het gezelschap van Wendy behoort. Tussen hen in drentelen drie kinderen, ergens tussen de twee en de vier jaar oud. Eén is van Wendy, de andere horen bij de man. Hij heeft voortdurend de neiging om weg te lopen, hij lonkt de hele tijd naar de uitgang van de ontvangstruimte waar we samengebracht zijn. Een paar keer gaat hij met de kleintjes op straat wandelen, zodat we rustiger kunnen praten en hij tegelijkertijd buiten schot blijft. We proberen dus een gesprek met Wendy aan te knopen. Een vliegende start is het niet:

Werk je ergens?

'Nee, voorlopig zit ik thuis met de kinderen omdat ze nog niet naar school kunnen. Maar vanaf januari kunnen ze wél naar school.'

Of de drie van haar zijn?

'Eentje, ja. (Ze giechelt guitig) Eigenlijk zijn er vier kinderen in het gelegenheidsgezin. Zíj heeft er twee en hij ook. Uit vroegere relaties, maar die zijn op een echtscheiding uitgedraaid. En op een schuldenberg.

Je leeft dus van een uitkering?

'Ja.'

Is je partner ook werkloos? (Ze denkt even na.)

'Euh... Ja.

Heeft hij ooit gewerkt?

Ze vraagt zich af welk antwoord ze op die vraag moet geven. Ze antwoordt heel omzichtig:

'Ik denk het, ja.'

Ze moet weer stilletjes lachen, wat bij ons overkomt alsof ze het maar domme vragen vindt. Maar we zetten door, en vragen of ze dan niet weet wat hij voor zijn brood deed.

'Nee. Hij is nu aan het stempelen.'

En wat wil zij gaan doen als de kinderen in 2006 dan naar school mogen?

'Ik ga doen wat ik kan krijgen. Ik kan werken als poetsvrouw of als caissière in een winkel.'

Dan komt er ineens een stuk van haar curriculum los. Wil ze duidelijk maken dat ze wel tot het een en ander in staat is? Ze wil kennelijk aantonen dat je brute pech kan hebben in het leven, dat er dingen gebeuren waar je amper vat op hebt.

'Ik ben tot in het derde middelbaar naar school geweest in een katholieke school; ik leerde voor verzorgster. Ik had een relatie. Ik ben één dag vergeten de pil te nemen en ik was meteen zwanger. De directeur zei toen tegen mij: "Je moet trouwen of je vliegt buiten." Maar ik wou niet trouwen, dus vloog ik.'

Hoe oud was je toen, een jaar of veertien?

'Nee, nee! Ik ben verschillende keren blijven zitten.

En dan ben je gaan samenwonen?

'Ja. '

Had je toenmalige partner een vast inkomen?

'Ja, hij werkte op een schip als matroos. Hij zat op een tankschip, denk ik. Soms was hij drie weken van huis. Dan gingen ze naar Duitsland.'

Jullie hadden toen geldgebrek?

'Ja.'

Wat ontving jij zelf?

Ze fronst haar wenkbrauwen:

'Wacht eens.'

Ze rekent in gedachten. Ze heeft vooral onthouden wat er af moest elke maand.

'Van mijn werklozensteun moest eerst de huishuur af. Dat was iets van een 300 euro. Dan bleef er nog 200 euro over. Dus zal dat samen 500 euro per maand geweest zijn. En daarvan moest ik dan nog water en elektriciteit betalen. En de school voor mijn twee kindjes.'

Moet jij schoolgeld betalen?

'Mijn oudste dochter heeft gedragsproblemen en moet op internaat.'

Dan neemt Wendy zelf de draad van het gesprek weer op. Ze wil benadrukken dat ze wel degelijk van goede wil is als het op werken aankomt. Al maakt ze meteen duidelijk dat werken voor dienstencheques ook geen sinecure is.

'Ik ga nu solliciteren *voor de dienstencheques*, als poetsvrouw. Ik ben al één keer geweest. Ik kwam bij die mevrouw thuis en in ons eerste gesprek vroeg ze naar mijn toestand, omdat ik ongehuwd was. Ik zei haar dat ik in een scheiding zat. 'Ah ja,' antwoordde ze, 'ik zal u morgen iets laten weten.' Maar ze heeft me helemaal niets laten weten. Twee dagen later trek ik dus naar het interimkantoor. Daar krijg ik een heel duidelijke uitleg:. "Och, je moet niet naar die mevrouw gaan, je bent gescheiden."'

Ze is dus tóch getrouwd geweest, al wou ze dat aanvankelijk niet. Maar het huwelijk heeft niet lang stand gehouden, precies twee jaar. Ze heeft al heel wat relaties verwerkt maar die zijn altijd van korte duur.

'Ik ben natuurlijk nog bij andere mensen werk gaan zoeken, ook via interimkantoren. Maar voor een job moet je vervoer hebben. En als je dat niet hebt, dan moet je er niet aan beginnen, hè?'

En de lijst van bezwaren is hiermee nog niet afgerond. Ook de moderne, zo geroemde 'flexibiliteit' staat de kansen in de weg.

'Ik mocht in een fabriek gaan werken, maar daar moest ik om zes uur 's ochtends beginnen. Om zes uur was er nog geen bus, dus kon ik ook niet gaan werken.'

Dus mik je nu op schoonmaken?

'Nee, nee, voor mij is alles goed. Zolang ik het maar niet met mijn hand moet doen: ik ben van de trap gevallen op mijn veertiende. Ze hebben me moeten opereren, en ze hebben dat verkeerd gedaan. Ik heb ook bandwerk gedaan in een aardappelfabriek, maar ik kon dat niet aan. Na een halve dag huilde ik van de pijn. De baas zei: "Meisje, ik zie dat het niet gaat. Ga naar huis." Toen was ik 22.'

Dat is ook niet leuk voor je kinderen natuurlijk? Die komen ook wel het een en ander tekort? Ze staart peinzend en zoekend voor zich uit.

'Oh, tja, wat komen ze tekort? Soms denk ik dat ze het beter zouden kunnen hebben. Ze kijken bijvoorbeeld tv en willen hebben wat ze zien. Maar ik kan dat niet kopen. Ze zien natuurlijk al die reclame op tv, nu ook weer met Sinterklaas. En er is niet alleen de tv. Ik word er zot van! Je krijgt *De Streekkrant*, je slaat ze open: allemaal speelgoed.'

Heb je al aan bijscholing gedacht, via de VDAB of zo?

'Ik heb al verschillende interviews voor een opleiding gedaan. Voor naschoolse kinderopvang, voor polyvalent verzorgster, voor opvoedster. Voor opvoedster was ik bijna geslaagd. Maar toen ik naar het gesprek mocht, kon ik even mijn kinderen niet aan. Ik heb ze naar een internaat moeten sturen.'

Een klein drama probeert ze achter weinig woorden te verbergen. Zijn de kinderen haar tijdelijk ontnomen? Je hebt er het raden naar.

'Na het gesprek zei de mevrouw: je bent geslaagd. Thuis kreeg ik telefoon van het instituut waar de kinderen zaten. Je bent niet geslaagd, zei iemand. Ik vroeg waarom dan niet. "Ja," zei ze, "je kinderen zitten in Hof ter Linden en je wilt een opleiding als opvoedster volgen. Als je niet voor je eigen kinderen kan zorgen, dan kan je ook andermans kinderen niet opvangen."'

Ze wil zo vlug mogelijk van het onderwerp af en schakelt over naar haar vriend.

'Mijn partner volgt een opleiding als metselaar bij de VDAB', gooit ze er ongevraagd uit.

Maar ook bij de partner loopt niet alles van een leien dakje.

'Mijn partner sukkelt met zijn hand. Hij zit sinds juni thuis. Hij volgt kinesitherapie maar dat haalt niet veel uit. Toen hij in zijn vorige job naar zijn werk reed, is hij tegen een bus aangereden. Vandaar zijn misvormde hand.'

Wendy lijkt wel de ultieme uitdaging voor Frank Vandenbroucke. Hij wil de jongeren uit de werkloosheid én uit het zwartwerk halen. Maar er zijn zoveel meer valkuilen op weg naar regelmatig werk: een echtscheiding, een klein letsel, de kinderen, zwalpende relaties, het ontbreken van zelfs het kleinste diploma of certificaat. De minister wil daarom van die diplomaobsessie af: de ervaring zou moeten volstaan.

Maar waar haal je die?

5

Zweet, Slaap en Centen

Bedrijfsleiders in de Verenigde Staten en in Europa zijn Winston Churchills oorlogskreet uit de Tweede Wereldoorlog (*'I have nothing to offer but blood, toil, sweat and tears'*) gaan parafraseren in hun campagne om de concurrentieslag tegen Chinezen, Koreanen en Indiërs te winnen. De overlevingsstrijd van de westerse bedrijven is een economische oorlog op leven en dood! Niet de broeksriem moet aangehaald worden, wél de lopende band! Veel volk aan die band wordt overbodig en moet afgeschud worden. En die band mag trouwens best een stuk sneller draaien. Sneller draaien betekent meer produceren, dus goedkoper produceren, dus gemakkelijker verkopen. En dat zal de resterende arbeiders Zweet (harder werken), Slaap (langere dagen) én Centen (minder premies en lagere lonen) kosten.

Detroit: einde van de verwennerij

De hardste aanpak – het mag niet verbazen – komen we in Amerika tegen. De Verenigde Staten, die normaal gesproken helemaal niet gebukt gaan onder sociale bekommeringen of scrupules, zijn de eerste om het mes in de welvaart te zetten en het er meteen diep in te drukken. In de VS (net zoals in Duitsland, trouwens) ligt de autonijverheid te zieltogen. Sommige bedrijven zijn er op sterven na dood. Alleen als er radicaal wordt ingegrepen, kunnen ze nog aan het faillissement ontsnappen. En wat is Amerika zonder auto-industrie, de ruggengraat van de Amerikaanse economie?

In de herfst van 2005 heeft General Motors (GM), het grootste autobedrijf ter wereld, het mes gezet in zijn uitgaven. Die uitgaven zijn nogal bijzonder. Meer nog, op het eerste gezicht lijkt het een onwezenlijk verhaal dat zich afspeelt op Amerikaanse bodem, toch het land van de risicodragende burger. GM is namelijk meedogenloos gaan snijden in de massale ziekteverzekering die de firma jaarlijks ophoest voor zijn zieke werknemers en gepensioneerde oudjes. Tegen alle verwachtingen in zijn in de Amerikaanse autosector dergelijke dingen denkbaar en mogelijk. Wat in heel Amerika ondenkbaar is, is in Detroit een must! In een land dus waar miljoenen werknemers en ouderen op geen enkele vorm van ziekteverzekering kunnen terugvallen. Maar de autonijverheid, Amerika's industrieel kroonjuweel, wil superieure kwaliteit leveren. De auto is tenslotte een Amerikaans topproduct, het symbool van de Amerikaanse mobiliteit, van de Amerikaanse inventiviteit. Dus willen de fabrieken in Detroit op een trouwe werkmassa kunnen rekenen. En werknemers gedragen zich pas trouw als ze zich goed voelen in hun bedrijf: daarom hebben de automakers hun personeel altijd proberen te knuffelen en sociaal in de watten te leggen. Tegen alle gewoonten in weet de 'risicodragende' burger die bijna Europese aanpak te waarderen. De werknemer in de autonijverheid wil een stuk van zijn avontuurlijkheid inleveren in ruil voor 'veiligheid'. Het schemert voor de ogen als je ziet dat GM elk jaar bijna 6 miljard dollar neertelt voor de gezondheid van zijn huidige en vroegere werknemers. Honderdduizenden gepensioneerden koesteren zich in de luwte van de gezondheidszorgen waarmee hun vroegere werkgever hen vertroetelt.

Nu is die knuffeltijd echter afgelopen. Op zondag 16 oktober 2005 zijn de ijzersterke autovakbonden door de knieën gegaan. Ze hebben een flink stuk van hun gezondheid opgeofferd voor het behoud van hun banen. Die vakbonden hadden nochtans een arbeidsovereenkomst die tot in 2007 liep: ze waren dus nog bijna twee jaren veilig. En nu laten ze plots die veiligheid varen om het bedrijf én hun eigen banen te redden, een nooit geziene ommekeer in de strategie van de machtige Amerikaanse autovakbonden. Geprangd tussen buitenlandse concurrentie en binnenlands faillissement hebben de werknemers eieren voor hun verzekeringsgeld gekozen. De directie heeft het spel ook heel sluw gespeeld: het zijn de honderdduizenden gepensioneerden die deze eerste rekening betalen.

Die gepensioneerden zullen voortaan een flink stuk van hun gezondheidszorgen zelf moeten betalen. Het zal pijn doen, een pijn waartegen de oudjes nog slechts voor een stuk door hun verzekering beschermd zijn.

Ondanks alles is dit nieuwe, totaal onverwachte akkoord een spectaculaire overwinning voor de bazen in de autonijverheid. Toegezegd geld terugnemen, dat kan dus voortaan. Terugkomen op een al jaren lopend contract is mogelijk geworden. Nu deze unieke psychologische barrière is doorbroken, kunnen de autofabrieken verder gaan op de ingeslagen weg. Op veel sympathie van de Amerikaanse gemeenschap zullen de gepensioneerde autowerkers niet kunnen rekenen: in plaats van als 'zondagskinderen' van hun beschermde gezondheid te genieten, worden ze nu, zoals alle andere Amerikanen, blootgesteld aan de intense koude van het asociale Amerikaans klimaat. Ontelbare landgenoten hebben de arbeiders in de autonijverheid altijd hun bescheiden sociale zekerheid benijd. Nu zijn de GM-werknemers ook maar gewone arbeiders geworden. Om het ontkiemen van alle nieuwe illusies te voorkomen heeft de directie van GM alvast verklaard dat er de volgende drie jaar zeker 25.000 arbeiders 'overbodig' zullen worden. In 2005 werden in de VS een aantal afdelingen van GM gesloten. Zullen de 'trouwe' klanten ontroerd worden door de problemen van hun grootste autobouwer? Weinig waarschijnlijk. Zelfs het steeds maar goedkoper maken van de auto's kan de huidige evolutie niet afremmen, laat staan keren. Het is maar al te duidelijk dat steeds meer klanten overlopen naar Japanse merken.

Stuttgart: het nieuwe realisme

Precies hetzelfde scenario voltrekt zich in de Duitse autonijverheid. Alleen waren de 'verwenvoorwaarden' daar de regel in plaats van de uitzondering. Praktisch wil dat zeggen dat een harde aanpak van de autowerkers in Duitsland alleen maar het begin is van de herstructurering in de hele industrie. Het Duitse Mercedes is, in dezelfde periode als GM in Amerika, onder de loep genomen door de raad van bestuur. Directeurs in Stuttgart werden vervangen, de rangen van de arbeiders uitgedund, de werkuren opgedreven, de lonen afgeroomd. De arbeidsovereenkomst die bij Mercedes vast werk moest garanderen tot in 2011 blijkt niet bestand tegen de tijd. De nieuwe, grijs besnorde baas, Dieter Zetsche, koopt een na een de duurste krachten weg uit zijn leger van onbetaalbaar geworden jongens. Een klein miljard euro heeft hij ervoor over, en dan komt het hem nog goedkoper uit dan ze nog vijf jaar aan de slag te laten. Ook al kosten de 'gouden handdrukken' soms drie à vier miljoen euro per 'afgekochte' man. Momenteel zijn er 800.000 werknemers actief in de Duitse autonijverheid. Daarvan zullen er in het eerstvolgende decennium een kwart moeten opkrassen. Mercedes is duidelijk een pionier in de afslanking van de hele Duitse industrie.

Een dochterbedrijf van Volkswagen, Auto 5000, werkt uitsluitend met werklozen die uit het vak komen en die bij de nieuwe fabriek een tweede kans krijgen. Ze zijn maar wat gelukkig er een baan te krijgen, ook al brengt die 20 procent minder op dan bij de 'echte' Volkswagen. Rond de tijd van de moeizame kanselierwissel in september 2005 was de versoepeling van de arbeidsvoorwaarden in zowat alle sectoren aan het doordringen. Het leek erop of werknemers en werkgevers van de vacature aan de top gebruik maakten om zélf het land te runnen. En ze deden dat in de richting van de nieuwe tijden waar ze zich plots van bewust leken te worden. In heel wat bedrijven worden zonder al te veel morren overuren gedraaid. Soms gebeurt dat als het dagelijks voorgeschreven aantal stuks niet wordt gehaald binnen de acht uren van de traditionele werkdag, of het nu om auto's of om computers gaat. In heel wat sectoren wordt het ploegenwerk ook in het weekend een aanvaardbaar ritme. In de autonijverheid wordt bijscholing geboden. Die wordt gretig gevolgd, in de vrije uren buiten de werkweek, en bovendien niet vergoed. Bij het wankele AEG (Huishoudapparaten) hebben de werknemers zelfs hun vakantiegeld in het spaarvarken van de firma gestopt.

Sociologen en arbeidspsychologen zijn met die evolutie nog niet in het reine. Kan het zijn dat de 5 miljoen werklozen een zeker besef van de dreigende realiteit hebben losgemaakt? Overal in Duitsland is er sindsdien geknabbeld aan de voorheen strakke arbeidsovereenkomsten.

Zijn het de vele toegevingen van de werknemers die het fenomeen gewoner en aanvaardbaarder hebben gemaakt? Een paar uur meer werken en een stuk van het salaris laten vallen in ruil voor vast werk, dát is de formule van de toekomst. En vast werk is een relatief begrip in deze globale tijd: 'vast' duurt helemaal niet meer tot het einde van de loopbaan. De afspraken gelden voor vijf of zes jaar, want de kans blijft altijd bestaan dat de firma het toch niet rooit en alsnog verhuist. Naar Portugal, of meteen naar de Filippijnen... Het soepele gedrag van de werknemers lijkt het onheil een stuk naar de toekomst te verschuiven. De dreigende bui hangt dan niet meer zo laag boven hun hoofd, ze is veeleer verschoven naar een sombere, maar voorlopig nog verre horizon, waar beter mee te leven valt. Tot het dan zover is...

Brussel: het pact (of het pakt niet)

Als de Belgische regering een poging doet om de werklat ook een paar centimeter hoger te leggen voor 'uittredende' werknemers, dan verloopt dat wel even anders.

Met de lancering van het debat over einde loopbaan in oktober 2005 besloot de regering dat 58-jarigen vanaf 2008 twee jaar langer aan het werk zullen moeten blijven. Tot 60 dus. Dat is veel gevraagd voor een oud paard, maar voor een moderne, goedgevoede, op de zonnebank gebruinde werknemer zou dat normaal gesproken mogelijk moeten zijn, zo redeneerden de regering en de patroons. De maatregel zou ook niet meteen van kracht worden. Het brugpensioen op zestig jaar was dus meer een signaal dan een maatregel. Na 2008 zou, in de praktijk, slechts 10 procent van de kandidaten voor het brugpensioen tot zestig jaar moeten wachten om zich kunnen neervlijen in zijn verdiende rust. Meer dan de helft van de 58-jarigen zouden ook in 2008 nog op die leeftijd mogen thuisblijven. En dan waren er ook de velen die sowieso nog zouden doorwerken na hun 58ste, maatregel of geen maatregel. Zowat de helft van de 58-jarigen negeert immers de kans op brugpensioen. Daarbij mogen we niet over het hoofd zien dat het om pensioen op 60 gaat. Vroeger was er maar één loopbaaneindeleeftijd, en dat was op je 65ste.

De socialistische vakbond ABVV noemde de maatregel een bloedbad. Tot 60 jaar moeten werken is voor sommige dus een bloedbad, terwijl ze zoveel gezonder ouder zijn geworden dan hun voorouders, die geen brug maar wel een afgrond vonden aan het einde van hun werkend leven. De christelijke bond ACV bleek enige consideratie te hebben voor de noden van de hele werkende gemeenschap. Hoe langer oudere (= goedverdienende) werknemers bezig blijven, hoe meer belastingen die binnenbrengen, en hoe minder gepensioneerden er uitbetaald moeten worden. Maar ja, we leven in een tijd wanneer het woord *onthaasting* de kern geworden is van de arbeidsfilosofie. En je kunt niet vroeg genoeg beginnen met onthaasten…

De socialisten staakten op 7 oktober 2005, en het ACV keek toe omdat het wel iets zag in de voorgestelde maatregel. 'Eerst praten en dan, desnoods, actie', is hun devies. Het is een stap – een klein, klein stapje – achteruit voor de vakbond. Dat is een hard feit, maar het moet kunnen in geval van nood. En dit wás een noodgeval. Maar de massa, de werkende bevolking, nam het niet. Het ACV haalde dan ook maar bakzeil en sloot zich aan bij de socialistische collega's: op 28 oktober legden ze gezamenlijk het werk neer.

Premier Guy Verhofstadt, die een patent heeft op het laatste én juiste woord, bracht dan zijn eigen correcties aan. 'Het is allemaal niet zo erg als het klinkt', liet hij weten. Verhofstadt is niet voor niets premier. Hij wou de angst bij de op staking beluste vakbondsleden doen bedaren. Verhofstadt herformuleerde zijn eigen maatregelen, zodat die evengoed uit de mond van de christelijke vakbondsleider Luc Cortebeeck hadden kunnen komen. Hij bevestigde in sussende taal de formulering van het ACV: 'Het klopt inderdaad dat, ook in 2012, nog meer dan de helft van de werknemers op 58 met brugpensioen zal mogen. Vier op de tien zullen tot hun 59ste geduld moeten oefenen. Slechts een op de tien zal tot 60 moeten wachten.' Een wonderbaarlijke maatregel die dus maar voor 10 procent van de 'getroffenen' van kracht zou zijn.

En toch werd er gestaakt op 28 oktober. De staking had zo'n beetje *à la carte* plaats: de deelnemers aan de actie legden niet alles gedurende 24 uur plat. Er werd hier en daar naar believen gestaakt, en wie daar geen zin in had, kon rustig naar zijn werk gaan. Cortebeeck liet het zo aan zijn volgelingen weten: 'Afdelingen die niet mee willen staken kunnen dat doen zonder op de vingers te worden getikt. Wie het wél aangewezen vindt te staken, die kan zijn gang gaan.'

Eigenlijk had die Nationale Actiedag met Stakingen meer de allures van een opiniepeiling: eens kijken hoeveel werknemers eigenlijk te vinden zijn voor de eerste maatregelen die onze bevolking opnieuw op een redelijke wijze aan het werk moeten krijgen. *De Standaard* was van oordeel dat er chaos heerste in vakbondsland: 'De vakbondsleiders zijn niet in staat gebleken om hun achterban mee te nemen in een vernieuwende visie op ons sociaal model', schreef de krant. Dat leek wel te kloppen. Bladen vroegen naar de mening van de *talking heads* van de politieke partijen. Jong-CD&V'er Peter van Rompuy zag een confrontatie met de ouderen niet zitten. Hij voelde zich 'veroordeeld' tot solidariteit met hen. In 2014 zou echter geen enkele politicus nog durven in te grijpen tegen die ouderen, meende van Rompuy. Waarschijnlijk te begrijpen als: tegen die tijd zijn de grijze wolven te gevaarlijk geworden en hun politieke tanden te lang, zodat geen politicus er nog een hand naar durft uit te steken.

'Het protest van de vakbonden is goedkoop populisme', vond VLD-kamerlid Bart Tommelein. 'De vakbonden draaien de mensen een rad voor de ogen als ze zeggen dat alles bij het oude kan blijven. Pas op, de bevolking beseft wel degelijk dat er iets aan de hand is, hoor!' Waarom staken ze dan? Is het hun bedoeling daarna aan de slag te gaan tot hun 70ste?

N-VA-voorzitter Bart De Wever noemt het Generatiepact 'een lachertje'. Hij is ervan overtuigd dat tot 2010 de kans bestaat 'om relatief pijnloos maatregelen te nemen'. Zelfs Mia De Vits (SP.A) ziet rode alarmlichtjes flikkeren, al begrijpt ze dat heel wat vijftigers niet staan te springen om langer te werken, gezien hun negatieve behandeling in veel bedrijven. Maar ze waarschuwt ook haar gelijken: 'De vakbonden moeten intern de analyse durven te maken dat ons sociaal systeem onbetaalbaar wordt als we niet ingrijpen.'

Heel anders, bijna tegengesteld, zijn de reacties van de gepensioneerden van GM in het mentaal verre Amerika, die van de ene dag op de andere hun gezondheidszorgen uit eigen zak moeten betalen. Een gepensioneerd GM koppel, Sam en Linda Loggans, allebei 69, verschijnen op de schermen van de nationale omroepen: het lot van GM raakt immers het lot van héél Amerika. Man en vrouw zitten diep weggezonken in hun oude sofa, die na al die jaren even rimpelig is geworden als hun gezichten.

In de diepte van het beeld: een nog meer versleten bank, met links en rechts kussentjes die eventuele klappen van het leven moeten helpen opvangen. Ze kijken aangeslagen, maar ze zien er niet uit alsof ze zo dadelijk zullen opveren en de straat optrekken om tegen die aanslag op hun magere Amerikaanse sociale zekerheid te betogen. Aan de wand van hun woonkamer hangt een imitatie bronzen plaat die Sam feliciteert met zijn dertig jaar trouwe dienst als elektricien bij GM. Sam is er trots op. Waarom eigenlijk? De naam van je firma aan je woonkamerwand? Kamerpubliciteit voor een multinational, is dat een reden om trots te zijn? Hij heeft dertig jaar lang het beste van zichzelf gegeven en is er uiteindelijk moeten bij gaan zitten. Maar de glorie ooit voor zo' n grote, machtige, firma gewerkt te hebben, blijft trots van de muur stralen. Vooral omdat de firma niet alleen machtig was maar daarbovenop (zeer zeldzaam voor een Amerikaans bedrijf) ook nog mild voor haar arbeiders én voor haar gepensioneerden. Nu is dat voorbij, maar het heeft toch een tijdje geduurd. *Zolang het mogelijk was.* Dát is een redenering die in Europese hersenen niet zo vlug wortel zal schieten.

Natuurlijk zijn de Loggans niet gelukkig met de financiële klap die hen treft. Sam beweert dat hij het had zien aankomen. Vorig jaar al had hij tegenover zijn vakbondsafgevaardigde voorspeld dat GM binnenkort wel zou stoppen met de genereuze voorzieningen voor de ouderen. Nu was het zover. 'Leuk is anders', zegt Loggans, 'maar het is noodzakelijk geworden. Het is pijnlijk dat te moeten toegeven maar er zit niets anders op.'

Gedeelde smart is goddank maar halve smart. Loggans weet dat met hem nog 750.000 andere gepensioneerden en arbeiders zitten te zuchten. Uit het nieuws weet hij dat de firma in het jongste kwartaal een verlies van 1,6 miljard dollar heeft geboekt. Geen peulschil. 'De extra's voor de gepensioneerden waren gewoon niet vol te houden', orakelen de Loggans vol begrip. Nu worden de dokter en medicijnen voor ouderen flink duurder. Ze moeten ook een stuk van hun gezondheidsverzekering zelf betalen: pas na het neertellen van de eigen bijdrage kan de verzekering actief worden.

Sam Loggans vertaalt de gekregen klap naar het eigen vakjargon: 'Onze gezondheidsverzekering was een Cadillac, nu is er nog maar een Buick van overgebleven. Maar we zijn er nog altijd beter aan toe dan de werknemers en gepensioneerden van de meerderheid van de andere bedrijven!' *'Look at the bright side'*, zou Monty Python gezegd hebben. Dat onwezenlijke optimisme wordt niet door alle werknemers gedeeld: de trouw is niet onbeperkt. Een andere GM-elektricien, Ray Bailey, windt er minder doekjes om: 'We hebben moeten véchten voor elke verworvenheid', merkt hij droogjes op. 'Soms werd het maandloon gewoon vervangen door veel kleinere *vergoedingen*. Dat was geen cadeau. We hadden het ruim verdiend, met hard werken!'

De ingesteldheid van de Loggans is niettemin die van de meerderheid. Ze schikken zich zonder verweer in hun lot, ook al worden ze elke 24 uur ook een dag ouder, ook al neemt het risico van een ernstige ziekte steeds maar toe. En toch neemt Sam Loggans zijn bedrijf de hakmesoperatie niet eens kwalijk:

'We wisten dat zulke uitstekende medische zorgen niet voor eeuwig gedekt zouden worden. Wij danken God en de vakbond én GM omdat we al bij al ook nu nog een riante pensioenregeling overhouden!' Dát is Loggans finale conclusie.

Eerlijkheidshalve moeten we erop wijzen dat de vakbond in de VS maar een precaire onderneming is. De meeste werkgevers proberen hun personeel uit de handen van de vakbond te houden of weg te kopen. Over de hele VS is momenteel nog ongeveer 12 procent van de werknemers bij een vakvereniging aangesloten. Dat is weinig, want het gaat dan meestal om zeer soepele, zwakke vakbonden, zodat potentiële leden vaak het geld van hun bijdrage liever op zak houden dan dat ze die aan een inefficiënte bond toevertrouwen.

Europa gaat trouwens dezelfde weg op, en de drukkende werkloosheid draagt daar aanzienlijk toe bij. De voorbije twintig jaar is het aantal aangeslotenen in Duitsland met 12 procent gedaald: van 35 procent naar 23 procent. In diezelfde periode heeft 9 procent van de Franse werknemers zijn lidmaatschap opgezegd, zodat er nog 9,6 procent overgebleven is. Pover naar vakbondsnormen. Daarenboven is dat geen nieuw verschijnsel in Frankrijk: het extreem lage vakbondslidmaatschap sleept al vijftien jaar aan, en de Fransen hebben het laagste percentage van de westerse wereld. Toch wordt er in weinig Europese landen met een even koppige hardnekkigheid gestaakt als in het land van Jacques Chirac. Waarschijnlijk moet het felle optreden van de frequente stakers hun magere aantal verbergen. Eigenlijk zijn er in Frankrijk nog gevoelig minder werknemers bij een vakbond aangesloten dan in de Verenigde Staten! Waarschijnlijk is de traditionele vijandigheid tussen vakbond en patronaat in Frankrijk de kleine maar krachtige motor die de vakbewegingen op dreef houdt, samen met de communistische achtergrond van de grootste vakvereniging. Met grote monden en straatbrede spandoeken proberen de Franse vakbonden de confrontatie met de bazen vol te houden. Is die wel vol te houden? Hoe klein mag een vakbond zijn om nog gehoor te vinden? De toekomst zal het vrij vlug uitwijzen. Het Duitse en het Deense voorbeeld van het 'Partnermodel', waarbij werkgevers en vakbonden er alles aan doen om met elkaar op te schieten, heeft veel succes gekend. Tot op het moment dat er in Duitsland vijf miljoen werklozen voor de loketten op hun uitkering stonden te wachten. Nu zijn de 'herstructureringen' niet meer tegen te houden.

Wanneer begint de vakbondsaanhang af te brokkelen? In extreme situaties, zo blijkt. Als er hopeloos veel werklozen zijn, zoals in Duitsland. Maar ook wanneer iedereen een baan heeft. Dat laatste is ongeveer de toestand in Groot-Brittannië, met zijn 4,7 procent werklozen, wat economen doorgaans als 'gezond' bestempelen. In Duitsland geloven de werklozen niet meer dat de vakbond hen aan een boeiende baan zal helpen, in Groot-Brittannië zien de arbeiders het nut niet meer van een vakvereniging als iedereen toch aan werk raakt. Twee uitersten met hetzelfde resultaat voor de bonden.

In Duitsland hebben de bonden, tot op zekere hoogte, zichzelf de das omgedaan. Het schandaal dat losbarstte toen bleek dat leden van de vakbondstop zich door Volkswagen hadden laten trakteren op dure snoepreisjes, deed de beweging geen deugd. Maar er is meer: het is uiterst moeilijk voor een vakbond om te leren leven met een eengemaakte Europese markt. Waartegen móéten werknemers, kúnnen werknemers nog worden beschermd? Hoe moeten collectieve arbeidsovereenkomsten tot stand worden gebracht in een dergelijk Europa? Nog in Duitsland raken steeds meer burgers ervan overtuigd dat de vakbonden niet te veel macht mógen hebben, toch niet in de huidige omstandigheden. Met hun eisen brengen ze de kansen van de vele werklozen in gevaar. Dat is voor de werknemer zeker geen triomf, maar velen verkiezen een 'magere' baan boven helemaal geen baan, nu er stevig gesneden dreigt te worden in de uitkeringen.

Er kan heel wat geleerd worden uit de vakbondscijfers. In Denemarken, waar liefst 75 procent van de arbeiders aangesloten is bij een vakvereniging, verloopt de dialoog met de werkgevers doorgaans zeer soepel. Deskundigen in de arbeidsrelaties gaan ervan uit dat een dergelijke massale graad van lidmaatschap ervoor zorgt dat de werkloosheid in toom gehouden wordt. Er is dan immers altijd een potentiële dreiging van de werknemers. Maar of zoiets automatisch voor banen zorgt? Het is wel een feit dat de zwaarwegende inspraak van de bonden veel onheil kan voorkomen vooraleer er harde maatregelen worden getroffen en woorden als 'actie' en 'staking' vallen. En tegelijk slaagt het 'gelukkige' Denemarken er dan weer in te leven met toestanden die meer Amerikaans dan Europees klinken. Het land kent geen officieel minimumloon, zodat pechvogels er wel met een heel karige uitkering moeten zien rond te komen. Maar feit blijft dat Denemarken met zijn 75 procent vakbondsleden een veel rustiger arbeidsklimaat kent dan Frankrijk.

In België, het enige Europese land waar steeds meer mensen aansluiten bij de vakbond, hoor je tegelijkertijd heel wat kritiek op de georganiseerde arbeid. Maar die kritiek komt in de eerste plaats van middenstanders en zelfstandigen die (uit afgunst?) zich opwinden over de vele vakantiedagen die de 'werknemers' genieten, het royale ziekteverlof, het moeder- en vaderschapsverlof enzovoort. Dan lees en hoor je dat de vakbonden zich boven de wet en boven het parlement verheven voelen. Kleine stakingspiketten geven aanleiding tot lange bijdragen over de 'terreurmethodes' van de stakers. Wallonië heet steevast 'een vakbondsstaat' te zijn, al telt het Waalse Gewest ergens tussen de 20 procent en de 35 procent werklozen (zoals in Mons). In *Knack* van 17 augustus 2005 lezen we, via de pen van Derk Jan Eppink, dat de vakbonden de hoogwaardige bedrijven kapot maken en hen naar Azië verbannen. 'Hoe syndicaler Vlaanderen, hoe meer werklozen' is dan meteen zijn conclusie. 'Kijk dan liever naar Tony Blair, die zijn partij uit de wurggreep van de bonden heeft bevrijd', is het advies van Eppink.

Moeten we het voorbeeld van Tony Blair volgen? Ik wil het graag aan een bevoegde vakbondsleider vragen, maar vakbondsleiders laten zich niet vangen voor dit boek. Is het omdat ze later niet graag hun uitspraken van de dag herlezen?

Het plan-Blanpain

Dus wenden we ons tot een professor emeritus Arbeidsrecht Roger Blanpain van de KU Leuven. In Nederland geeft hij op zijn 71ste nog les, bij ons is hij gepensioneerd. Soms spreekt hij een taal die door de werkgevers graag zal worden gehoord. Maar hij kent zijn dossiers, en als ik twijfel overspoelt hij me met een waterval van cijfers. Hij kan er niet genoeg op drukken dat de strijd van onze vakbonden niet meer hier bij ons moeten worden gestreden. Alles gebeurt op lange afstand. De multinationals waar ons land zo rijk aan is worden telegeleid van op grote afstand:

'De economie is nu internationaal. Beslissingen worden genomen op wereldwijd niveau. Ford Motors beslist in Detroit bijvoorbeeld dat er 3.000 banen bij ons weg moeten. De machtsverhoudingen zijn totaal gewijzigd. En dan is de vraag: gaan die sterke vakbonden van bij ons zich aanpassen aan de kleinschaligheid van België?' De prof geeft grif toe dat de bonden met hun grote en groeiende ledenaantal er sterk voor staan. Maar hij is ervan overtuigd dat het succes niet zal blijven duren. 'Op termijn' voegt hij er voorzichtig aan toe. Maar dat moeten we dan toch nog eerst afwachten. Hij ziet een onafwendbare evolutie:

'Traditionele sectoren sterven af en grote ondernemingen verdwijnen. Die grote ondernemingen zitten nu in globale netwerken. Nu is de werknemer nog koning. De werkgever probeert zijn mensen te houden. De goede mensen tenminste, en die goede mensen vinden dat ze geen vakbonden nodig hebben.'

Dat is een stoute en niet bewezen bewering van de professor. Je verwacht een aanval op de bonden, maar dan heb je het mis: hij pleit voor vakbonden, maar niet voor de onze: 'Ik vind dat er meer vakbonden nodig zijn, maar dan op internationaal niveau. Democratischer, transparanter!'

We moeten ons wapenen tegen de vergrijzing en tegen de globale economie, zegt Blanpain en hij heeft een waslijst getuigen bij de hand: 'De vier democratische partijen zeggen het, de media zeggen het, de Oeso zegt het ook, net als de EU en het IMF.' De professor heeft uiteraard ook de kranten gelezen en eruit geleerd dat de 'achterban' de bonden in toom zou houden. Blanpain vraagt zich af wie die achterban van de bonden wel mag zijn.

'De achterban, dat zijn niet de gewone leden. De achterban wordt gevormd door de vrijgestelden van de bonden, hier en daar ook door afgevaardigden. Dat zijn mensen die te veel naar beneden kijken. In de vakbond zijn er immers mensen die naar boven en andere die naar beneden kijken. (Dat zei ACV-icoon Gust Cools destijds ook al, mdk). Alleen wie naar boven kijkt, ziet het hele plaatje. Wie naar beneden kijkt, wil de verworven rechten behouden', aldus de professor, die er persoonlijk van overtuigd is dat de vakbonden een achterhoedegevecht voeren dat ze zullen verliezen. 'Ofwel verliezen zij, ofwel verliest ons systeem. Als ze winnen wordt ons systeem immers onbetaalbaar. In 2014 al zullen meer mensen de arbeidsmarkt verlaten dan dat er bijkomen. De vakbonden zouden met iets constructief tevoorschijn moeten komen', vindt hij: 'De bonden willen meer werk voor jongeren. Maar er gebeurt al van alles: er zijn de startbanen, de bonussen, de premies, de begeleidingen, de herscholing (anders gezegd: als dat allemaal niet helpt, wil dat ook zeggen dat de jongeren zich verschansen in hun werkloosheid). Tegelijk stelt men vast dat er 10.000 bouwvakkers tekort zijn, en dat er duizenden jobs niet ingevuld raken in de horeca. 60 procent van de werkgevers is op zoek naar goede mensen', zegt de professor. En hotels, cafés en restaurants smeken inderdaad om 'volk' om te koken, op te dienen, de vaat te doen, de bedden op te maken. Dat kan je ook vaststellen in de aanbiedingen van de VDAB. Maar de mensen van de VDAB noemen die jobs zélf 'rotbanen'...

Dat het geen topbanen zijn, wil de professor ruiterlijk toegeven:

'Dat zijn bescheiden jobs, maar ofwel doet men die bescheiden job ofwel studeert men. Heeft men bescheiden middelen, dan doet men een bescheiden job. Mijn vader heeft een bescheiden job gedaan. En het is niet genoeg om iets te leren, men moet ook nog zin hebben om te werken.'

Ook daarvoor heeft hij voorbeelden bij de hand:

'Bij Ford zijn destijds mensen van 48 jaar met brugpensioen gestuurd. Jónge mensen van 48 jaar! Toen kwamen er 750 banen vrij bij Volvo. Twee ontslagen werknemers van Ford zijn er naartoe getrokken, heb ik begrepen, de anderen vonden het te ver. Dan gaan al die mensen liever zwart werken. Het brugpensioen is een brug naar zwartwerk. Of, zoals ik bij de Oeso heb horen zeggen: '*Prepension is a curse, not a cure*'! Ik kan me wel voorstellen dat iemand in het brugpensioen sukkelt, zoals na de herstructurering bij Ford, maar dan moet hij een nieuwe baan krijgen of hij moet zich gaan herscholen – als het moet onder zachte dwang. Hij dient ook een bijdrage te leveren aan de maatschappij. Nu moet men Polen gaan halen om hier het werk te doen, maar dat willen we niet. We zeggen: jullie mogen niet binnen gedurende zeven jaar, tot 2008. En wie doet dat niet? De Britten. Wat gebeurt daar? Polen zijn verstandige mensen, ze hebben een grote studeertraditie. Je vindt er heel wat knappe koppen maar wij weigeren die, al hebben we ze broodnodig. We hebben onvoldoende hersenen in ons land. Want wat gebeurt er? Alle *brains* gaan naar

Groot-Brittannië. Daar komen per maand 15.000 Oost-Europeanen aan. En de Britse minister van Arbeid is naar Oost-Europa gegaan en heeft daar gezegd: we hebben nóg 600.000 mensen nodig! En die komen, en vullen alle gaten op de Britse arbeidsmarkt. Het is waar dat de Britten er een (zeer laag) minimumloon op na houden. Maar de Polen zijn bereid om daarvoor te komen werken. En die werken bij ons ook voor een minimumloon, dikwijls dan nog in het zwart. We hebben een historische stommiteit begaan door de Polen niet toe te laten. We moeten onze grenzen openstellen voor meer diensten van buitenaf. Die mensen moeten hier slapen, die moeten hier eten, die verbruiken hier benzine, kortom: die spenderen. Voor ons is het een zegen, een gunst van de hemel dat wij de Europese Commissie hebben, met zo'n 20.000 à 30.000 ambtenaren die hier hun geld komen verteren. En die nemen geen banen weg!'

Het is wel zeer de vraag of de Polen vergeleken kunnen worden met de heren en dames van de Europese Unie. Het is evenzeer de vraag of die Polen, die met zessen op één kamer hokken in een krot van een huisjesmelker, in dezelfde restaurants zullen gaan eten...

Het is ook overduidelijk dat Blanpain weinig goeds ziet in het brugpensioen, dat hij als een van de grote schuldigen aanwijst voor de té geringe activiteitsgraad van onze werkende bevolking. Als het brugpensioen minder mensen uitschakelde, zouden we minder werkkrachten moeten invoeren:

'Het brugpensioen is zogezegd ingesteld om ouderen te vervangen door jongeren. Maar het is niet zo dat, met het wegwerken van een oudere, een jongere aan werk raakt.' Volgens de deskundige klopt het niet dat werk zo maar van de ene generatie naar de andere, van oud naar jong wordt doorgeschoven. Telkens opnieuw moet er werk ontstaan:

'Werk wordt gecreëerd. (wendt zich plots tot mij:) U bent gepensioneerd en schrijft dit boek. Dat betekent werk voor de uitgever en zijn staf, voor een illustrator, voor een drukkerij enzovoort. Zegt u morgen: "Ik doe niets meer, ik zit stil", dan gebeurt er niets. Brugpensioen als middel is uit den boze! Ik vind wel dat men in uitzonderlijke gevallen, voor mensen die in zware beroepen zitten en die een heel leven hebben bijgedragen, de solidariteit zou laten spelen. Dat sommige mensen die bijvoorbeeld vanaf hun vijftiende in de bouw werken gezondheidsproblemen hebben, dat kan ik me best voorstellen. Ik ben er alleen tegen dat mensen 20, 30 jaar betaald zullen worden om niets te doen!'

Een prof is een mens van getallen, statistieken en gegevens. Hij noemt niet altijd hun bronnen. Zo deelt hij een mokerslag uit met zijn statement over het enthousiasme waarmee de mensen elke ochtend naar de werkvloer trekken:

'Uit statistieken blijkt dat 85 tot 90 procent van de mensen zegt dat ze hun job graag doen. Als je iemand ontslaat, dan stort zijn wereld in, omdat hij denkt: ik was hier de man.'

Of de werkende massa die uitspraak inderdaad massaal onderschrijft (wat is anders 90 procent?), is een andere kwestie. Wij vangen andere reacties op. Zelfs jongeren trekken iedere dag de deur van hun werkplaats met plezier dicht. Ze kijken uit naar elk vrij uur, hunkeren naar elk verlengd weekend. Ze slepen zich van citytrip naar citytrip. Maar onze oren missen statistisch talent. Trouwens: ook wanneer de citroen is uitgeperst, valt er nog altijd wat uit te knijpen. Wat beter is dan hem weg te werpen, zegt onze gesprekspartner. Hij heeft er een benaming voor: de capaciteitsreserve.

'Na een ongeval of als men ouder is, kan men niet meer hetzelfde presteren. Dan moet men op zoek naar wat de 'capaciteitsreserve' heet. Met een hernia zal ik bijvoorbeeld geen ladders meer op kunnen. Maar ik kan nog vijftig ándere zaken doen. Alleen blijken er tussen de mensen die zich 'arbeidsongeschikt' noemen maar weinigen te zitten die zich re-integreren.'

Het zijn slechte tijden voor de werkverschaffing, en die slechte tijden spelen in de kaart van de werkgevers: ze kunnen pokeren met de jobs. Ze kunnen de banen uitbesteden aan Chinezen, Koreanen of Indiërs. Ze kunnen het werk aan de andere kant van de wereld laten uitvoeren, of ze kunnen hun fabrieken naar het Verre Oosten verplaatsen: voor de patroons is de mobiliteit enorm groot geworden. En de werknemers staan erbij en kijken ernaar, zonder zich te kunnen verweren. Niemand van hen gaat een appartement huren in Peking of in Sjanghai om zijn baan achterna te hollen. De werkgevers houden de pan bij de steel: voor hen komt het erop aan om goedkoper te worden dan de concurrent. Desnoods blijven ze hier bij ons, maar dan moet de werksituatie naar hun hand worden gezet. En dat is een situatie waarin geen ruimte overblijft voor vakbondsacties zoals stakingen...

'Werkgevers van *Voka* (de patroons van het Vlaams Economisch Verbond, mdk) hebben een hele strategie ontwikkeld die zegt: wanneer er werkwilligen zijn, zullen we niet dulden dat bedrijven worden afgegrendeld. Ze hebben een sluitend systeem uitgedacht. Ik bezit daarover ook uitspraken van rechters die zeggen: Staken is het werk neerleggen, en dat laat ook toe stakingsposten te plaatsen. De vrije meningsuiting laat de bonden ook toe te zeggen "jongens, wees solidair". Stakingsposten zijn trouwens van alle tijden en ze zorgen er effectief voor dat de toegang tot het werk wordt belet. Dat is trouwens niet moeilijk, want wie wil ervoor op de vuist gaan? Maar staken laat niet toe de zaak af te grendelen. Ik heb iemand van het ABVV horen zeggen: dat is het einde van de vakbond als machtsmiddel. Het nieuwe is dat de werkgevers van het Vlaams Economisch Verbond gezegd hebben: dit moet gedaan zijn.'

Volgens Professor Blanpain hebben de werkgevers daarmee de grondslag gelegd voor hun offensief tegen de georganiseerde arbeid.

'De werkgevers zijn nu uitgerust met advocaten, met kantoren, met gsm's, met dagvaardingen die klaarliggen en met deurwaarders die klaarstaan. Dat betekent dat een nationale staking veel van haar verlammingseffect verloren heeft.'

Die deurwaarders zijn dan zowat de stakingsposten van de werkgevers. Blanpain probeert de harde aanpak te verdedigen met de even harde aanpak op de wereldmarkt:

'We zitten in een economie van *just-in-time*, met uiterst stipte leveringen. Heel wat bedrijven moeten vandaag produceren en ook vandaag leveren. Dat moeten ze ook in het buitenland doen, en wanneer ze dat in het buitenland niet presteren, zijn ze daar hun klanten kwijt.'

Voor Roger Blanpain is het brugpensioen een extreme noodoplossing. En de vakbonden zijn zeer gesteld op die regeling:

'Ik stel vast dat het vooral de vakbonden zijn die om dat brugpensioen vragen, terwijl het hun eerste taak zou moeten zijn een werkgelegenheidscel op te richten om de mensen aan een job te helpen. Maar: hoe minder werklozen, hoe minder inkomsten voor de vakbonden. De bonden worden immers vergoed voor de uitbetaling van de uitkering aan hun leden. Wat me op zichzelf niet stoort. Maar het is niet goed dat de bonden systemen gaan steunen die hen meer inkomsten bezorgen. En totaal verkeerd is een bruggepensioneerde die niet meer ter beschikking staat van de arbeidsmarkt.'

Over de dwingende nood aan langer en harder werkende Belgen bestaat voor Roger Blanpain niet de minste twijfel. Moeten die dan, op de koop toe, ook nog minder gaan verdienen? En een even prangende vraag: raken we ooit uit de huidige golf van dodelijke concurrentie en werkloosheid als we zélf ook niet een stuk minder gaan verdienen? Zijn we door onze opulente welvaartmaatschappij dan niet buitensporig verwend, zodat we verplicht zijn van in te binden? Blanpain hoeft er niet lang over na te denken:

'Ik denk niet dat we noodzakelijkerwijze minder moeten gaan verdienen. Waar het op aankomt, is wat de werknemer in handen krijgt. Het nettoloon, dát is wat telt, en dat mag eigenlijk niet dalen: de mensen moeten kunnen blijven consumeren. We moeten dus kijken naar de lasten die gelegd worden op het loon. Dat is één. Ten tweede zullen we ook moeten overwegen van langer te werken. Ook voor de wekelijkse arbeidsduur moet een verlegging van de grenzen overwogen kunnen worden. Ik heb gepleit om de wettelijke grens opnieuw naar 40 uur op te voeren. Niet voor het loutere plezier van meer te gaan werken. Als ondernemingen zoals Siemens of Volkswagen zeggen: "Kijk eens, hier in Duitsland kunnen we 39 uur werken", dan moet dat een uitdaging voor ons zijn. Als wij dat in België niet kunnen presteren, dan moeten we uit de markt! Bij Siemens is men voorlopig van 36 uur naar 37 uur gegaan: dat is toch geen catastrofe? Zelfstandigen werken vaak 60, 70, tot 80 uur per week! We zijn klein in een klein land, we moeten ons kunnen aanpassen op alle mogelijke vlakken.'

Roger Blanpain gelooft vooral in het langer werken. De dag en desnoods de week rekken. Wat looninlevering betreft, geeft hij een dubbelzinnig antwoord: hij sluit inleveren niet uit.

'Iedereen moet de tering naar de nering zetten. Als een bedrijf niet meer competitief is, dan moet er iets gebeuren. We zijn een klein land, goed gelegen, maar we hebben geen grote ondernemingen met belangrijke researchcentra. Waar gaan we de 'brains' halen? We moeten het vooral hebben van vreemd talent. Vreemde uitvindingen en vreemde investeerders moeten onze welvaartsstaat hier draaiende houden. Ook de pensioenleeftijd moeten we niet optrekken. Als we tot 65 aan de slag blijven, zou dat al een heel flinke stap vooruit zijn. Wat we moeten doen? Mensen die met pensioen gaan, toelaten (zoals in Nederland) voltijds te werken wanneer ze dat wensen.'

Het credo van professor Blanpain staat hem duidelijk voor ogen: zo lang mogelijk werken, legaal, nooit zwart. Legaal werken is de enige manier om de staatskas te spekken. Dan betaalt ook de oudere nog belastingen en sociale bijdragen. Zijn slotzin blijft nazinderen:

'De verplichte pensioenleeftijd, die moet weg. Ik heb collega's in de VS die op 75 jaar nog lesgeven.'

6

Boeren met de geldkraan open?

We weten het maar al te goed: er is iets mis met de boeren. Ze zijn nochtans de enige luxe van de Europese Unie. Ze verslinden 45 procent van de jaarlijkse Europese begroting. Nochtans werken ze daarvoor dag en nacht voor een relatief karig loon. Zonder de beruchte subsidies, die halve Europese begroting dus, dreigen ze bij bosjes uit het landschap te verdwijnen.

De meesten van hen zijn nochtans baas over hun bedrijf. Ze zijn dus ondernemers. Om hun enige moderne allure te verlenen zouden we ze *farm managers* kunnen noemen. En toch passen ze niet in de moderne economie: ze horen niet thuis in de kennis- en informatiemaatschappij. Het is waar: ze werken met hun verstand, maar ze dóén het toch vooral met hun handen. Waarom doen ze het? Om met heel veel risico's ons landelijke verleden overeind te houden, Stijn Streuvels indachtig? Zijn het gokkers die, tussen hagelvlagen en onweer door, hun oogsten proberen te redden? Die constant geplaagd kunnen worden door dioxinecrisissen, mond- en klauwzeerplagen, varkenspest of vogelgriep? En dat terwijl er elders in de wereld voor een fractie van hún prijzen even lekker voedsel uit de grond komt. Onze boeren zijn niet eens in staat om voor ons dagelijks brood te zorgen. Tarwe voor dat dagelijkse brood voeren we in vanuit het Amerika van George Bush. Niet dat de Amerikaanse landbouw er zoveel beter aan toe is dan de onze: ook daar komen er subsidies aan te pas. Van de totale Amerikaanse landbouwinkomsten komt 20 procent uit steun. Voor óns continent komt daar nog een flinke schep bovenop: 34 procent.

En wij, wij hebben ons nu definitief in het comfort van de dienstenmaatschappij genesteld. Terwijl de boeren verder ploegen op hun polders, als relicten uit een andere tijd. Van ver kan je ze nauwelijks onderscheiden van de Chinese boeren die in de sompige rijstvelden ploeteren als slaven. De stevig stappende zaaier over het land en de maaier onder de ziedende zomerzon, het klinkt idyllisch en het maakt de wandelaar gelukkig. Maar zelfs die wandelaar blijft zitten met de vraag wat je niet allemaal zou kunnen doen met die 45 procent van de Europese begroting – zo'n 50 miljard euro – die de boeren op hun veld overeind moet houden.

In plaats van die geldmassa in te dure suikerbieten te stoppen, zou het geld wonderen kunnen verrichten in de wetenschappelijke laboratoria, de researchcentra waar dag in dag uit de toekomst wordt uitgevonden en uitgebouwd. De keuze laat weinig twijfel: wiegende weiden of wonderen van de technologie?

Depressief? Bel Agricall!

Intussen hebben sommige vooruitziende boeren hun hofsteden al opengesteld voor toeristen. Die kunnen er logeren. Voor de toeristenkinderen is de hoeve een miniatuurpretpark, een soort speeltuin waar ze kunnen stoeien met kippen, geitjes, lammetjes en knuffelkonijntjes. Andere landbouwers met veel gevoel voor de trends van de tijd proberen dan weer biologisch te boeren, terwijl hun vrouw in de vroegere woonkamer een winkel met verse hoeveproducten heeft geopend. Steeds meer toekomstgerichte landbouwers planten hun akkers vol met koolzaad om er binnenkort onze auto's te laten op rijden. Dat alles zegt al iets over de twijfels die in de boerenbreinen rondspoken. Ze komen nadrukkelijk aan de oppervlakte als het noodlot hen een reeks harde klappen toedient. Wanneer de boer dan verstandig is, begaat hij geen onherstelbare domheden maar grijpt hij naar het nummer van de Hulplijn voor Boeren, een centrum waar psychologen klaar zitten voor dergelijke wanhoopskreten. Ze zijn geschoold, ze kennen de zwarte gedachten en de wanhoop van vele landbouwgezinnen. Hun centrum draagt de modieuze Engelse naam *Agricall*, maar precies dat Engels verhoogt de discretie van de instelling.

Wanneer een boer tegen een collega zegt: 'Ik heb gisteravond naar

Agricall gebeld', dan zal die er niet onmiddellijk uit opmaken dat de beller met zelfmoordplannen rondloopt. Hij weet dan dat zijn collega met ernstige problemen worstelt.

De zorgen moeten inderdaad ernstig zijn vooraleer een boer het Agricallnummer belt. Agricall is eigenlijk een antistresscentrum. Terwijl de vakantiegangers zich in zijn hoeve komen onthaasten, loopt de boer vaak te piekeren en zich af te vragen wat hij straks weer zal moeten verzinnen, eens de toeristen vertrokken zijn en de vakantie afgelopen is.

Bij Agricall is Sigert Vandenberghe een van de reddende engelen. Een jonge psycholoog die zich elke dag dieper in de boerenproblematiek ingraaft. Hij kijkt opgewekt naar het leven, en zelfs op zijn jonge leeftijd gaat er iets geruststellend van hem uit. Zijn organisatie werd opgericht in 2001 en was eerst bedoeld als een tijdelijk initiatief dat hooguit vijf jaar moest lopen. Maar ondertussen is besloten dat de boerenhulplijn ook daarna open blijft, en dat is op zich al een indicatie dat er de eerstkomende jaren weinig beterschap wordt verwacht in de situatie van de landbouwers. Vandenberghe kent zijn klanten:

'Er zijn niet alleen dioxineplagen en mond- en klauwzeer. Oogsten kunnen vernield worden door lange droogte of overstroming Er zijn de vervuilde gronden die gesaneerd moeten worden en waarvoor de landbouwer opdraait. Eerst kan hij de kosten van de sanering niet dekken, daarna kan hij de leningen niet afbetalen. Ook als ze gewoon mee willen met de tijd moeten ze zwaar investeren, met de bijbehorende afbetalingsdruk. De stress is groot. Velen hebben het echt moeilijk om de eindjes aan elkaar te knopen.'

Hoever moet of kan de boer meegaan met de kennismaatschappij? Moet zijn bedrijf helemaal gecomputeriseerd en gedigitaliseerd worden? Die zogeheten modernisering is een gevaarlijke valkuil. De Agricallman schetst een voorbeeld:

'Onlangs meldde zich een tuinbouwer. Veertien jaar geleden had hij beslist zijn serres en zijn sproei-installaties te vernieuwen. Dat was op dat ogenblik echt nodig, en daarenboven ging het zijn bedrijf voor de wind: het was nu of nooit. Maar tijdens de uitvoering van de werken raakte zijn bedrijf geleidelijk achterop. Precies door de vernieuwing van de serres konden die niet op volle toeren draaien en ging de productie achteruit. Zo kwam de tuinbouwer in een vicieuze cirkel terecht. Het duurde anderhalf jaar vooraleer hij zijn bedrijfje opnieuw op peil kreeg. Maar ondertussen was hij een resem klanten kwijtgespeeld: tijdens de werken had hij immers niet genoeg kunnen produceren. Hij moest dus zijn klantenbestand opnieuw van nul af aan opbouwen. Dat verliep niet echt vlot, en tot overmaat van ramp was intussen de klad in de markt gekomen. De vraag naar zijn groenten was sterk gedaald.'

Zijn dit toestanden van honderd jaar geleden of van de derde wereld? Net zoals de Aziaten en de Afrikanen werkte onze tuinder vaak voor een bescheiden loon, zeven dagen op zeven, en dat terwijl de schulden zich opstapelden.

Sigert Vandenberghe: 'De mensen proberen vaak heel kranig te zijn, te vechten tegen hun problemen. Ze proberen hard te werken om er opnieuw bovenop te raken. Ze houden dat een tijdje vol. Wanneer ze dan zien dat de situatie niet verandert, dan zeggen ze: "Ik zie het niet meer zitten." Ik moet iets anders verzinnen want zo kan het niet blijven duren. Het jaarlijkse dieptepunt in het boerenbestaan ligt ergens rond Nieuwjaar. Rond de overgang van oud naar nieuw maakt de boer zijn jaarlijkse balans op. Als die negatief uitvalt, wordt er gebeld.

Doorgaans grijpen de mensen niet meteen naar de telefoon. Eerst proberen ze weerstand te bieden, de moeilijkheden in te schatten. Pas als de strijd gestreden en verloren is, nemen ze contact op. Ze zoeken hulp als de gevolgen beginnen door te wegen. Sommige boeren doen het goed, maar met de meerderheid is het maar pover gesteld. Het inkomen in de land- en tuinbouw daalt in vergelijking met de andere sectoren. Het enige wat de mensen in een moeilijke situatie doen, is steeds harder en harder gaan werken. Er heerst een mentaliteit van: 'Ik mag geen tijd voor mezelf nemen.' En dan hoor je jongeren zeggen dat ze misschien eerst wel van plan waren de boerderij van hun ouders over te nemen, maar dat ze geleidelijk die ambitie voelen wegebben.'

De meeste boeren zoeken ook niet naar alternatieven. Sommige problemen zíjn eenvoudigweg niet op te lossen. Vandenberghe: 'Wat we dan wel kunnen doen? We proberen de mensen te steunen, we helpen hen de moeilijkheden te dragen. Ze zijn al blij dat er iemand naar hen luistert. Het zorgt voor een beetje opluchting maar het lost niets op.'

Of het nu schepen, hoogovens, druiven of rode kolen zijn, ze behoren tot een afgesloten tijdperk. In de globale wereld moet de werknemer zo goedkoop mogelijk zijn. De ondernemer moet over grenzeloze kapitalen beschikken om zich over de hele wereld te doen gelden. De kleine boer probeert twee rollen te spelen: die van ondernemer en die van werknemer. En dat is veel voor één mens...

'Het gebeurt tegenwoordig vaak dat mensen hun bedrijf opdoeken. Zo hebben we een boer onder onze 'klanten' die vrachtwagenchauffeur geworden is. Soms gaan ze ook bijscholing volgen.'

Helpt het dat je als boer in de cabine van een vrachtwagen kruipt? Van een honkvaste landbouwer die zich één voelt met zijn land en met zijn dieren naar de meest mobiele job die er is. Bestaat er een duidelijker voorbeeld van 'ontworteling'?

'De fameuze landbouwsubsidies zijn broodnodig. Ik denk dat het zonder die subsidies voor de land- en tuinbouwers heel moeilijk zou zijn om te overleven. In Vlaanderen verdwijnen er nu al jaarlijks honderden landbouwbedrijven. Alleen al vorig jaar zijn er meer dan 1.000 boeren gestopt of over de kop gegaan. Ik schat dat er nog 1 procent van de Belgische beroepsbevolking aan het boeren is. Het is wel zo dat er nog altijd jonge boeren zijn die een bedrijf willen overnemen of opstarten: jonge, gemotiveerde kandidaat-boeren zijn er nog genoeg. Het zijn de *boerderijen* die momenteel ontbreken. En intussen blijven de grote bedrijven groeien.'

Ondertussen stijgt ook het aantal kreten om hulp. De problemen bij de boeren nemen toe, de begeleidingen van Agricall dus ook. De instelling werkt efficiënt, blijkbaar: van de mensen die er een beroep op hebben gedaan, is er geen enkele die achteraf een wanhoopsdaad heeft gepleegd. Wat wel vreemd is, is het geringe aantal landbouwers dat zijn nood komt klagen en om begeleiding vraagt.

Vandenberghe: 'De eerste helft van dit jaar hebben we ongeveer twintig gezinnen begeleid. Het lijkt weinig, maar dat is slechts schijn:

bij die twintig begeleidingen komt heel wat kijken, het is een zeer arbeidsintensieve aanpak. Er zijn begeleidingen die langer dan een jaar duren. Daarbij gaat het dan meestal om mensen die met verscheidene problemen zitten. Het duurt ook lang als het om juridische klachten gaat.

We krijgen ook indirecte oproepen. Zo heb ik zelf meegemaakt dat iemand van de mestbank belde en een persoon signaleerde die een fikse boete had opgelopen omdat hij allerlei regels had overtreden. Die persoon had er aan de telefoon mee gedreigd zelfmoord te plegen. Wij moeten dan proberen de ernst van de situatie in te schatten. De ervaring heeft ons geleerd dat er een reeks criteria bestaan om in te schatten hoe ernstig het risico is. Als die mensen in het verleden al geprobeerd hebben een einde aan hun leven te maken, dan is het heel duidelijk dat het om een ernstig risico gaat.'

De leeftijd van de 'wanhopigen' schommelt sterk. Er zijn heel jonge mensen bij, maar ook vijftigers. De gemiddelde leeftijd ligt rond de 45. Wat moeten ze daarna gaan doen? Afhaken is het einde van een bikkelhard maar bekend bestaan, en voor alternatieven reikt hun fantasie vaak niet ver genoeg. Een oplossing ligt niet bepaald voor de hand.

De logica van de Boerenbond

Het ligt voor de hand dat landbouworganisaties zoals de Belgische Boerenbond het lot van de boeren vanuit een heel ander perspectief bekijken. Roger Saenen is adjunct-algemeen secretaris van de Boerenbond, maar in de eerste plaats is hij de woordvoerder. Het eerste waar hij mee aan komt dragen, is een argument dat voor mij al een halve eeuw meegaat: gom de boeren uit, en ons eten verdwijnt met hen. Een taaie herinnering aan de twee wereldoorlogen uit de voorbije eeuw, overgeleverd van ouders op kinderen. Schaarste wordt in oorlogstijd al snel honger. Een continent dat zoveel oorlogen heeft meegemaakt wil ook als er geschoten en gebombardeerd wordt iets op tafel hebben. En de redding schuilt dan in de hoeve aan het einde van de eigen straat: als er gevaar dreigt, wordt de boer een koning.

'We zullen altijd moeten eten, hé?' merkt Saenen monter op bij de kennismaking. Zijn vriendelijke, uitnodigende gezicht blaakt van de verwondering. 'Hoe kan iemand zoiets evidents in twijfel trekken?' Roger Saenen zit op de hoogste verdieping van het Boerenbondgebouw aan de Diestsevest in Leuven. Een modern, ruim, hel verlicht kantoor met grote ramen. Hij is een rustige man ergens tussen vijftig en zestig, met een zelfzekere glimlach. Als getalenteerd woordvoerder heeft hij zonder twijfel ook zichzelf weten te overtuigen van de rist argumenten waarmee hij de boerenstand een riante toekomst voorspelt.

Elk jaar vloeien er boeren af, maar dat verontrust de woordvoerder nauwelijks. Rekening houdend met de vergrijzing of de 'verkaling' die ook op de akkers toeslaat, vindt de woordvoerder het vrij normaal dat elk jaar zo'n 3,33 procent van de landbouwers het voor bekeken houdt. Als die niet vervangen worden, dunt het boerenheer steeds verder uit. Zegt Saenen:

'Het probleem is dat er weinig opvolgers zijn. Maar misschien is dat ook weer geen probleem. Want je moet *een jonge mens* niet in een baan stoppen die niet rendabel is.'

Zoals Saenen het ziet, verdwijnt het geld van de boeren steeds verder in de zakken van de consumenten.

'De voedselgrondstoffen worden steeds goedkoper voor de verbruiker. Vijftien jaar geleden kostte 1 kilo tarwe nog 23 eurocent. Nu is dat nog slechts 10 eurocent. Hoe valt dat op te vangen? Door steeds meer te produceren met minder mensen. Dat heet *schaalvergroting*.' De Boerenbond stelt met voldoening vast dat de bewerkte oppervlakte even groot blijft, ook als het aantal boeren blijft slinken. 'Vandaag komen we steeds vaker het eenmansbedrijf tegen. De man of de vrouw doet dan de hoeve en de partner gaat uit werken.'

Hij zoekt dan een baan bij BASF of gaat aan auto's sleutelen bij Ford. Misschien wordt hij trucker. Het is ook mogelijk dat hij nog iets van zijn boerenillusie kan redden als hij knecht wordt bij een bakker. Dan kan hij nog de geur opsnuiven van de producten die hij vroeger over zijn land uitzaaide. Hij kan er zich mee troosten dat hij niet nog meer zal werken voor minder loon. Hoewel: hoe voelt een boer zich achter het stuur van een vrachtwagen, rijdend door Europa? Op weg naar

Berlijn of naar Sarajevo, naar Parijs of naar Toulouse, met permanente slaperigheid in de ogen en pijn in de rug? Van de vertrouwde akker naar de onbekende snelweg: het is een oplossing voor de boerenwerkloosheid. Is dat de bedoeling? Om het even welk werk voor om het even welke werkloze? Is het de bedoeling dat je maar bezig bent? Boeren worden geleidelijk omgeturnd (neen, niet omgeschoold) tot gewone arbeiders. Is dat een van de methodes om de lonen naar beneden te schroeven? Hun standing gaat stelselmatig naar beneden. Roger Saenen weet het maar al te best, maar hij verwoordt het vakkundig:

'Als je van naderbij gaat kijken dan merk je dat de daling van de werkgelegenheid in de landbouw zwaar gecompenseerd wordt door die in de para-agrarische sector. Dat is loonwerk. Op de grote hoeven gaat men het ploegen, inzaaien en oogsten steeds meer uitbesteden aan loonwerkers.'

Het landbouwerskarakter wordt secuur van zijn status ontdaan. De boer wordt geschild als een appel. Het lijkt niet veel verschil uit te maken of hij nu landbouwer blijft of loonwerker wordt. Vandaag hier ploegen, morgen daar zaaien en over vijf maanden ergens anders maaien. Overal waar het nodig is, en altijd op andermans land. Coöperatieven doen het collectieve boerenwerk. Terwijl ze graan en groenten verkopen, ontfermen ze zich meteen ook over de zuivel: ook boter komt uit de coöperatief. Volgens de woordvoerder is de landbouw op die manier mee met zijn tijd. Want vergeet niet:

'Coöperatieven zijn bedrijven die eigendom zijn van de boeren. De Mechelse Tuinbouwveiling, meteen de grootste van Europa, is eigendom van 5.000 Vlaamse groentetelers. Zij zijn de enige aandeelhouders.'

De boer zit stevig in de handen van enkele multinationals:

'Aardappelen is contractteelt geworden. Grote frieten- en chipsbedrijven hebben de hele sector in handen.'

Het Amerikaanse magazine *Newsweek* heeft in de zomer van 2005 een hoofdartikel gepubliceerd met als titel 'Back to Nature' waarin Europa, met zijn slinkende en vergrijzende bevolking de raad krijgt het landschap te laten verwilderen en van ons continent één groot natuurgebied te maken. Volgens *Newsweek* zijn de wolven weldra terug in Europa. Hun voorhoede heeft zich al gemeld langs de grens van Polen met Duitsland. De eerste wolvenroedel heeft zich aan de Neisse al geïnstalleerd, en er zijn tekenen van nieuwe bendes die zich aan het vormen zijn. De verwildering van het Oost-Saksische landbouwgebied heeft er aanleiding toe gegeven. Het Amerikaanse weekblad heeft het dorp Hoyerswerda ontdekt, met de snelst krimpende bevolking van Duitsland. Over heel Europa bekeken gaat het Oude Continent weldra een derde van zijn landelijke bevolking kwijtgeraakt zijn.

Landelijk Europa wordt weldra, in de ogen van de *Newsweek*-verslaggevers tenminste, een groene oase waar voortaan alleen nog vakantiehuisjes worden geplant en waar vakantiegangers als hobby een miniwijngaard kunnen cultiveren. Een slok van eigen wijn voor het slapengaan: kan het mooier? Een Amerikaanse oplossing voor de Europese werkloosheid: wacht gewoon tot ze verder uitsterven.

Roger Saenen lacht de *Newsweek*-reportage weg:

'Je kan met een zak melkpoeder drie keer rond de wereld rijden en het nog altijd voor vers verkopen. Maar je moet dat maar eens proberen met een krop sla. Groenten die in België voortgebracht zijn, worden geconsumeerd en verwerkt in een straal van 250 kilometer rond Brussel. Binnen die straal raken we drie vierde van onze afzet kwijt. Mensen vragen steeds meer naar vers.'

En toch: onze boeren slagen er niet in hun groenten en graan even goedkoop te produceren als landen in de Afrikaanse derde wereld. In Europa kost een ton witte suiker ongeveer 675 euro; de derde wereld vraagt er 285 euro voor. Van de 20 miljoen ton voortgebrachte witte suiker verbruikt Europa zelf 16 ton. De rest wordt op de wereldmarkt uitgekieperd, gedumpt met exportsubsidies. En de boer, die wordt er echt niet rijker van: het zijn de grote landbouwbedrijven die de subsidies inpikken. Het aandeel van de landbouwer in het Europese subsidiemanna valt gewoonlijk nogal bescheiden uit.

Waarom zou je dan nog boeren in Europa? Eigenlijk zijn ze erger dan levenslange werklozen. Je tobt en werkt je te pletter, en je verdient amper of zelfs helemaal niet meer de kost, tenzij met subsidies. Als werkloze hoef je niet eens meer buiten de deur te komen om je uitkering op te strijken. Schenk dan liever een paar boerengezinnen aan elke stedelijke gemeente: die kunnen die gezinnen ophokken in een fascinerend soort Bokrijk met live demonstraties, diashows en videoattracties. Onze kinderen mogen weten hoe het hier vroeger was. De boeren zijn dan staatsbedienden en ontvangen een zuinig maar fatsoenlijk loon. Stijn Streuvels zal opnieuw gelezen worden. Wie Streuvels is? Ja, zover is het al gekomen. Wat doet een boer in onze kennis- en dienstenmaatschappij nog? Auto's, lingerie, medicijnen, speelgoed en dvd-recorders laten we door goedkope Aziaten vervaardigen. Waarom stoppen we dan geen zaaigraan en plantgoed in de handen van zwarte mensen? Gaat de Europese eenmaking dan toch enkel en alleen door de maag?

Het hangt er natuurlijk allemaal van af hoe je de kosten bekijkt en berekent. Volgens Tony Blair vreten de boeren Europa kaal. Ze vormen 5 procent van de Europese bevolking en ze gaan aan de haal met 45 procent van de Europese begroting. Dat zegt de socialistische premier van Groot-Brittannië. De Boerenbond heeft zo zijn eigen rekenmethode:

'Eigenlijk zouden de boeren 100 procent van die Europese begroting moeten krijgen!', meent Roger Saenen. 'Het is de enige begroting voor de 25 lidstaten die Europa voor elkaar heeft gekregen; alle andere budgetten zoals cultuur, defensie, opvoeding zijn allemaal nationaal gebleven. Wie al die budgetten van de Europese lidstaten samentelt, zal tot de conclusie komen dat de landbouw het met slechts 2 procent van dat geheel moet rooien. De landbouwers vormen 5 procent van de Europese bevolking maar nemen vrede met slechts 2 procent van de Europese besteding.'

U ziet: een kwestie van gesofistikeerde rekenkunde. En Saenen is een meester in het vak: 'Ons voedsel is enorm goedkoop geworden. Toen ik in de jaren zestig en zeventig economie studeerde, besteedde een gemiddeld gezin 36 à 38 procent van zijn inkomen aan voedsel en drank. Dat is nu 12 procent geworden. Trek daar nog de drank van af en we geven slechts 6 à 7 procent van ons inkomen uit aan voeding.'

Saenen aarzelt niet om in de aanval te gaan:

'Willen we goedkoop voedsel, goedkoop textiel op de kap van mensen die we uitbuiten? Neen toch! Dat doen we toch niet.'

Vreemd, miljoenen verre Chinezen maar ook miljoenen dichtbije Roemenen, Polen en Hongaren werken zich te pletter om ons goedkoop comfort te bezorgen. Als dat geen uitbuiten is! Maar er komt geen klacht over onze lippen. Geen schaamrood om enige 'uitbuiting'. Boerenbondgoeroe Saenen vindt het nog zo gek niet als zwarte boeren in een eigen soort protectionisme worden opgesloten:

'Geef de mensen in Afrika het recht om hun grenzen af te sluiten. Protectionisme, ja! Laat ze hun grenzen afsluiten tegen import die ze niet nodig hebben. Zo kunnen ze een eigen economie opstarten. Laat de Afrikaanse boer zijn eigen melk produceren. Wij in Europa kunnen dat voor 30 eurocent voor een liter. Een Nieuw-Zeelandse landbouwer kan dat voor 20 eurocent per liter. Een Afrikaanse collega gaat daar waarschijnlijk een halve euro voor nodig hebben. Hij bewerkt een kleinere oppervlakte zonder de moderne technologie. Dus: gun die boeren een overgangsfase.'

Een Boerenbondpleidooi voor protectionisme: dé hinderpaal op de steile weg naar de globalisering. Wij willen over heel de wereld produceren en verkopen, de zwartjes sluiten we op in een agrarisch protectionismereservaat. Het gaat hem daarenboven om een zeer apart protectionisme: het komt er niet zozeer op aan om de Afrikanen tegen ons te beschermen. Hun protectionisme moet vooral de zwarten van óns lijf houden. Geen goedkope zwarte concurrenten op onze blanke markt: daar komt het ten slotte op neer. Hoe die Afrikanen het, dankzij hun protectionisme, gaan rooien in hun landbouwreservaat, is in wezen ónze zorg niet. Als we er maar van af raken. Welke Afrikaan zal melk kunnen kopen die een halve euro per liter kost? Hoe gaan ze dan uit de put van hun achterstand klimmen? Want dan stoppen natuurlijk ook de Unesco parachutedroppings van voedsel en medicijnen. Dat de derde wereld het binnen zijn protectionistische gevangenis niet onder de markt zal hebben, geeft Saenen ruiterlijk toe:

'In Latijns-Amerika en in het Afrika ten zuiden van de Sahara liggen uitgestrekte grondreserves, maar ze zijn ofwel onbereikbaar (er loopt geen weg over de Andes), of ze zijn nagenoeg onvruchtbaar. De

Afrikanen hebben hun gronden de voorbije honderd jaar niet meer bemest!'

Wie zal dan de steeds dichter bevolkte wereld voeden? En aangroeien, dat doet de wereldbevolking in een buitensporig tempo. Zegt de woordvoerder:

'De wereldbevolking groeit aan en in delen van de wereld, bijvoorbeeld in Zuidoost-Azië, stijgt ook de koopkracht. De mensen gaan er steeds meer voedsel kopen. We hebben uitgerekend dat er over tien à vijftien jaar 1 miljard ton graan méér moet worden voortgebracht dan op dit ogenblik. Vermoedelijk zal 80 procent van dat supplementaire 1 miljard ton graan in de geïndustrialiseerde landen moeten worden geproduceerd. Het zou dus een doodzonde zijn als we hier de landbouw zouden afbouwen. We hebben de vruchtbaarste grond!'

Dank zij die té dure Afrikaanse boer zal de wereld op het Westen aangewezen blijven om zijn inwoners te voeden. Wij halen wel de markt met onze subsidies. Roger Saenen:

'De boer moet centen toegeschoven krijgen om twee redenen. Ten eerste gaat het om globale subsidies die hem toelaten om de dalende prijzen op de wereldmarkt te compenseren. Ten tweede moet de boer subsidies krijgen voor diensten aan de maatschappij. Hij onderhoudt tenslotte het landschap, hij onderhoudt de open ruimten, hij ruimt de beken en knipt de knotwilgen kort.'

De burger – de klant dus – betaalt de boer om 's anderendaags goedkoper naar de markt te kunnen gaan. En we betalen de boer ook voor het knippen van zijn haag en voor het netjes houden van zijn beek. Het kort houden van het gras in de weiden wordt echter overgelaten aan de runderen en de schapen. Ook voor hen subsidies, misschien? Om nog eens extra duidelijk te maken hoe goedkoop een boer wel is, merkt Roger Saenen op hoe krom de prijzenpolitiek eigenlijk is: 'Een brood snijden kost meer dan het graan dat erin zit', zegt hij met passende ironie. Woordvoerder Saenen is niet zo maar een woordvoerder. Hij is een kei in het vak. Een man die voor alle situaties een klare illustratie tevoorschijn tovert. Wist u bijvoorbeeld dat de boer niet alleen onze landschappen beheert, maar dat hij ook mee voor de Kyotonormen zorgt?

'Weet u dat een hectare suikerbieten meer luchtzuiverende kracht bezit dan een hectare bos? En dan die 30 miljoen kippen in ons land: wie gaat die ooit opeten? Als elke Belg morgen één ei wil eten, dan moeten we vandaag 10 miljoen kippen aan het leggen hebben, hé! En dan de melk? Voor een liter betalen we 48 eurocent. Maar wat kost een liter Yakult? 10 euro.' De prijzen worden dus artificieel opgevoerd door de verwerkende industrie. Saenen: 'Vergelijk ook de prijs van een krop sla met van die verknipte sla-assortimenten in plastic zakjes. In de veiling kost een krop sla van 400 gram een halve euro. Een zakje van 200 gram met voorgesneden sla kost 10 à 14 euro per kilogram in de warenhuizen. In zo'n zakje krijg ik dan wel een mooie mengeling met veel kleurtjes. Als tweeverdieners na een lange werkdag thuiskomen, grijpen ze naar een kant-en-klare maaltijd en mikken die in de magnetron. Daarop willen wij inspelen: dat wordt dé oplossing voor de Vlaamse landbouw.'

Keer op keer toont Saenen aan hoe goedkoop de grondstoffen wel zijn en hoe godgeklaagd duur alles is wat ermee gemaakt wordt. Helaas, voor die zogeheten 'meerwaarde' van zijn groenten kan een boer ook niet zelf zorgen: dat is het werk van coöperaties. De boer staat dus in voor de goedkope versheid van zijn producten en de coöperatie maakt werk van de dure 'meerwaarde'.

Hoe maakt de boer zich ooit los uit de greep van zijn zwoegende bestaan? Hij lijkt wel een goudzoeker die alleen de kostbare korrels mag opdelven terwijl anderen er peperdure juwelen van maken. Hij is de mijnwerker van de 21ste eeuw die zich al zwetend en zwoegend door zijn zware dagen ploetert. Hij valt nauwelijks om te scholen. Wat moet er met hem gebeuren?

Nu de petroleum in zo'n razend tempo wordt verbruikt, een tempo dat elke dag toeneemt nu China en India en andere 'aankomende' ontwikkelingslanden zich in de industriële ratrace hebben gestort, stijgt de prijs van het kostbare goedje angstwekkend. Sommige landbouwers zien daarom wel een toekomst als bioboer… De boeren die weldra de hernieuwbare brandstof voor onze auto's willen leveren maken zich ook illusies. Eén hectare koolzaad is goed voor 4.000 liter ruwe olie.

Eén keer per jaar zal dat lukken. Maar hoeveel duizenden hectaren heeft een boer nodig om zijn eigen tankstationnetje op te zetten? Waar liggen die onmetelijk uitgestrekte stukken akkerland? Met hoeveel man gaat de boer die bewerken? En voor we het vergeten: er zit ook biogas in zijn varkensmest. Prima voor de stroomvoorziening. Zelfs de Boerenbond houdt er de moed in. In de Gentse kanaalzone gaat de landbouworganisatie, samen met een veevoederbedrijf, een fabriek voor bio-ethanol opstarten. Maar wie zal de boetes betalen van de boer die zoveel mogelijk varkensmest uit zijn dieren perst? Zelfs voor woordvoerder Saenen is het niet al goud wat blinkt:

'We gaan nu naar een combinatie van minder boeren, grotere boeren met een grote *outsourcing* van arbeid.'

Het boerenwerk wordt dus in kleine pakketjes verdeeld over een leger van loonwerkers. Maar dat zijn geen boeren. Er is nog alleen ruimte voor één soort boer: de landbouwerondernemer. De gestudeerde agrariër die achter zijn computer zijn bedrijf bestuurt. Zijn hoeve als bedrijf, ja dat kan. Wie zal dat betalen?

De woordvoerder kan het bijzonder bemoedigend formuleren:

'Vroeger werd de domste zoon boer. De slimste ging studeren. Nu is het de omgekeerde wereld: de slimste van de kinderen, die met het zwaarste diploma, die wordt boer.'

Boeren met de computer. De ouderwetse landbouwer is uit het Paradijs gestoten: hij heeft van de onverkoopbare vrucht gegeten. Hij komt terecht in de kenniseconomie en heet niet meer 'boer', maar 'manager'.

De boer is geliquideerd.

7

De Slimste Mensen

Twee tv-seizoenen lang (2004 en 2005) heeft cineast annex quizmaster Erik Van Looy ze onder zijn hoede gehad: *De Slimste Mens(en) ter Wereld* op *Eén*. Ze varieerden van de vlugge stand-upcomedian Wouter Deprez tot Greet Op de Beeck, de knappe en vlugge radioredactrice. Dag en nacht hadden ze hun hersens volgepropt met wetenschappelijke feitjes en met duizenden faits divers. En die hersens waren lekvrij gebleken: ze hielden hun kostbare gelegenheidskennis vast tot ze die konden uitstorten voor de camera's. En toch, ondanks hun spectaculaire prestaties was hun geleerdheid beperkt gebleven tot een showelement in een daverend ontspanningsprogramma op de televisie.

Hoe vreemd het ook mag klinken, er is een parallel te trekken tussen de slimste mensen op *Eén* en die van de Leuvense universiteit in Heverlee. Meer dan 1500 scherpe breinen zijn er samengebracht in een bedrijf dat Imec heet. Imec staat dan voor 'Interuniversitair Micro Elektronica Center'. Maar terwijl de tv-breinen de massa verbaasden en aan het lachen brachten, zijn die van Imec bezig met het scheppen van een verstandige omgeving, een kennismaatschappij voor de mens van morgen. Een leefwereld voor onze kinderen, waar wij nu al een voorsmaakje van krijgen. Want wanneer begint morgen eigenlijk?

De eerste slimmerds: Imec

De quizmaster van Imec is Eric Daenen, een gezellige, glunderende man. Het is ook hij die de vragen stelt: hij is nu eenmaal de Human Resources Manager. En het is hij die de goede antwoorden verwacht. Wie tekort schiet, valt af, zoals op tv. Maar daar houdt de vergelijking op: wie solliciteert bij Imec wil wel degelijk tot *de slimste mensen* behoren. En er wordt in het bedrijf ook heel wat minder afgelachen dan in de tv-studio. Er is wel een prijs. Die bestaat uit een optelling van kleinere overwinningen, en heet kennismaatschappij. Er staat geen datum op de uitreiking van die prijs. Hij wordt in kleine stukjes toegekend. Zegt Eric Daenen:

'We willen onderzoek doen dat drie tot tien jaar vooruitloopt op de industriële toepassingen.'

Zij zaaien het zaad voor de kennistoekomst. Het bedrijf wil de brug zijn tussen de universiteit en het bedrijfsleven. De kennis moet vanuit de campussen nog warm doorstromen naar de werkvloer. Geen geringe ambitie.

'De enige ambitie die nog toelaatbaar is als we over een aantal jaren nog willen meespelen in de nieuwe wereld', zeggen de enthousiastelingen die aan de projecten meewerken. Ze moeten dagelijks de grootste bekoring vermijden: ze mogen nooit in een soort futurologie vervallen. De HRM weet het maar al te goed:

'Ons resultaat moet bruikbaar zijn voor het bedrijfsleven. We doen niet aan futurologie. We zijn voor een groot deel afhankelijk van de inkomsten uit ons onderzoek, en het bedrijfsleven moet bereid zijn daarvoor geld op tafel te leggen. Het zijn de bedrijven die zeggen: "We willen de komende jaren met Imec samenwerken, omdat we geloven dat die onderzoeksinstelling ons technologie voor de toekomst ter beschikking zal stellen".'

In een wereld van doorgedreven miniaturisering heeft Imec zich op de ontwikkeling van het allerkleinste gestort. Haar logo is een geïntegreerde schakeling en het sleutelwoord is *nano*. Nano staat, volgens de onfeilbare van Dale, voor het miljardste deel. De Imeclui buigen zich dus over de wereld van het nauwelijks zichtbare. Wanneer we weldra onze gsm wegstoppen in onze oorholte en hem direct activeren met onze hersenen, dan ligt dat in de lijn van de experimenten van Imec.

Als jargon zoals *clean room* of *elektro-encefalogrammodule* niet meteen tot uw verbeelding spreken en als *immersielithografie* geen dagelijks onderwerp is aan uw koffietafel, heb dan maar een blind vertrouwen in wat de bollebozen in het groen van Heverlee uitspoken. Bent u een computerfreak en bezit u ook een *memory stick* van vier centimeter lang die 36.000 tekstpagina's of 800 digitale foto's kan slikken, dan zit u meteen op het spoor van Imecs activiteiten. Maar hun opzoekingen en uitvindingen richten zich ook op kwalen als de ziekte van Alzheimer of Parkinson. En vergeet ook de zonnecellen niet: over enkele decennia zullen ze een substantieel deel van onze kwistig verbruikte olie moeten vervangen. Alleen zijn die zonnecellen momenteel veel te duur, en werkt Imec aan een betaalbare versie. Het eigentijdse nut van de experimenten zal waarschijnlijk niemand ontgaan. De firma is niet zomaar een bedrijf met een doel: ze meet zich meteen een missie aan. Een *zending*, daar gaat het om.

Het witte bedrijfje met binnenin zijn witte mannen en vrouwen in het schaduwrijke Heverlee doet nergens aan industrie denken. Geen rokende schouwen, geen vervuilde beken, geen stampende machines. Overal rondom heerst de landelijke stilte van kwetterende vogels. Kraakhelder ligt het bedrijf ingebed in het groen van zijn omgeving. Rust is het codewoord van een milieu waar de toekomst ontstaat en groeit. De lange, witte gangen waardoor de 1530 medewerkers zich dagelijks bewegen hebben meer weg van een klooster voor mediterende monniken dan van een centrum voor toekomstgerichte technologieën. Misschien is de vergelijking niet écht ver gezocht. Tenslotte staat het ononderbroken denkwerk dat er verricht wordt niet zo ver van wetenschappelijke meditatie. Doordenken tot het licht schijnt. Vóór wie en mét wie werken ze bij Imec samen aan die betere, nieuwe wereld?

Eric Daenen: 'Wij bepalen het programma, en de bedrijven stappen erin. Heel wat concurrerende bedrijven stappen in hetzelfde programma. Philips, Intel, Samsung enzovoort. Ze hebben allemaal mensen die hier met onze onderzoekers samenwerken. Hun concurrentie zit dan in de concrete toepassing die ze ervan maken. Wij werken onder meer op chips, dat zijn geïntegreerde schakelingen die een heleboel functies hebben. En er is een wet die zegt dat die schakelingen altijd maar kleiner worden. En dat gaat naar nano! Dat is het soort onderzoek dat we hier doen. Het is heel duur, er is zeer geavanceerde apparatuur voor nodig en ook heel gespecialiseerde kennis. De bedrijven zelf beschikken individueel niet over die kennis. Het zou voor hen veel te duur zijn om dat allemaal zélf op poten te zetten. Ze hebben er ook niet de tijd voor.'

Dat is met andere woorden de vondst van Imec: dingen doen voor een hele rist (betalende) bedrijven die er elk voor zich niet het geld en de tijd willen instoppen. Die bedrijven hebben hun eigen cliënteel en de apparatuur die ze vervaardigen heeft dus een eigen doelgroep. De bedrijven geven aan hun specifieke producten een eigen voorkomen en eigen mogelijkheden die niet verward zullen worden met de kenmerken van de concurrentie. De concurrentie zit 'm dus in de differentiatie. Toch hebben ze allen uit dezelfde bron geput, en die bron welt op in Heverlee. Het is dan aan Imec om steeds over de allerlaatste nieuwe apparatuur te beschikken. En dat kost bergen geld. Maar elk van de bedrijven betaalt een schep van die bergen geld. En dan zijn er nog de jaarlijkse subsidies van de Vlaamse overheid. Imec is immers een paradepaardje van de Vlaamse Gemeenschap. En over geld gesproken: chips moeten ontworpen worden in maximaal stofvrije ruimten, de fameuze *clean rooms* waar al die witte mannen en vrouwen actief zijn. In die labs mogen per kubieke meter lucht hooguit 35 microscopische stofdeeltjes (van 5 μm) aanwezig zijn. Niet onder de indruk? Dan slaat de prijs misschien wel aan. Eric Daenen fluistert het bedrag alsof hij een beroepsgeheim verklapt:

'We hebben hier een uitbreiding met een nieuwe *clean room* voor een nieuwe generatie van geïntegreerde schakelingen. Dat gaat dan toch weer om een investering van ongeveer 400 miljoen euro.'

Tel daar de hersenkracht van 48 verschillende nationaliteiten medewerkers bij die gemiddeld 34 jaar 'oud' zijn, en je merkt meteen dat het bedrijf een patent heeft op de eeuwige jeugd. Daar blijft het trouwens niet bij. In 2004 werden er 68 patentaanvragen op evenveel uitvindingen ingediend. 51 ervan werden ook daadwerkelijk met een patent beloond. Waarschijnlijk is dat de meest overtuigende demonstratie van opgehoopte competentie die in het onderzoekscentrum is samengebracht.

Daenen: 'Om welke competentie gaat het dan? Het gaat om iets wat niet zo maar transplanteerbaar of kopieerbaar is op andere plaatsen door andere bedrijven. Dan hebben we het enerzijds over de kennis, over de expertise: hier is een kritische massa van hooggeschoolde geesten aan het werk. En wat de investeringen betreft is er gekozen voor technologie die niet gemakkelijk te kopiëren valt. De installaties, heel de infrastructuur bestaat uit nauwelijks na te bootsen elementen. Misschien is er in Europa nog één soortgelijk bedrijf, in Frankrijk. En dan is er ook nog één in de VS en eentje in Japan. En dat is het dan.'

Dat zeldzame en unieke kwam niet uit de lucht gevallen: er is bewust naar gestreefd. Imec is de locomotief van de wetenschappelijke hogesnelheidstrein, die België de nieuwe eeuw intrekt. Onze 600.000 werklozen hangen er langs de buitenzijde aan. Een beetje zoals in India, waar trossen gratis reizigers aan de treinen klitten. Maar die gaan wel veel trager. Hier dreigen ze eraf te vliegen eens dat de wetenschappelijke HST op volle snelheid loopt.

'Het opzet van Imec is om van Europa tegen 2010 een prominente kennisregio te maken', doceert Daenen. Wie voor Imec werkt, moet niet alleen een fris, goedgevuld en tevens wijd open brein ter beschikking hebben. Het moet ook klikken met de vele andere culturen die hij of zij in de nieuwe omgeving naast zich krijgt. Firma's met wereldfaam sturen hun toponderzoekers naar Heverlee waar ze met de mensen van Imec spitse oplossingen voor nieuwe problemen in de elektronica zoeken. Dat zijn de residenten. Ze blijven er een paar jaar, op kosten van hun eigen bedrijf, werken tussendoor misschien aan een doctoraat, en keren daarna terug naar hun thuisbasis met nieuwe kennis op zak. Want dát is de sterkte van Imec: kennis leveren tegen betaling. Een lange rustige loopbaan zal je bij Imec niet zoeken of vinden. Tijdens hun relatief kortstondig verblijf bij Imec kan het dan nog gebeuren dat onderzoekers op een dood spoor terechtkomen. Dan moeten ze flexibel genoeg zijn om zich in een ander researchteam te laten inlijven. Het is een uitdaging die waarschijnlijk heel wat frustratie losmaakt bij de betrokkenen.

Maar dat ongenoegen mag nooit opwegen tegen de uitdaging, zegt Daenen:

'Wij werken per definitie met tijdelijke contracten voor onderzoekers. Op het ogenblik dat een onderzoeker begint is het altijd afwachten of daar een contract voor onbepaalde duur inzit. Je weet niet vooraf of de persoon iemand zal zijn met een flexibele aard. Dat verklaart waarom in de onderzoeksafdelingen 45 procent van het personeel een contract van bepaalde duur op zak heeft. Het zijn dus tijdelijken.'

Een permanent op scherp staand verstand en een leven met twee- à driejaarlijkse opdrachten bezorgt wel degelijk een paspoort naar een hedendaags professioneel bestaan. Als het Westen zijn nu nog reële voorsprong op de ontwikkelingswereld wil behouden, dan moet daar dringend in geïnvesteerd worden. Het aantal universitairen in landen zoals India en China neemt met sprongen toe, maar er zijn (gelukkig voor ons?) nog hinderpalen waar de *brains* uit de ontwikkelingslanden mee te kampen hebben.

Eric Daenen citeert uit een rapport van McKinsey.

'McKinsey heeft vastgesteld dat van die grote pool aan universitairen in de lagelonenlanden slechts een beperkt aantal effectief inzetbaar is. Ze bezitten bijvoorbeeld onvoldoende taalkennis en ze wonen niet allemaal in de streken waar de bedrijven zich vestigen, vooral rond de grote steden. Van het grote aantal universitairen uit de derde wereld komt maar een beperkt percentage aan de bak. Hun aantal wordt op zo'n 15 à 20 procent geschat.

Om in onze kenniswereld mee te draaien is er trouwens veel meer nodig dan een universitair diploma. Het onderzoek dat hier plaatsvindt, kan je slechts doen in een infrastructuur die al uitgebouwd is. Een groot land, zoals China of India, zal wel de middelen hebben om te investeren (om bijvoorbeeld een *clean room* te bouwen) maar het zal het uiteindelijk niet doen als het niet in staat is er de nodige expertise in te stoppen. En die expertise is meer dan alleen maar mensen in dienst nemen die voor ingenieur hebben gestudeerd: expertise betekent ook dat je kan samenwerken met de industrie. Het wil zeggen dat je weet waar die industrie naartoe wil. Momenteel ligt er nog een kloof tussen de universiteiten en de industrie, en dat is dan het probleem van de samenwerking, van de focus. Waar gaan we ons mee bezig houden? Waar komt het op aan? Wat hebben we nodig om ergens een succes van te maken. Dat is een heel complexe zaak, dat bereik je niet door een paar slimme mensen samen te brengen. Kijk maar naar Finland, een compleet succesverhaal. Het land heeft zich op één doel gefocust.

Hun keuze was zó sterk dat zelfs hun hoge loonkosten daarbij geen grote rol hebben gespeeld. In hun keuzes hebben ze onder andere het technisch onderwijs opgewaardeerd. Het aantal jongeren dat in Finland technisch onderwijs volgt, is een stuk groter dan bij ons. In België is de aandacht en de waardering voor het technisch onderwijs veel te laag.'

Eric Daenen weet perfect wat er mis gaat met ons onderwijs, zeker voor wat we courant de 'lager geschoolden' zijn gaan noemen... Om het bij technisch jargon te houden, kunnen we zeggen dat hun 'starter' stuk is. Het valt moeilijk te omschrijven. Wat doet een mens 's morgens rechtveren om al fluitend naar zijn werkplek te trekken? Zijn werk moet hem intrigeren. Hij moet uitkijken naar de problemen die de dag meebrengt. Daarom moet hij ze natuurlijk beheersen, hij moet er spelenderwijs mee kunnen omgaan. Hij *zou* dat allemaal moeten. Maar zo is het vaak niet. Een werk waar ze niet tegen opgewassen zijn, wat ze niet in de vingers hebben, maakt de 'lager geschoolden' bang, afkerig van de job.

Eric Daenen heeft het ook moeilijk met de geladen term 'lager geschoolden'. Want waardoor ben je lager geschoold? Gaat het om mensen die sukkelen met hun talen, die nooit een boek openen, precies omdat ze de talen niet beheersen?

'Er zijn ook mensen die verkeerd opgevoed zijn. Er moeten stimulansen zijn', voegt hij er zonder aarzelen aan toe. En dan flapt hij er een schijnbaar loshangend zinnetje uit:

'Wanneer mijn leven op het spel staat, zal ik alles doen om aan die dreiging te ontsnappen. Hetzelfde geldt voor de aanpak van de werkloosheid. Maar daar is moed voor nodig.'

Verder gaat hij er niet op in. Maar zijn uitspraak lijkt al voldoende duidelijk. Het werk moet een kwestie zijn van leven of dood. Zonder werk geen leven. Het werk moet opnieuw ons bestaan zijn. Suggereert hij dat de uitkeringen voor de werklozen zó laag moeten liggen dat hun bestaan in het gedrang komt? Dan zal het wel gaan om beroepswerklozen. Volgens Daenen moet dat soort mensen het vuur aan de schenen gelegd worden. Elke mens is immers anders. De ene mikt heel hoog, de andere een stuk lager: dát is het leven. Dat is hun keuze vanuit hun mogelijkheden. Hoog of laag mikken, als ze maar mikken: dat lijkt de basisregel van de nieuwe, concurrentiele wereld. We moeten niet doen alsof iedereen aan de top thuishoort.

Daenen formuleert het zo: 'Niets is ongelijker dan de gelijke behandeling van ongelijken. De mensen zíjn ongelijk. Als je ze allemaal gelijk wil maken, ben je verkeerd bezig. Hoe kan je lef verwachten van mensen van wie de belangen afhangen van het status-quo?'

Dat status-quo is voor de HRM kennelijk de veilige, gesettelde situatie waarin de jarenlange werkloze zich geleidelijk aan genesteld heeft. Daar moet hij uitgehaald worden. De marginale, inactieve burger moet de indruk krijgen dat zijn leven op het spel staat. Hij moet lopen voor dat leven, wat wil zeggen dat hij voortdurend in beweging moet blijven, op zoek naar de meest gepaste job. Want job en leven zijn opnieuw synoniem aan het worden.

Die eis van permanente mobiliteit geldt ook voor de mensen die bij Imec aan de slag zijn. Elke dag lijkt het erop dat 'oude' clichés zoals 'die heeft het gemaakt' niet langer gelden in de hedendaagse, hypercompetitieve tijd. Wie het *maakt*, doet dat voor dit kwartaal, hooguit voor dit jaar. Er moet niet alleen gewerkt worden. Werken is niet langer bezigheidstherapie: het is een bezigheid met maximale resultaten.

Daenen: 'Als (bij Imec) de resultaten van een afdeling uitblijven, dan zeggen we: "Sorry, we moeten die sector sluiten." Maar tevens moeten we ervoor gezorgd hebben dat de mensen die in de gesloten afdeling werkten omschoolbaar zijn. Je moet de mensen dus voorbereiden op een verandering in hun werkwereld. Het is altijd pijnlijk als je een bepaald deeltje van het bedrijf moet wegsnijden. Maar wanneer iets geen nut heeft voor het geheel, of als de inspanningen te groot zijn in verhouding tot de resultaten, dan moet je een beslissing durven te nemen.'

In het zachte groen waar Imec in alle kloosterlijke stilte draait, worden hardere beslissingen genomen dan je zou vermoeden.

De tweede slimmerds: LMS

In Haasrode, op twee steenworpen van Heverlee, ligt een ander industriepark. Het heeft, net zoals in Heverlee, weinig dat aan die goede, oude, daverende nijverheid van weleer doet denken, maar al evenmin aan een park. Het groen ontbreekt hier totaal. Over een enorme oppervlakte zijn keurige, sobere kantoor- en laboratoriumruimten ingeplant. Ze lijken allemaal op elkaar.

Hun namen zijn doorgaans goed bewaarde geheimen. Alleen wie ermee te maken heeft, weet ongeveer wat er achter die weelde aan acroniemen schuil gaat. Bij elke kruising van de weg kom je de vertrouwde R&D-bordjes tegen. Engelse symbolen waar deze avant-gardewereld uitstekend mee vertrouwd is. *Research and Development* (Onderzoek en Ontwikkeling), daar wijzen de bordjes naar. Achter elke hoek van elk gelijkaardig blok zitten teams van doorgaans zeer jonge mensen zich suf te piekeren over de wereld van morgen. 'Suf' mogen ze er eigenlijk niet bij worden: ze moeten zeer alert bezig zijn en zo ver mogelijk vooruit kijken bij het uitwerken van hun experimenten. De technologie van vandaag is voor hen al verouderd. Zij denken aan morgen en als het even kan aan overmorgen. Wetenschappelijk zijn ze buitenaardse wezens. In een globale wereld moeten ze de rest van de aarde achter zich proberen te laten: als ze zich laten inhalen, dan is het met hen gedaan. En dat gevaar is niet denkbeeldig. Die vrees is de brandstof voor hun vindingrijkheid.

Eén van de bedrijfjes, meteen een van de meest prestigieuze, is LMS. Het staat voor Louvain Management Systems (al hoor je binnenskamers weleens Little Microsoft). Een cryptischer naam is nauwelijks denkbaar. De grote baas van het bedrijf, Urbain Vandeurzen, is een vinnige, keurig uitgedoste vijftiger. Hij praat snel en precies, zoals het een gedreven ingenieurmanager past. Zijn wenkbrauwen zijn benieuwde vraagtekens achter een randloos brilletje. Hij glimlacht veel, maar hij blijft heel aandachtig. Vandeurzen was in 1980 de stichter van LMS. Wat zijn *bedrijfje* (een liefkozend verkleinwoord uit de mond van de getrouwen) uniek maakt, is het werken met virtuele computermodellen van wagens, vliegtuigen, schepen of ruimtetuigen. LMS is begonnen met het testen van nieuwe auto- en vliegtuigmodellen. Hun prestaties waren niet uniek, wel secuur en betrouwbaar.

Urbain Vandeurzen: 'Voordat hij een wagen of een vliegtuig in productie neemt, wil de bouwer natuurlijk weten of het product aan de kwaliteitsnormen voldoet op het vlak van geluid, comfort en levensduur.'

Dát was het waar LMS zich op toelegde. En die inspanningen werden van bij het begin prima gepromoot, vanaf het ogenblik dat LMS als veelbelovend initiatief ontloken was aan de vindingrijkheid van de KU Leuven. Toen zat er al de gedrevenheid in om meer te worden dan een onderzoekscentrum van een universiteit.

Vandeurzen: 'We hadden een departement (aan de KU Leuven) met een heel open geest. Er was onmiddellijk samenwerking met de industrie. We hebben projecten gedaan voor Duitse en Franse autoconstructeurs, ook in samenwerking met Amerikaanse universiteiten. En we zagen dat er veel vraag was in de industrie naar het soort onderzoek dat we deden: er zat genoeg *business* in om daar een bedrijfje rond op te starten. Als je merkt dat er vraag is naar wat je te bieden hebt, dan besef je dat je klanten moet aantrekken. Dat deden we trouwens al: we kregen klanten, maakten offertes, deden het gevraagde werk en schreven facturen uit. Zo zagen we dat we net zo goed voor eigen rekening konden beginnen. We hadden meteen begrepen wat we als basis nodig hadden: een onderzoeksploeg, een team van professoren met assistenten die onderzoek deden op terreinen waar ook in de industrie vraag naar was. We moesten dan wel oppassen dat het geen academische aangelegenheid werd, maar dat het wel om écht onderzoek ging.'

Dat was de uitdaging: uit de ivoren toren van de universiteit afdalen, zich in de reële wereld begeven en daar dingen doen waar elke dag vraag naar is. En dat zonder de universitaire allures prijs te geven. Kwaliteitsonderzoek op universitair niveau, maar met tastbare, bruikbare resultaten.

Vandeurzen: 'De cultuur van het onderzoeksteam was om zich niet op te sluiten achter academische *papers*, maar zeer intensief mee te werken met een aantal pilootbedrijven die vanuit hun expertise mee het onderzoek sturen. Ze moesten dus niet alleen technologiegedreven zijn maar ook marktgedreven. Interactie móét. En daarvan moest de wereld weet hebben. We promootten onze prestaties via seminaries, congressen, kranten, en we beklemtoonden onze resultaten. En weet je, als je een project publiceert dat je gerealiseerd hebt in samenwerking met een bedrijf als Renault, dan wekt dat onmiddellijk interesse bij de concurrent. En zo gaat de bal aan het rollen. We hebben altijd gemikt op bedrijven die van nature gericht zijn op innovatie en nieuwe technologie. Dan kom je terecht in de luchtvaart, in de ruimtevaart, bij de autobouwers. Dat zijn immers sectoren die leven of sterven met de vooruitgang van de technologie. En als je bij de top zit van de innovatiebedrijven in een globale technologie, dan is je voorsprong heel beperkt in de tijd, en zeer eindig. Als je de voorsprong die je veroverd hebt gedurende vijf à zes jaar niet gebruikt om je bedrijf op de kaart te zetten, dan is je kans verkeken.'

Hoogtechnologische bedrijven moeten dus permanent op hun hoede zijn voor nieuwe initiatieven. Als ze die zelf niet nemen, dan zullen anderen het doen. En dat binnen de kortste keren. Voor LMS kwam de uitdaging in het vijftiende jaar van zijn bestaan: toen kwam de Grote Sprong voorwaarts. Hoe ging het bedrijf aanvankelijk te werk? Urbain Vandeurzen is er nu nog trots op:

'Wat was tien jaar geleden de gang van zaken? Neem nu de Duitse autoconstructeur Mercedes. Die bouwde vier of vijf versies van zijn nieuwste model. De eerste versie werd getest met apparatuur van LMS. Mercedes is immers volledig uitgerust met de testsystemen van het bedrijf uit Haasrode. Wat deden ze precies? In hun laboratoria reden ze het testmodel op een rollenband, zoals bij de autokeuring. Er werden geluidsmetingen gedaan, trillingsmetingen enzovoort. Wat bleek? Als een aantal tests tegenviel, dan werd er een volgend prototype gebouwd. En zo ontstonden er vier à vijf stadia in de ontwikkeling van de nieuwe wagen. Dat hele verhaal duurde vijf à zes jaar... Vandaag is die doorlooptijd ingekort tot twaalf maanden. Dat is de evolutie: van vijf à zes jaar naar twee, daarna naar één jaar. Maar daarvoor moet het ontwikkelingsproces helemaal anders verlopen.'

De ontwikkelingsfase van een nieuwe wagen inkrimpen van vijf jaar tot twaalf maanden, dat was de droom van Mercedes. Het zou alle concurrenten het nakijken geven. Het was nu aan LMS een procédé te ontwerpen dat die stoute droom zou waar maken. De firma kwam daadwerkelijk met een oplossing. Er konden natuurlijk geen vijf of zes testexemplaren meer gebouwd worden: de tijd ontbrak zelfs om er één te vervaardigen. Er was geen brede keuze van alternatieve procédés. LMS verliet resoluut de alledaagse werkelijkheid en stortte zich in de virtuele wereld. Het stalen model werd vervangen door een computermodel. Of zoals Urbain Vandeurzen het zegt:

'Radicaal anders gaan werken betekende voor ons dat we de wagen *virtueel* zouden definiëren. Hij zou nog alleen op het computerscherm bestaan. En dáár zou LMS de nieuwe wagen dan ook testen. We laten de nieuwe wagen virtueel 200.000 kilometer afleggen. We gaan ook het geluid van de wagen virtueel testen. En waarom zouden we het model dan ook niet virtueel laten crashtesten? Op zo'n virtueel model aanpassingen uitvoeren kost zeer weinig en gaat zeer snel. Op die manier kan je natuurlijk veel vlugger naar de markt trekken. En daarvoor heeft Mercedes óns nu precies nodig. Momenteel leveren we aan alle grote autoconstructeurs. We zijn sindsdien wereldleider geworden.'

Het lijkt logisch, maar je moet er maar aan denken. Door zowel over de Rijn als over de oceaan actief te zijn, leerde LMS de noden kennen van de diverse automobilisten in diverse continenten. Elke firma kent immers de specifieke eisen van haar publiek. LMS kon ze allemaal in zijn tests verwerken en zo de globale automarkt te lijf gaan.

Van Deurzen:

'Daarom is het goed dat we in België geen lokale markt hebben. Dat is een enorm voordeel: onze concurrenten – de Duitse, Franse, Amerikaanse testbedrijven voor auto's – hebben jarenlang alleen maar voor lokale klanten kunnen werken. Ze waren vergeten zich internationaal te organiseren, ze hadden het nadeel dat ze niet wereldwijd opereerden. Wij van onze kant doen ons onderzoek voor 98 procent in het buitenland. Wij zijn tijdig gaan nadenken over één vraag: hoe kunnen we dit bedrijf heruitvinden om de toekomstige groei te kunnen volgen? We hebben partners gezocht en nieuwe mensen aangetrokken met andere ervaringsprofielen. En de organisatie is gegroeid, van 200 mensen tien jaar geleden naar 650 man op dit ogenblik. Over twee jaar gaan we naar 800 werknemers en binnen vijf jaar moeten dat er 1.000 worden.'

Het geheim van LMS' groei zit in de snelle reactie. De toekomst zien, net voor ze eraan komt. Het omturnen van zo'n bedrijf is een gigantische stunt: een andere aanpak door andere mensen met andere apparatuur. Wat doet LMS nu concreet?

'Wij verkopen meetinstrumenten, wat in essentie software is die virtuele simulaties toelaat. Verder hebben we ook 'supportingenieurs' geëngageerd die de installaties doen bij de klanten. We werken altijd samen met lokale mensen. Sommigen van ons gaan twee jaar in Japan leven en werken om er de taal aan te leren en zo met de lokale mensen te kunnen communiceren en samenwerken. Hetzelfde geldt natuurlijk voor China. Ik ga niet beweren dat onze mensen nu vloeiend Chinees of Japans spreken, maar ze beheersen die talen wel voldoende om ginds het werk aan te kunnen. Het is zoals vroeger de missionarissen, hé: wij zenden onze zonen uit!'

Over de centrale vraag naar de echte troeven van LMS hoeft de baas geen halve minuut meer na te denken. Het is geen mening die hij formuleert, veeleer een belijdenis:

'Een van de belangrijkste troeven die we in Vlaanderen hebben, is de kwaliteit van ons onderwijs. We moeten die koesteren. Als je naar de internationale schooltests in de Oesorapporten kijkt, en je pikt er drie essentiële kennissen of kwaliteiten uit zoals wiskunde, wetenschappen en probleemoplossing, dan zitten we wereldwijd bij de top tien! En als je kijkt naar de flexibiliteit, het aanpassingsvermogen, het pragmatisme van onze mensen in commerciële functies, dan moet ik zeggen dat we heel veel potentieel hebben.'

Maar wat doen we dan met de oeverloze klachtenstroom over de pover geschoolde jongeren die uit datzelfde onderwijs tevoorschijn komen? Voor Vandeurzen hebben we het niet over dezelfde leerlingen, en zeker niet over hetzelfde onderwijs. Hij ontwaart een diepe kloof tussen de mensen die na de Tweede Wereldoorlog de huidige welvaart hebben opgebouwd, en de nu aanstormende jongeren:

'Zijn we nog wel bereid om ons in te zetten voor die welvaart? Daar maak ik me zorgen over. Als het terrasjesweer is, dan moet je in Leuven eens gaan kijken hoe die terrassen volstromen met het jonge volk.'

Urbain Vandeurzen heeft ook een sleutelwoord klaar om de kloof in het onderwijs uit te leggen. Hij noemt het een 'watervaleffect'. De leerlingen zitten als het ware in een onderwijswaterval en donderen steeds verder naar beneden naarmate ze minder kunnen volgen in de klas. Hoe meer vakken ze moeten loslaten, hoe dieper ze wegzakken. Hij ziet het zo:

'Het nadeel van ons onderwijssysteem is dat er door dat watervaleffect een groep slachtoffers is gevormd. In het secundaire onderwijs zit minstens één leerling op de twee met een schoolachterstand van minimaal één jaar. En één leerling op de zes verlaat het middelbaar onderwijs zonder einddiploma. Dat geleidelijk achteropraken van zoveel leerlingen zorgt voor het ontstaan van concentratiescholen, gevuld met afvallers.'

Voor de LMS-baas is de tijd van de tweedeling in het onderwijs voorbij. Vroeger waren er de prestigieuze richtingen voor de slimste leerlingen, en daarnaast opleidingen voor hen die vlotter met de handen konden omgaan dan met het verstand. Nu worden de instrumenten voor de handen elke dag schaarser. De handen worden compleet vervangen door automatisering, robotisering, en door gekleurde handen in de rest van de wereld. Volgens onze gids is het de hoogste tijd om de schotten tussen de onderwijsrichtingen weg te halen:

'Het artificiële onderscheid tussen cognitieve vaardigheden en technische, emotionele en connotatievaardigheden is achterhaald. Dat model, de opdeling tussen handenarbeid en denkarbeid, is een industrieel model van de vorige eeuw. Maar ons onderwijssysteem is daar nog helemaal op geënt. We moeten naar een competentiegericht onderwijs. Competentie is de vermenigvuldiging van kennis met vaardigheden en attitudes. Je kunt veel kennis hebben maar niet de vaardigheid om ze toe te passen, en niet de ondernemingsgeest om er iets mee te doen. De opdracht van het onderwijs zou moeten zijn om elke leerling individueel te optimaliseren.'

Praktisch komt dat erop neer dat je je bij elke leerling moet afvragen:

wat zit er in hem of in haar en hoe halen we het eruit? Wat zíjn of haar kwaliteiten en talenten, en hoe kunnen we die versterken? Wil dat zeggen dat elke leerling zijn verstand én zijn vaardigheden moet leren aanwenden? En dat alles binnen de nog bestaande banen? Wil dat zeggen dat elke dokter ook chirurg moet spelen en dat elke metselaar ook als architect moet kunnen meedraaien? Moeten de slimste mensen meteen ook de handigste worden? Als we die mooie en veelbelovende theorie op de praktijk bij LMS toepassen, wat stellen we dan vast?

'LMS is eigenlijk zeer arbeidsintensief, maar dat dankt het bedrijf aan zijn zeer gekwalificeerde arbeiders. Er werken hier bijvoorbeeld ook een honderdtal mensen die aan *engineering* voor klanten doen. Als Mercedes of BMW met een nieuwe wagen uitpakken en ze hebben technische hulp nodig om moeilijke problemen uit de weg te ruimen, dan worden die mannen van de engineering erop af gestuurd. Dat zijn mensen in creatieve functies: moeilijke problemen oplossen, software schrijven, nieuwe technieken ontwikkelen.' (*Engineering* heeft een ruime inhoud, variërend van ingenieur tot technicus of machinebouwer. Dat waren zeer uiteenlopende functies in de 'oude industriële wereld'. Nu wordt dat alles in één persoon gestopt.)

Op zowat alle Europese tv-zenders lopen programma's waarin een metselaar of een trucker in een maand tijd wordt omgeschoold tot ober in een chic restaurant. Voor de metselaar is het een rangverhoging in de dienstensector. Van de harde bouwsector naar de gesofistikeerde praal van een eersteklasserestaurant. De metselaar-ober doet zijn snel verworven vakkunstje voor een competente jury, die hem moet proberen te ontmaskeren als namaakkelner: dappere kerels die dat aandurven. Vaak spelen ze het klaar aan de kritische aandacht van de jury te ontsnappen. Een grote triomf voor de kleine man. Maar waarom heet het programma bij ons *Witte raven*? Moet het middelbaar onderwijs meteen overschakelen op het voortbrengen van witte raven? Zijn we, voor de top althans, op weg naar privé onderwijs, zoals in de Verenigde Staten?

De vraag dringt zich op: waar rekruteert LMS eigenlijk zijn personeel?

'Je moet mensen zoeken die competent zijn, innovatief, professioneel, maar die toch in teamverband kunnen samenwerken en, op die manier, resultaten kunnen boeken. We hebben voor 80 procent academici en hooggeschoolden. De helft ervan zijn informatici. 20 procent van het personeel zijn technici in ondersteunende functies. Dat zijn soms mensen zonder formeel diploma middelbaar onderwijs. Ze zijn door ons ontdekt als mensen die om de een of andere valabele reden hun studie niet hebben kunnen voltooien. Ze hebben wél hun handigheid bewezen en hun bereidheid om zich voor de zaak in te zetten. Sommigen van hen gaan zelfs mee op campagnes naar Azië. Hoe en waar we dát soort medewerkers opvissen? De beste rekrutering steunt op ons relatienetwerk. We krijgen dus tips van de eigen medewerkers.'

Maar de firma neemt ook heel geavanceerde initiatieven. Ze trekken naar de campussen en proberen er de meest veelbelovende elementen weg te kapen. Ze proberen hen zelfs aan te trekken op het ogenblik dat ze klaarstaan om uit het ei te komen...

Vandeurzen: 'Het zal u misschien verbazen, maar we ondersteunen ook beloftevolle thesisstudenten. Dat doen we zowel hier bij ons als in Wallonië en nog een eind verder, in Italië en in Frankrijk, bijvoorbeeld. Wij begeleiden hun eindwerken, en er zijn zelfs studenten die in deze omgeving meedraaien. Dan treden sommigen van hun collega's op als promotors bij hun eindwerk.'

Nog vooraleer de student zijn diploma in handen heeft, zit hij dus al in de sfeer van LMS ingekapseld. Een van zijn collega's speelt soms promotor en helpt de student zijn einddiploma verwerven. Dan zou het al wel een wonder zijn als die jonge belofte, na het beëindigen van zijn studies, niét voor LMS kiest. Het is verblindend duidelijk: wie zijn voorsprong op de concurrenten veilig wil stellen, moet er vlug bij zijn. Geen wonder dat het bedrijf steeds steviger vat probeert te krijgen op de beloftevolle jeugd en daarvoor een zo breed mogelijke, permanente speuractie naar ontkiemend talent op het getouw heeft gezet:

'We ontvangen hier ook vakleraars zodat ze met eigen ogen kunnen zien wat de stand van zaken is in het bedrijfsleven. We zoeken voortdurend contact met leerkrachten die bereid zijn om ons hun beste leerlingen te sturen. Aan de beste studenten die – in samenwerking met ons bedrijf – hun verhandeling maken, doen we ook voorstellen... Nog vooraleer ze beginnen uit te kijken naar een job vragen we hen waarnaar ze eigenlijk op zoek zijn. En dan denken we natuurlijk aan een LMS-baan die hen zou passen!'

Laten we echter geen misverstanden in het leven roepen: uiteindelijk werken er bij LMS meer buitenlanders dan Belgen. Om dat veelkleurige wereldje samen te houden, worden er alleen gesprekken gevoerd in het Engels. Vergaderingen, seminaries, conferenties: alles in de voertaal Engels. Uiteindelijk moeten Amerikanen, Duitsers, Nederlanders en Aziaten elkaar kunnen verstaan. Toen de vraag bij me opwelde, besefte ik al vlug dat ze naïef zou klinken maar ik stelde ze toch. Heeft LMS ergens ook een klein hoekje vrijgehouden voor de zogezegde 'startbanen' die minder geniale jongeren voor de dreigende werkloosheid kunnen redden?

Vandeurzen: 'Ik geloof niet in verplichtingen van de overheid – zoals indertijd het Rosettaplan – die bedrijven willen verplichten om een bepaald percentage jongeren en allochtonen in dienst te nemen. Een dergelijke verplichting vind ik echt uit den boze.'

Eigenlijk werkt ook LMS met jongeren, maar dat zijn geen dolende jongeren. De gemiddelde leeftijd van het personeel ligt onder de 30 jaar. En voor elk van hen heeft het bedrijf een parcours uitgetekend. Het klinkt een beetje zoals de invulling van een internationale voetbalclub. Alleen de besten van de besten krijgen er een plaats, bij elkaar gekocht uit de hele wereld.

'Iedere medewerker heeft bij ons een functieomschrijving: wat wordt hij geacht te doen, wat zijn de resultaten die we van hem verwachten? Maar hij heeft daarnaast ook een ontwikkelingsprofiel, dat wil zeggen: wat wordt zijn volgende stap? Wat zou hij dit jaar moeten doen aan de verdere ontwikkeling van zijn competenties? Wat is de gemeenschappelijke agenda voor hem en zijn directe verantwoordelijken?'

Geen startbanen dus bij LMS. Alleen de room van de volle melk, alleen de krenten uit de koek. Een allerlaatste vraag dan: hoe doet de vakbond het bij LMS? Het blijkt een domme vraag: het bedrijf heeft de vakbond gewoon overbodig gemaakt, zonder conflicten. Het recept:

'We hebben ervoor gezorgd dat al de medewerkers zeer nauw bij het bedrijf betrokken zijn. Ze hebben, op spontane basis, comités voor veiligheid en sociale voorzieningen opgericht.'

Is er dan niemand van het bedrijf aangesloten bij een vakbond?

'Nee. We hebben 80 procent universitairen en hooggeschoolden onder het personeel. Zij zijn sterk overtuigd van de meerwaarde die ze vinden in het bedrijf, ze voelen niet de behoefte om zich daarbij collectief te laten ondersteunen door een vakbond. Ze zijn zeer mondig in een opendeurpolitiek en ze kunnen overal met hun vragen terecht, tot bij mezelf. Daardoor is er in het bedrijf geen vraag naar een vakbondsafvaardiging. Niettemin volgen we de procedures van de sociale verkiezingen. Er is namelijk een achtpuntenprogramma dat je van de overheid moet volgen. Zo moet je een comité samenstellen, de kandidaturen noteren enzovoort. Al die stappen zetten we. Maar als blijkt dat er, na een aantal van die stappen in de procedure, geen kandidaten zijn, dan vallen de verkiezingen gewoon stil.'

Een firma die exclusief op de toekomst is gericht, ontsnapt schijnbaar moeiteloos aan de maatregelen van overheid en vakbond. Een beetje verrassend. Of net niet? Hoort ook dit niet bij de nieuwe tijd?

8

De klauwen van de tijger en de tanden van de draak

Het gebeurt bij Zeeman, de onverbiddelijke en absolute prijzenbreker uit Nederland die de voorbije jaren zijn winkels over Vlaanderen heeft uitgezaaid. We kopen een verzorgde outfit voor Jonas, vijftien maanden. Zijn secuur afgewerkte, waterdichte schoentjes met veilig afgeronde zolen en zijn gewatteerde winterjas zijn pronkstukjes van hedendaagse peuterkledij. Het jasje kost 9,99 euro en voor de schoentjes zoeken we al ons wisselgeld bij elkaar, alles samen 1,49 euro. Bij Zeeman eindigen 99 procent van alle prijzen op negen. Kennelijk hét geluksgetal voor het bedrijf. Achteraf blijkt dat de schoentjes te krap en het jasje te ruim zitten, maar het doet er weinig toe. Het ligt aan het manke inschattingsvermogen van de kopers, niet aan de baby en evenmin aan de firma. We hebben de kledingstukken gekocht als test voor de jonge ouders en als steekproef voor dit boek. De ouders zullen het achteraf leuke kleertjes vinden. Nog in het warenhuis zoeken we vlug naar de herkomst van de babyspullen: alles is *made in China*. Nauwelijks verwonderlijk, natuurlijk: waar zouden anders kleren vandaan komen die zo goed als gratis zijn? We gluren nieuwsgierig rond in de winkel. Ontwaren we een cliënteel van dompelaars die hun kinderen voor een prikje willen beschermen tegen de plots oprukkende winterkoude? Niet bepaald. Er lopen misschien een paar minder modieus ogende klanten rond te neuzen in een zee van goedkope dingen, maar ze vallen niet op tussen de rest. Wat wél treft, is het grote aantal mensen dat scharrelend rondtast in de nogal slordige, uitpuilende bakken met duizenden spullen, van kindersokjes tot pluchen beertjes. Hoe bestaat het? Dat is de vraag waarmee je de winkel verlaat, een vraag die nog een hele tijd blijft nazinderen. Hoeveel verdienen die mensen per dag in het land van de Vuurspuwende Draak? We durven nauwelijks te gokken.

China, met in zijn kielzog het even nijvere India, doet heel het Westen in zijn commerciële voegen trillen en beven. We zijn bang voor hun opwellende industriële en commerciële macht. Steken ze ons over 50 jaar economisch voorbij? Of gebeurt dat al over 40 of zelfs over 30 jaar? Elk jaar, waarschijnlijk elke dag, winnen ze veld in hun competitie met het Westen. China is een drug voor ons. Een bedrijf dat zijn te dure Belgische werkkrachten kwijt wil, verhuist gewoon naar het Verre Oosten. Onze bedrijven zijn in een handomdraai verslaafd geraakt aan de extreem lage lonen van de ongeschoolde Chinese werkkrachten. Ons werk laten we dan ook voor een prikje aan de boorden van de Yangtsé verrichten en de spotgoedkope resultaten van die noeste Chinese arbeid moet ónze afgedankte werknemers troosten. Wij van onze kant zijn geëvolueerd naar een kennis- en dienstenmaatschappij. De Chinezen doen óns goedkoop werk, maar ze halen samen met onze bedrijven terloops ook onze toptechnologie binnen, en ze groeien in een duizelingwekkend tempo. Enkele honderden miljoenen ongeschoolde landbouwers staan voortdurend klaar om vanuit het platteland op te rukken naar de steden, waar ze aan hun overlevingsbestaan op het land hopen te ontsnappen. En daar slagen ze in, zelfs al moeten ze er beginnen voor een hongerloon. Spotgoedkope handen zijn immers altijd nodig in de stad. In de gemiddelde Chinese stad heeft 5,6 procent van de schoolgaande jeugd al een einddiploma van de middelbare school weten te bemachtigen, op het platteland brengt slechts 0,2 procent het zover. Geen wonder dat verstand, succes en groei in de steden moeten gezocht worden.

In Sjanghai loopt een permanente tentoonstelling waar de geplande groei van de stad in een enorme maquette wordt uitgebeeld. Westerse architecten als de wereldberoemde I.M. Pei (de bouwer van de piramide aan het Parijse Louvre) en Sir Norman Foster hebben er bijdragen voor geleverd. Het schaalmodel toont het Sjanghai van 2020. Het is duidelijk dat de Chinezen weten waar ze naartoe willen. En hoe ze dat willen doen. De miniatuurstad toont alle huizenblokken, lanen, parken, winkelcentra, metrolijnen, parkeergarages en wolkenkrabbers zoals ze er over ongeveer vijftien jaar zullen staan. Wat gaat dat worden als we weten dat de wereldhaven nu al voldoende hoogbouw bezit om er heel

Manhattan mee te vullen? In 1985 telde Sjanghai één enkele wolkenkrabber. In 2005 stonden er al meer dan 300... En dan mogen we ook de open ruimte aan de rivier niet vergeten waar de wereldtentoonstelling van 2010 moet verrijzen. Zo'n futuristisch beeld voor een vrij nabije toekomst staat schijnbaar compleet in contrast met het beeld dat we ons hier momenteel vormen: het beeld van een slavenbevolking die de zwaarste handenarbeid verricht voor de laagste lonen om onze gulzige economie te voeden. Maar de straatarme boeren in een hinterland waar niet eens straten bestaan, zijn al wat blij als ze de sprong kunnen maken van hun uitgeputte akkers naar de machines in de stad. Ze weten dat ze er heel weinig gaan verdienen, maar op hun verwaarloosde velden verdienden ze nog minder. Ze willen deel uitmaken van de Chinese Droom, die gedragen wordt door verwachtingen die minstens even groot zijn als de prestaties van de verrezen Draak.

De Groei-Expo van Sjanghai wordt ondubbelzinnig de bakermat van de Chinese kennis- en informatiemaatschappij. Getuige de deskundig ingeplante luchthavens en hogesnelheidstreinen die binnen heel afzienbare tijd haastige Chinese zakenlui moeten toelaten om zich supersnel van de ene vergadering naar de andere, van de ene deal naar de volgende te verplaatsen. Volgens het gezaghebbende Amerikaanse weekblad *Business Week* heeft China in één generatie 300 miljoen mensen (vooral van het platteland) uit de prangende armoede opgetild en in de steden ondergebracht. Eén van de meest spectaculaire groeipolen is de stad Sjenzhen, ten noorden van Hongkong. Tussen 1990 en 2005 is de stad aangegroeid van 1,67 miljoen inwoners tot 12 miljoen. China, een land met 1,3 miljard inwoners in hetzelfde Azië waar India de kaap van het miljard heeft genomen. Samen zijn de twee ontwakende reuzen goed voor één derde van de wereldbevolking. Iets soortgelijks heeft zich in de wereldgeschiedenis nog nooit voorgedaan.

Het toppunt is dat China en India geen rivalen zijn. China heeft zich in de eerste plaats op machines en apparatuur toegelegd, van staalconstructies tot consumptie-elektronica, terwijl India uitmunt in de vervaardiging van software. Over hooguit drie decennia zal India zich opgewerkt hebben tot de derde economie van de wereld, en met die sprong Duitsland inhalen.

In het midden van deze eeuw zal China naar alle waarschijnlijkheid ook de Verenigde Staten voorbijgaan en daarmee de sterkste economie van de wereld worden. De voorbije twintig jaar heeft China een economische groei van 9,5 procent gekend (drie keer zo sterk als die van de VS). India heeft het moeten stellen met een groei van 'slechts' 6 procent. Die aanvullende rollen van de twee aankomende supermachten maken hen bijzonder sterk op de wereldmarkt. China zal nog lange tijd blijven domineren in de productie van massaproducten, terwijl India volop actief is in het ontwerpen en produceren van software en diensten. *Business Week* heeft het over 'Chindia'! Totnogtoe heeft er nooit een dergelijke nauwe economische samenwerking tussen de twee Aziatische giganten plaatsgevonden. Wat zou dat gaan betekenen?

Als zc de Indiase hersenen aan de Chinese spierbundels koppelen, hebben ze de universele technologie in handen. Dat is voorlopig echter toekomstmuziek voor de twee Aziatische groten en een toekomstangst voor het hele Westen. Voorlopig blijft die toestand best leuk voor de westerse multinationals die hun computers laten bouwen in China om ze daarna vol te stoppen met software uit India. Toch kunnen we niet loochenen dat de afstand tussen de goedkope Indiase labs en de nog goedkopere Chinese fabrieken met de dag kleiner wordt. En het zal LMS ook wel koude rillingen bezorgen als ze vaststellen dat de Indiërs zich met evenveel enthousiasme op de ontwikkeling van de virtuele prototypes hebben gestort als LMS zelf… Dezelfde angst geldt voor het andere spitstechnologisch bedrijfje Imec: ook de nanotechnologie is momenteel een Chinees onderzoeksthema geworden. We liggen dus waarschijnlijk nog voorop vergeleken met de Aziaten, maar de vraag is: hoever voorop? En hoelang nog?

LMS-directeur Urbain Vandeurzen gaat prat op ons voortreffelijk hoger onderwijs. Terecht. Maar ook op dat niveau zitten China en India in een nek-aan-nekrace met het Westen gewikkeld. Als de Amerikaanse universiteiten jaarlijks 60.000 ingenieurs en onderzoekers klaarstomen, dan mogen we toch niet vergeten dat China en India er in dezelfde tijdspanne 500.000 voortbrengen. En misschien veel belangrijker want veel dreigender: in het Oosten gaat hun aantal met 35 procent omhoog terwijl het in de VS met 11 procent daalt. Het valt onmogelijk te negeren dat de Aziatische 'reuzen' meer hersens beschikbaar hebben voor een fractie van de prijs, en dat ze die hersens dus veel intensiever kunnen loslaten op innoverend onderzoek. We hebben de gewoonte onze wenkbrauwen op te halen als we ergens horen of lezen dat die verre jongens en meisjes goochelen met de recentste software en zich perfect thuis voelen met de modernste multimediatechnologie. Toch is dat gewoon een feit. *Business Week* maakt daarbij de bijzonder memorabele opmerking dat 'de Amerikanen naar India getrokken zijn voor het goedkope, maar gebleven zijn voor de kwaliteit'. Dat een land als China – waar tijdens Mao's Grote Sprong Voorwaarts zowel intellectuelen met een bril als alle vogels in één klap werden uitgeroeid – een technologische bedreiging kan worden voor het geavanceerde, gesofistikeerde Westen, leek decennia lang een scherts. Die tijd is voorbij. Dat er 30 miljoen auto's in China rondrijden waarvan 1,5 miljoen in Peking, zijn harde, controleerbare en niet weg te wuiven symptomen van de moderne tijd. In dat land met zijn miljoenen achtergebleven boeren lopen er niettemin 350 miljoen burgers rond met een mobieltje op zak. De overheid en vooral de fabrikanten van gsm-toestellen rekenen erop dat er dat 600 miljoen worden in 2009. India is het kleine broertje wat het gebruik van gsm's betreft, maar hoe klein is het broertje? Het groeit in ieder geval als kool: het aantal mobieltjes steeg er tussen 2000 en 2005 van 5,6 miljoen exemplaren naar 55 miljoen. Maar nog vooraleer deze inkt droog is, zal hun aantal opnieuw duizelingwekkend gestegen zijn. Mobieltjes zijn een rage geworden bij de aankomende burgerij. De gsm is een van de statussymbolen waarmee de carrière makende Chinees zijn klim in de maatschappij kan illustreren. Als hij na drie maanden nog steeds hetzelfde oude model hanteert, dan zit er een kink in de kabel. Het enorme land bezit ook een uitstekend functionerend net van mobilofoonantennes.

Geen wonder dat algemeen wordt aangenomen dat China weldra de leiding zal nemen in de productie én de verkoop van consumptie-elektronica. Dat is geen voorspelling van een communistische partijbons in Peking, wél van Leon Husson, hoofd van de semiconductorafdeling bij Philips. Zowel voor China als voor India is die adembenemende groei een must. Voor beide landen komt het er immers op aan de stroom havelozen op te vangen die zich met tientallen miljoenen in de steden vestigen. Als er niet dag en nacht nieuwe jobs gecreëerd worden, komen de berooide massa's terecht in onoverzichtelijke getto's rond de steden.

The Great Wal-Mart

Op een slimme manier proberen de VS nu tegelijkertijd én de Amerikaanse én de Chinese onderklasse tegelijk uit hun ellendemoeras te trekken. De grootste warenhuisketen ter wereld, Wal-Mart, ontwikkelt momenteel in China gigantische consumptieparadijzen waar producten worden aangeboden die in China vervaardigd zijn en die uit de platte portemonnees van de armen betaald kunnen worden. Wal-Mart is ongeveer wat Zeeman voor onze berooide onderklasse is. Het komt er voor Wal-Mart op aan de dunste portemonnees tot de laatste cent plat te knijpen en er toch een aardige stuiver aan over te houden. In China wordt de onderklasse stapje voor stapje in de consumptiewereld geïntroduceerd. In de VS zorgt Wal-Mart ervoor dat de armen toch maar niet uit de consumptieboot vallen. Wie in de VS zijn job verliest omdat zijn of haar firma naar Azië verhuist, kan bij Wal-Mart nog de schijn hoog houden. In de VS zijn het de 'afvallers' die er terechtkunnen, in China is het een warenhuis voor de 'aankomers'. In China heeft Wal-Mart een elektronisch keyboard in de aanbieding voor 20 dollar. Een weegschaal voor in de badkamer (ja, ook Chinezen worden dikker door de razendsnelle verspreiding van de fastfoodketens), kost rond Kerstmis nog maar 2,50 dollar. Door het jaar betaal je voor dezelfde weegschaal in hetzelfde warenhuis 6 dollar. Het komt er nu eenmaal op aan de winkelkarretjes in alle seizoenen even vol te houden...

Wal-Mart is arbeidsintensief. Zijn legioenen bedienden zijn overwegend vrouwelijk, jong en goedkoop. Extreem goedkoop. Ze vinden het op de koop toe leuk werken bij de consumptiereus waar ze, tussen het rekken vullen in, ritmische dansjes mogen uitvoeren alsof ze heuse cheerleaders zijn. Geruststellend is dat Wal-Mart-werknemers in de VS niet voor hun baan moeten vrezen: hun jobs zullen niet naar Azië verhuizen. Ze kennen dus alleen het voordeel van de band met China. De kritiek die in de VS bij bakken over Wal-Mart wordt uitgestort, komt natuurlijk van de afgedankte werknemers uit andere bedrijven die hun werk vervangen zien worden door Chinese producten die half zoveel of nog minder kosten. De tanende welvaart zorgt voor het groeiende succes van de beruchte warenhuisketen. Hun klantenaantal groeit samen met het aantal werklozen of mensen met krimpende inkomens. Wal-Mart doet alles om zijn reputatie netjes te houden en de kritiek af te wimpelen: de firma weerlegt de beweringen als zou ze door haar massale aankopen in China de Amerikaanse arbeiders van hun jobs beroven. Dat was zo tien, vijftien jaar geleden, maar die tijd is voorbij. De 2.500 leveranciers van Wal-Mart zijn meestal buiten China gevestigd: je vindt ze in Hongkong, Taiwan, Zuid-Korea en andere Aziatische landen.

Wal-Mart bijt nog op een andere manier van zich af. De firma heeft een ethische code opgesteld voor zijn werknemers én voor het bedrijf. In principe wordt er niet meer dan 40 uur per week gewerkt, met maximaal drie uur overwerk per week. De werknemers zijn beschermd door een veiligheidsreglement en hebben recht op een fatsoenlijk onderkomen. Sterker nog: Wal-Martinspecteurs reizen China af om te controleren of de leveranciers wel de afgesproken ethische code naleven.

Maar eigenlijk is die code geen echte zorg voor de Chinese leveranciers: die doen het onmogelijke om de prijzen zo laag te houden als Wal-Mart dat wil en daarnaast toch nog winst te boeken. Lage prijzen die perfect passen bij de lage lonen. Als je beseft dat China nog 800 miljoen mensen op het platteland heeft wonen waarvan een flink deel nog een (slecht betaalde) job in de stad wil veroveren, dan weet je dat dit nog wel een tijdje zo kan duren. Wal-Mart en co. hebben nog toekomst: een Chinese werkman die buiten de stad woont, moet leven van gemiddeld 45 dollarcent per uur. In 2015 zal het aantal werknemers in China trouwens pas echt pieken: tegen dat jaar zal de jonge bevolking 1 miljard werkende mensen tellen. China wil in de eerste plaats vooruitkomen met de traditionele industrie, omdat die de meeste mensen gebruikt en meer behoefte heeft aan handen dan aan hersenen. Maar het land zit vast in oude en slechte gewoonten, waarvan de algemeen verspreide corruptie een van de ergste is. Dat zal ook wel verklaren waarom 57 procent van de Chinese uitvoer vanuit westers geleide bedrijven gebeurt die wél de nodige kennis van zaken bezitten. En er zouden nog heel wat meer westerse bedrijven hun plekje zoeken in het Land van de Goedkope Glimlach als het beruchte Chinese gebrek aan respect voor buitenlandse patenten maar eens wou ophouden. Dat is echter nog niet het geval: het klakkeloos kopiëren van buitenlandse producten blijft een populaire en veel beoefende hobby.

Niettemin trekken de buitenlandse multinationals niet weg uit China: ze proberen de plundering en de imitatie van hun 'intellectuele eigendom' tegen te houden. Ze halen het maximum uit de goedkope Chinese hersens en de (bijna) gratis handen, en proberen beter te scoren in China dan in hun eigen vaderland, de VS. Grote Amerikaanse multinationals, zoals General Motors, die thuis op apegapen liggen, hebben kunnen overleven dankzij de commerciële zuurstof die ze in Drakenland met volle teugen konden inademen. Hewlett Packard is ook een van hen. Thuis zit het bedrijf in een crisissituatie, in China is zijn omzet er gedurende vier opeenvolgende jaren met sprongen van 20 procent op vooruitgegaan. Het zieltogende General Motors heeft in China een van de meest veelbelovende nieuwe markten ontdekt. Niemand kan er immers nog omheen: China is met zijn groeiende welvaart ook een van de belangrijkste markten aan het worden. Optimistische bedrijfsleiders zijn ervan overtuigd dat China binnen afzienbare tijd voor een aantal producten een groter markt zal bieden dan de VS. En een aantal voorbeelden versterkt dat geloof in de Chinese Droom. Amerika's grootste ontwerper en fabrikant van auto-onderdelen, Delphi Corp., heeft een groei van elf opeenvolgende jaren achter de rug, en dat telkens met 30 procent. Tegen 2010 hoopt Delphi nabij Sjanghai auto-onderdelen te fabriceren voor zijn trouwe klanten zoals General Motors, Volkswagen en Nissan. Buitenlandse bedrijven die in 1989 het studentenbloedbad op het Tian'anmenplein zonder verpinken lieten voorbijgaan, werden door de Chinese politieke bazen warm aan de boezem gedrukt. Zo mocht Motorola de volle 100 procent van zijn operaties in eigen beheer houden terwijl andere firma's hun gezag moesten delen met Chinese managers. Buitenlandse investeerders die onmiddellijk Chinese bedrijfsleiders aan het hoofd van hun ondernemingen stelden, hadden vlug een streepje voor. Het bedrijf dat het verst is gegaan met de inburgering in de Chinese maatschappij, is ongetwijfeld Procter & Gamble. Hun managers en researchvolk leven tussen de Chinezen. Ze wonen in Chinese wijken naast Chinese buren en hebben intense omgang met Chinese vrienden. Op die manier komen ze erachter welke shampoos de lokale dames verkiezen, welke make-up ze gebruiken, naar welke luiers de voorkeur van de moeders uitgaat enzovoort. Als hun gevierde detergent Tide slechts tweede staat in de voorkeurlijstjes van de dames, kunnen ze meteen uitvissen waarom, en conclusies trekken: in de dorpen en de kleine gemeenten is meteen een goedkopere versie van Tide op de markt gebracht. Want daar knelde het schoentje... Procter & Gamble heeft er een principe van gemaakt zijn populaire namen in twee of drie versies aan te bieden. Schoonheidsproducten blijken daar prioritair voor in aanmerking te komen. In de prijziger uitvoeringen van hun Olay-gezichtscrème is bijvoorbeeld een additief verwerkt dat vrouwen een blankere huid moet bezorgen. Die zalf is bestemd voor de chiquere warenhuizen in de stad: buitenlandse investeerders hebben al vlug begrepen dat de jonge Chinese middenklasse, wat luxegoederen betreft, dezelfde smaak vertoont als zijn westerse tegenhanger.

Niet alleen Wal-Mart maar bijvoorbeeld ook Carrefour heeft die boodschap begrepen. Carrefour is nooit van de grond geraakt in de VS, maar in China is de keten een groot succes geworden. Om nog maar te zwijgen van Ikea. De beter gesitueerde Chinees gaat naar Ikea om drie redenen: het is er niet te duur, er staan mooie dingen én hij hoeft zich daarenboven niet te schamen om er klant te zijn: Ikea is *in*, niet alleen in Stockholm, Brussel en Berlijn maar dus ook in Peking. Wat daarenboven een grote rol speelt bij elk Ikeabezoek, is dat de klant er verwend wordt. Van het aangeboden kopje koffie tot en met het decor van de toonzalen, waar de kopers graag blijven hangen tenzij ze 's middags in het restaurant een lekkere en alweer betaalbare lunch willen gebruiken. Ikea bekoort de Chinezen met zijn gewoonte om elk jaar een derde van zijn assortiment te vernieuwen. En wie kent nog een warenhuis dat voortdurend werkt aan het drukken van zijn prijzen? Zijn wereldberoemde Klippanbank is er tussen 1999 en 2005 zo maar even 40 procent goedkoper op geworden. En *last but not least*: ook de Chinezen vinden het bijzonder handig dat ze hun aankopen meteen kunnen meenemen.

Hoe IBM een stickertje werd

Naïviteit is uit den boze als we naar de Chinese en de Indiase economische explosie kijken. China werkt niet alleen spotgoedkoop, het land is ook begonnen met het opkopen van stukken westerse technologie. Een bericht dat in 2004 huizenhoge golven deed opspatten in de wereldwijde pers meldde dat een Chinees bedrijf zomaar eventjes de pc-afdeling van IBM had opgekocht. Vijftien jaar eerder had IBM de *personal computer* gelanceerd, in 2004 werd hij door een totaal onbekend Chinees fabriekje ingepikt. Er viel voor IBM nog nauwelijks iets te verdienen aan de toestellen, en de wereldbevolking was ongeveer verzadigd: thuiscomputers zijn een massaproduct geworden, en goedkope massaproductie is inderdaad iets voor Aziaten geworden. Het Westen heeft zich toch in de kenniseconomie geïnstalleerd? De thuiscomputers van IBM werden dus opgeslokt door de hier onbekende Chinese producent Lenovo. De Chinese firma mag wel vijf jaar lang het logo van IBM op zijn toestellen blijven kleven. Een Lenovo verkleed als IBM dus, om het vertrouwen van de klanten te bewaren. Maar er is in de pers zó veel over deze sensatie verschenen dat iedereen die zich nu een IBM-machine aanschaft, zich ervan bewust zou moeten zijn dat hij een Chinees product in huis haalt.

Voor Dell, de Amerikaanse concurrent van IBM, was de Chinese overname goed nieuws: de firma kan nu proberen een deel van de vroegere IBM-klanten in te pikken. Dell kan altijd hopen dat een volbloed Amerikaan nog altijd liever een product van eigen bodem in huis haalt dan een machientje van bij de Chinees. Bij de Chinees ga je voor gelakte eend, niet voor hoogwaardige pc's...

Er zit ook een keerzijde aan dit Chinees-Amerikaanse avontuur. De naam 'Lenovo' is intussen al zó vaak en zó nadrukkelijk in het nieuws geweest dat hij vertrouwd begint te klinken. Was het dát wat de Chinezen uiteindelijk ambieerden? Lenovo klinkt ook zo weinig Chinees. Maar gedurende de vijf jaar dat Lenovo met een IBM-label op de markt zal zijn, kan er heel wat gebeuren. Om overduidelijke redenen zullen de machines alvast stukken goedkoper worden. En laat de Chinezen er in slagen een paar spectaculaire verbeteringen aan te brengen aan hun pc door hem bijvoorbeeld sneller en gebruiksvriendelijker te maken, dan zal waarschijnlijk niemand nog naar Dell omkijken. Deze bedenking is voor een deel koffiedik kijken. Maar de koffie is minder dik dan we denken.

Nog geen jaar na de overname van de IBM-afdeling is het nieuws bekend geraakt dat Peking samen met Japan ook een gooi doet naar de nieuwste supercomputers. Die veelbesproken supercomputer wordt een realisatie voor het einde van het eerste decennium van de 21ste eeuw. Heel de wereld doet mee aan de wedloop, maar de VS zijn er stevig van overtuigd dat ze op een absolute voorsprong kunnen bogen. Met supercomputers worden hier supersnelle toestellen bedoeld. Snelle computerversies worden al gebruikt voor de ontwikkeling van alledaagse producten. Maar ultrasnelle machines moeten een grote sprong voorwaarts betekenen in de technologische wedloop. Het wordt iets als het doorbreken van de snelheidsbarrière: het gaat hem om het bereiken van maar liefst 1.000 triljoen mathematische bewerkingen per seconde! Snelheid is een kenmerk van de moderne technologie, zeker van de Amerikaanse. Momenteel staat de snelste computer in het Lawrence Livermore National Laboratory. Die doet al 136 triljoen bewerkingen per seconde, en dat is 100.000 keer de snelheid van een heel goede thuiscomputer... Merkwaardig genoeg is het toestel gebouwd door IBM. De realisatie van het nieuwe project gaat naar schatting 1 miljard dollar opslorpen, maar het bedrijf kan daarvoor rekenen op de financiële steun van het Amerikaanse ministerie van Defensie. Voor alle zekerheid is IBM gaan samenwerken met Cray en Sun Microsystems. Hoeft het trouwens te verwonderen dat het Pentagon heel erg geïnteresseerd is om zo'n supercomputer in huis te hebben?

In China hebben uitgerekend de fameuze Lenovo en nog een paar andere (voor ons even onbekende) Chinese elektronicabouwers zich in de race gestort. De Chinese overheid gaat ervan uit dat de (voorlopig) miraculeuze machine er moet komen tegen 2010. Dus ook tegen het einde van dit decennium! Wie had anders verwacht? Wil dat zeggen dat de VS nog vijf jaar voorsprong krijgen in de wedren met de Chinezen?

Het zijn niet alleen de Amerikanen, de topuitvinders, die door Chinezen op de hielen worden gezeten. De Taiwanese mobieltjesfabrikant BenQ (die ook nauw samenwerkt met zijn collega's in het 'grote' China), heeft in de zomer van 2005 een deal gesloten met Siemens, waardoor de Duitse firma haar gsm-productie naar de Chinezen doorspeelt. Het gaat zowel om fabrieken in Duitsland als in Brazilië. En de Chinezen tonen zich in dit soort transacties van hun hoffelijkste kant: zo heeft BenQ beloofd zijn hoofdkwartier in München te vestigen. Het Chinese bedrijf mag in ruil daarvoor het logo van Siemens op al zijn gsm's plakken. Waar hebben we nog iets dergelijks gehoord?

Siemens houdt één troost over aan de transactie: door de verkoop stoot het een afdeling af die verlieslatend was geworden. Siemens had zich niet de inspanningen getroost om tijdig de meest recente versies van zijn toestellen klaar te krijgen en op de markt te brengen. De firma was niet bereid gebleken voldoende onderzoek én geld in zijn mobieltjes te stoppen...

De Chinese Trabant

De zomer van 2005 is de zomer van het Chinese commerciële vuurwerk geworden. Niet alleen het aankopen van westerse hoogstandjes zoals de IBM-pc's, een (voorlopig) mislukte gooi naar westerse olie of de wedren naar de supercomputer zorgden voor een Chinese zomer. In juni-juli werd met luide trom de komst aangekondigd van de Landwind, de eerste Chinese terreinwagen. Zelden werd zoveel aandacht en gratis publiciteit geschonken aan een vehikel dat als brandstofverslindend monster de wegen alleen maar gevaarlijker kan maken. Een zogenaamd sportieve wagen met vierwielaandrijving, die benzine zuipt en de lucht navenant verpest. De voorstelling van de Landwind deed de fantasie van de westerlingen meteen tilt slaan. Door een *Sports Utility Vehicle* (SUV) te fabriceren, was China nu meteen de gelijke van de VS geworden: China had een typisch Amerikaanse pluim op zijn hoed gestoken... Misschien was het nog meer de mentaliteit achter de prestatie die het publiek verblufte dan het voorwerp zélf. Voor een nuchtere waarnemer had de Landwind eigenlijk meer van een Ford T van net na de Eerste Wereldoorlog dan van alweer een nieuw technologisch wonder. Het was geen verbetering van de Amerikaanse moloch, zelfs geen kopie. In het Westen deden de originele makers van de SUV al het mogelijke om de Chinese concurrent aan flarden te schrijven. Hij reed hobbelig, miste alle finesse bij de afwerking, hij bezat niet de nieuwste techniek enzovoort. De wagen werd lacherig afgedaan als de Chinese Lada, de SUV-Trabant. Maar sommige kenmerken vielen gewoon niet weg te lachen. De Landwind bezat elektrisch bediende ramen of een sensor om de omgeving af te tasten bij het achteruitrijden. En, zowaar, hij was uitgerust met airconditioning. Hier bij ons lieten autokenners er geen moer van heel. In Duitse vakbladen werd hij daarentegen als een beetje stroef maar robuust en betrouwbaar beschreven. Een goede aankoop voor wie naar de prijs-kwaliteitverhouding kijkt. Daar werd niet veel over gepraat maar er werd altijd wél naar gevraagd: wat is zijn prijs? Verbluffend antwoord: de Landwind zou 17.000 euro kosten. Wie al naar de prijs van de Amerikaanse concurrenten heeft geïnformeerd, weet dat de échte minstens het dubbele kost. En ook een 'goedkope' Japanner zit er qua prijs toch nog altijd 40 procent boven.

Natuurlijk moet zo'n commerciële bloei ook tot de welstand van een beperkt aantal mensen leiden, en zelfs tot de heuse rijkdom van enkelen. En wat betekent 'enkelen' als je er in China een getal op wil plakken? Uit betrouwbare bron hoor je dat het land momenteel tienduizenden multimiljonairs telt.

De Communistische Partij hoeft het allemaal niet eens door de vingers te zien: door te kiezen voor het kapitalisme heeft de Partij immers rekening gehouden met de uitwassen die de prijs van die nieuwe rijkdom zouden vormen. Corruptie is immers een vertrouwd verschijnsel in het land van de vuurspuwende Draak…

Laten we eens één miljonair onder hen van dichterbij bekijken. Hij heet Zang Yuchen. Zijn peervormige gezicht lijkt op een masker. Zelfs zijn leeftijd valt er niet van af te lezen. Van beroep is hij grondspeculant. Ooit was hij hoofd van het Bureau voor Woningbouw van de hoofdstad, en in die functie heeft hij met bekwame spoed duizenden huizen laten bouwen om er de veelbelovende 'brains' in onder te brengen. Dat moesten fatsoenlijke woningen zijn: de stad had dat volk nodig om de economische groei te laten losbarsten. Zang is er rijk, schatrijk van geworden. Even buiten de hoofdstad heeft hij met dat geld een kasteel laten optrekken. Niet zomaar een kasteel, maar een kopie van het Franse Château Maisons-Lafitte aan de Seine. Om dat sprookje te realiseren, heeft Zang eerst 800 boerengezinnen moeten laten verdrijven van de grond waarop zijn kasteeldomein zich nu uitstrekt. Zijn chateau heeft Zang Yuchen van de Partij mogen bouwen als dank voor zijn bewezen diensten als bouwmeester van de nieuwe wijken. De bouwer was een Held van het Volk. Zang is ook nu nog altijd een trouw lid van de Communistische Partij. Meer dan ooit zelfs…

De 800 boerengezinnen is hij nog niet vergeten: de mannen mogen in zijn parken en druivenkassen werken voor 2 dollar per dag. Ze mogen er de paden wieden, de gemanicuurde struiken kort knippen, de kanalen helder houden, en in het seizoen de druiven plukken en persen. Veel verdienen ze er niet. Maar de oudjes krijgen ook nog wat: ze ontvangen elk een pensioentje ter waarde van 45 dollar per maand.

China lijkt prat te gaan op zijn miljonairs. Het zijn zowat de menselijke SUV's van het regime: 'Kijk eens, als het moet kunnen we ook miljonairs produceren'. Zo worden ze de evenknie van het Westen. Zowat alle tv-omroepen van de Vrije Wereld hebben al de kans gekregen om het kasteel van Zang Yuchen te gaan filmen. Vaak verschijnt Zang zélf in beeld bij zijn woonst, als gids of gewoon als trotse eigenaar.

'U moet weten dat we momenteel in een overgangsperiode leven', zeggen partijgenoten over Zang, zonder zich te compromitteren met een verklaring. Als ze zich tenminste al over het fenomeen wíllen uitspreken. Willen ze zeggen dat in zo'n overgangsperiode werkelijk alles mogelijk is, en dat achteraf alle excessen zullen gecorrigeerd worden? Of geven ze op die manier toe dat er geen weg terug is, en dat China met alle extravaganties van het verwarrende Westen zal moeten leren leven? Is een land waar gsm's statussymbolen zijn, waar SUV's langs de wegen scheuren, waar Franse kastelen opschieten, is dat land nog een Aziatisch land? Het oude adagium: 'West is West en Oost is Oost' verliest elke dag meer van zijn zeggingskracht. Madame Butterfly zou zich in de streek niet meer herkennen. De Chinese maatschappij raakt steeds nadrukkelijker vervlochten met de westerse, en beide kanten dragen er daarenboven het hunne toe bij. De studentenuitwisseling tussen China en de VS wordt elk jaar intenser. Het aantal Amerikanen dat aan een Chinese universiteit wil studeren, gaat met sprongen omhoog. Tussen 2002 en 2004 bedroeg die stijging 90 procent. Misschien is dit nog het meest overtuigende bewijs van de Chinese klim? Dit zijn trouwens geen propagandastatistieken uit Peking, het zijn zakelijke cijfers uit New York. In 2005 is China de negende bestemming geworden voor Amerikaanse studenten die een toekomst buiten de eigen grenzen zoeken. Een jaar eerder stond China nog op de twaalfde plaats. Wat gaan ze er doen? De meeste van hen zien in China een ideaal land om een toekomst uit te bouwen. Vroeger trokken Amerikaanse zonderlingen die de Chinese literatuur wilden bestuderen weleens naar ginder, maar nu liggen alle academische richtingen wijd open. In het midden van het decennium trokken zo'n 5.000 Amerikanen naar Chinese universiteiten; daartegenover stonden 62.000 Chinese jongeren die de omgekeerde weg aflegden. Maar dat schijnbaar bescheiden aantal Amerikanen krijgt een heel andere dimensie als je eraan toevoegt dat zoiets toch neerkomt op een verdubbeling tegenover een jaar voordien...

Samengevat zijn de Chinezen er nog altijd op uit om naar Amerika, het hoogtechnologische mekka, te trekken en er de kennis op te doen die hen thuis vooruit kan helpen. De Chinezen die terugkeren uit de Verenigde Staten blijken zich ook competitiever te gedragen dan hun thuisgebleven soortgenoten. De Amerikanen van hun kant willen bij de eersten zijn om jobs te veroveren in een land *van* de toekomst. Of is het alleen maar een land *met* toekomst? De Amerikaanse studenten getuigen in elk geval van een vast geloof in de kansen van China. De inspanning van de Chinese overheid om miljarden dollars in het universitair onderwijs te pompen zal ook wel niet vreemd zijn aan de Amerikaanse belangstelling.

India: arm maar slim

Amerikaanse studenten trekken dus naar China om er de Aziatische toekomst te proeven en er meteen hun deel van de taart te reserveren. De Amerikanen die naar India trekken, gaan met heel andere verwachtingen. India is voor hen ook veel toegankelijker: miljoenen Indiërs spreken een zacht, keurig gearticuleerd Engels, hun kostbaarste erfenis van de Britse kolonisatie. In tegenstelling tot de Chinezen hebben de Indiërs eeuwenlange ervaring met een tweeslachtige maatschappij van schatrijken en straatarmen. De Indiase *have-nots* staan niet te dringen om een stek in de stad te veroveren, zoals dat in China het geval is. Al heeft India sinds zijn onafhankelijkheid sterk communistisch getinte regimes gekend, toch is de traditie het sterkst gebleken. Miljoenen inwoners zijn nog niet uit hun kasten gegroeid. Het naast elkaar bestaan van uitdagend rijk volk naast miljoenen berooide burgers wordt nog steeds gedoogd zonder bloedige volksopstanden uit te lokken. China had zijn revolutionaire Mao Zedong, India moest het stellen met zijn vredelievende Mahatma Gandhi. Voor Gandhi was die vrede in de eerste plaats te vinden op het platteland, in de tienduizenden dorpen. Maar dat idyllisch beeld is nu aan het afbrokkelen. De voorbije vijftien jaar is het aantal miljoenensteden in India van 23 tot 35 aangegroeid. Dat heeft ook talloze arme, landelijke durfals wakker gemaakt en aangezet om de weg naar de stad in te slaan. Een stormloop blijft vooralsnog uit, wat de Chinezen amper kunnen beweren. De rijken en de middenklasse van handelaars hebben intussen hun kinderen naar de beste scholen en universiteiten kunnen sturen, en ze zo naar de top van de technologische revolutie in Azië gekatapulteerd. Op die kennis willen de Amerikanen een beroep doen. Geen wonder dat een stoet van Amerikaanse onderzoekers, technologische ingenieurs en softwarespecialisten eind 2005 op prospectie naar India is getrokken. De stoet werd aangevoerd door niemand minder dan de universele softwarefabrikant Bill Gates. Microsoft en zijn gelijken willen zo vlug mogelijk een paar miljard dollar in het land pompen, want er is een enorme inventieve capaciteit in het land aanwezig. Uitbreiding van hun lokale personeel is de fundamentele wens van de Amerikanen. Zegt men in de VS niet dat je met alles wat per telefoon of via het internet of de satelliet afgehandeld kan worden, in India terechtkunt? Maar daarvoor is er een enorme uitbreiding van goed geschoold personeel nodig. Eerder in het boek hebben we er al op gewezen dat Amerikaanse bedrijven hun rekeningen, jaarabonnementen en schuldvorderingen via New Delhi, Calcutta of Mumbai laten vereffenen. Voor ernstige geneeskundige ingrepen nemen Amerikanen het vliegtuig naar New Delhi, waar ze ondergebracht worden in luxekamers van een ziekenhuis of een hotel, een behandeling die ze thuis nooit zouden kunnen betalen. Ze gaan er onder het mes voor een vriendenprijsje.

Op alle niveaus worden intussen de banden tussen Amerika en India aangesnoerd. In ruil voor een veel sterkere Amerikaanse aanwezigheid in India heeft Microsoft ook een deal gesloten met de overheid: het bedrijf van Bill Gates heeft beloofd zo maar even 100.000 dorpen toegang tot het internet te verschaffen. Dat internetproject van Gates is bijzonder belangrijk voor de ontsluiting van het enorme hinterland. Want als India onder één rampzalig euvel gebukt gaat, dan is het wel onder zijn gebrekkige communicatie. Het internet kan alvast de inwoners van dat immense land met elkaar in contact brengen. Dat wil nog niet zeggen dat elke arme sukkel binnen twee jaar in zijn gettohut voor zijn computer zal zitten, maar in de dorpen zullen alvast 'kiosken' worden geïnstalleerd. Waarschijnlijk worden ze de tegenhangers van onze internetcafés.

Midden in het eerste decennium van deze eeuw moet India zijn splinternieuwe wegennet in gebruik kunnen nemen – de internet-expresweg is dus slechts een voorafbeelding van de échte snelwegen die er nu zitten aan te komen. Momenteel kan je op de Indiase wegen alleen hobbelen. Ze zitten vol putten en holen en maken alle verkeer uiterst gevaarlijk. Dat moet nu radicaal veranderen. De versleten wegen worden kilometer na kilometer vervangen door gladde vierbaanswegen die zich als een lasso rondom het gigantische land moeten slingeren. De grootste steden, New Delhi, Calcutta, Madras en Mumbai, liggen op de rand van de lus. In totaal moet er 6.000 kilometer aangelegd worden. De lasso heeft al een naam gekregen: het is de Gouden Triangel. Om uit de miljardenkosten te raken, zal het land tol moeten heffen op de luxewegen. Pittig detail: om erop te mogen, betaalt de chauffeur 1,33 dollar. Dat is helaas meer dan 300 miljoen van zijn landgenoten dagelijks verdienen. India is echter niet gemakkelijk te doorgronden. Wie de omvang van de huidige middenklasse probeert in te schatten, komt gemakkelijk uit op 250 miljoen. En zíj zijn het die de wagens moeten kopen om op die tolwegen te mogen racen. Er is iets heel aparts met de Indiër en zijn auto. Wie een beetje vermogend is, haalt al vlug drie, maar ook vier of vijf auto's in huis! Een paar voor het gezinshoofd, maar ook één voor mama en eentje voor de dochter als ze de juiste leeftijd heeft bereikt. Natuurlijk krijgt ook zoonlief zijn eigen wagen, maar die heeft al jaren voordien zijn eigen motor weten los te peuteren... Een ietwat stoere, Japanse, auto kost al vlug 20.000 euro, en dat is dan toch 46 keer het gemiddelde jaarlijkse inkomen van de Indiër: die verdient 400 euro in twaalf maanden. Een van die luxueuze nieuwe tolwegen heeft Mahatma Gandhi's naam gekregen. Het is een hulde met een bittere bijsmaak. Gandhi was toch die haveloze profeet die zijn land op de weg naar de sociale rechtvaardigheid wou helpen?

Met de gladde wegen van de 'Gouden Driehoek', die weldra gaan volstromen met glimmende luxewagens, dreigt de sociale kloof tussen arm en rijk nog een stuk breder te worden. De auto blijkt in India (zoals in de rest van de derde wereld) de mens te individualiseren. De armen blijven grotendeels vastzitten in hun dorp. Dat zijn er heel wat, want India telt ruim 600.000 dorpen waar medische voorzieningen ontbreken en waar zelfs geen kranten te krijgen zijn. Wie even achterom kijkt naar het Britse koloniale tijdperk en terugdenkt aan de tjokvolle treinen die de Britten in het land hebben geïntroduceerd, stelt vast dat die trein een veel socialere invloed had op de bevolking. Die treinen vervoerden zeer gemengde Indiase bevolkingssegmenten: de eerste klasse bevatte het 'betere' volk, de middenmoot kroop dicht bij elkaar in de tweede klasse coupés en de armen reisden mee op de daken, krampachtig hun evenwicht zoekend. Misschien zochten de diverse kasten dan wel geen contact met elkaar, maar ze zagen elkaar tenminste. Nu houden de expreswegen de colonnes auto's op veilige afstand van de dorpen.

Die dorpen bezitten daarenboven geen aansluiting op de moderne snelwegen van de Gouden Driehoek. Het wegennet versterkt dus nadrukkelijk het kastenbestaan. De middenstander zoeft gewoon aan de onderklasse voorbij. Die onderklasse is zo door het kastensysteem getekend dat de dorpelingen die langzaam maar zeker een beter leven gaan zoeken in de stad, er zich niet noodzakelijk ook willen vestigen. Na een paar jaar 'opgehokt' geleefd te hebben in gettokrotten, keren ze vaak terug naar hun dorp. Soms pendelen ze gewoon: vanuit hun dorp brommen ze met een lichte motor tot aan de gloednieuwe snelweg, waar ze dan een bus vinden naar de stad. Ook als die op twee uren rijden daarvandaan ligt. Daar werken ze als klusjesmannen, als handlangers in de bouw, als kleine bedienden, als hulpjes in grote hotels enzovoort. 's Avonds verplaatsen ze zich dan in omgekeerde richting. Hun recent begonnen tocht naar de stad is veeleer een opmars naar beter. Want een opmars is het wel degelijk: uit de stad brengen ze vernieuwende ideeën mee die langzaam wortel schieten in de achtergebleven dorpen, dorpen waar ze nog in lemen hutten zonder elektriciteit leven en waar hun vrouw nog kookt op de uitwerpselen van het magere vee.

Van het voorbije communisme zijn alleen de vakbonden nog overgebleven. Zij kijken er scherp op toe dat in bedrijven van meer dan 100 werknemers niemand buiten de deur wordt gezet zonder instemming van de arbeidsraad. De bedrijfsleiders willen natuurlijk weg van die vakbondscontrole, zodat ze zich in de armen van het moderne kapitalisme kunnen storten. Hun argument tegen de vakbond lijkt op een zeer bekend refrein, een deuntje dat we ook bij ons dagelijks horen: maak de markt toch helemaal vrij, zodat we kunnen ontslaan en in dienst nemen naar onze behoeften. Met andere woorden; een India tussen kapitalisme en communisme...

De Chinezen van hun kant zijn duidelijk bezig aan een Grote Opmars, bijna een bestorming van de steden. De Indiërs, daarentegen, wandelen en slenteren voorlopig nog naar de toekomst. Op die manier zijn de Indiërs ook veel minder angstaanjagend voor het Westen dan de Chinezen. Het is merkwaardig, maar opvallend dat het socialisme in China de armen naar de steden jaagt, waar ze hun deel van de aankomende welvaart opeisen. Ze doen dat helemaal in hun eentje, op eigen risico. In China zijn de armen ware volksverhuizers die hun waardeloze, soms door de staat opgeëiste gronden voorgoed achterlaten als ze hun tocht naar de stad aanvangen.

Mensenrechten en pr op z'n Chinees

China heeft geleerd veel door de vingers te zien terwijl het volk op weg is naar het kapitalisme. Alleen onrust wordt niet getolereerd, al komt ook daar verandering in. In de zomer van 1989 was er wereldwijd protest toen de studentenrevolte op het Tian'anmenplein in een bloedplas eindigde. Of er in die opstoot voor vrijheid en inspraak nu tientallen dan wel honderden studenten het leven hebben verloren, is nog altijd niet uitgeklaard. Maar feit is dat China er economisch zwaar onder heeft geleden. Heel wat grote bedrijven verminderden hun medewerking en investeringen, en hoogwaardige Amerikaanse technologie werd niet meer aan China geleverd omdat het land die zou kunnen misbruiken voor militaire doeleinden. Uiteraard tegen het Westen. Anderhalf decennium later is de storm gaan liggen, maar de achterdocht is gebleven. China wordt wel aangeklaagd omdat het nog doodstraffen uitvoert.

En de VS dan?

'Ja,' zeggen de VS, 'maar wij in Amerika executeren alleen misdadigers, terwijl Peking dissidenten, tegenstanders van het regime, tegen de muur zet!'

Wanneer in december 2005 door de Chinese oproerpolitie op betogende boeren wordt geschoten in Dongzhoe, een dorp niet ver van Hongkong, maakt het Westen zich opnieuw zeer druk. 'Die boeren hadden het recht aan hun kant', roept het Westen: ze protesteerden met man en macht tegen de confiscatie van hun gronden. Er 'zouden' bij die rellen twintig doden gevallen zijn. 'Nee,' antwoordde Peking, 'het waren er drie.' Alle berichtgeving uit China komt nog altijd tot ons in de *zou*-vorm: China is nog lang geen open maatschappij, hoewel er wel degelijk dingen veranderen.

Een dag na het gierende westers protest heeft Peking ook vernomen dat er ergens ver weg in het Grote Rijk het een en ander gebeurd is wat niet door de beugel kon. De bevelhebber van de oproerpolitie, die de schietpartij in het dorp nabij Hongkong had bevolen, wordt opgepakt. Het officiële Chinese persbureau gaat er zich ook mee bemoeien en herhaalt het bericht van de drie doden. Het provinciaal bestuur van Guangdong, dat zegging heeft over het dorp, laat ook van zich horen en verklaart dat de bevelhebber de verkeerde bevelen had gegeven, bevelen die tot het verkeerde politieoptreden hadden geleid. Eén dag vroeger had hetzelfde provinciebestuur laten weten dat de schuld bij de opstandige boeren lag... Er verandert dus wat in China. Maar het land met zijn autoritair regime heeft het moeilijk met zijn public relations, en met de waarheid. Al zijn pr en de waarheid nu niet meteen synoniemen.

Die problemen bestaan er niet tussen het Westen en India. India heeft, sinds zijn onafhankelijkheid in 1947, vooral communistisch geïnspireerde regeringen gekend die niettemin de hogere bevolkingslagen hun gangetje lieten gaan. Dat deden ze ook met de laagste klassen. De heilige koeien behielden het traditioneel verschuldigde respect. Los van die schoonheidsfoutjes hebben de Amerikanen India altijd De Grootste Democratie genoemd. Dat klopt alvast wat de omvang van de bevolking betreft. India heeft sinds zijn onafhankelijkheid ook regelmatig parlementsverkiezingen gehouden. Ook de moderne ontwikkelingen in de kenniseconomie plaatsen het land bij het Westen. En het trage tempo van zijn industriële groei is een geruststellende factor. Dat India een fikse achterstand heeft tegenover het oprukkende China is een andere kant van de Aziatische medaille. Het is nog zo gek niet de economische groei van een land te meten aan zijn olieverbruik. Dan staat India er niet zo schitterend voor: maar 3 procent van de kostbare brandstof wordt in Indiase industrieën en auto's verbruikt. China heeft 8 procent van dat goedje nodig.

Een andere reden voor het Westen om bekommerd te zijn, is het groeiende aantal relletjes dat jaarlijks in China wordt opgetekend. In 2004, het laatste jaar dat er ramingen werden gepubliceerd (in het Westen uiteraard, onder meer door mensenrechtenorganisaties), waren er dat maar liefst 74.000. Zal China ooit de klok met één krachtige ruk terugdraaien wanneer de binnenlandse orde echt in het gedrang komt? Hoeveel opstootjes, betogingen, rellen kan de regering in Peking slikken? Zijn 100.000 uitingen van ongenoegen de absolute limiet? Geen mens die het weet. Momenteel wijst niets erop dat de situatie uit de hand dreigt te lopen. Zolang de tienduizenden 'incidentjes' als uitlaatkleppen kunnen dienen, zolang de economische motor in steeds hogere versnelling geschakeld kan worden, lijkt ongeveer alles mogelijk. Als Peking aan de supersnelle ontwikkeling van het land een halt mocht toeroepen, wat zou er dan met de westerse economie gebeuren? Wat zou er met de westerse bedrijven in China gebeuren, en wat zouden de gevolgen hier van bij ons zijn? Zou al het werk dat nu door goedkope Chinese handen wordt verricht, opnieuw naar ons land komen? En zullen we tegen die dag even goedkoop moeten zijn als de Chinezen nu? Misschien, hopelijk, zijn het angstvisioenen.

Het zijn angsten die tegenover het trage, écht achtergebleven India niet bestaan. China zit, in het midden van het eerste decennium van de 21ste eeuw, in een onstuitbare stroomversnelling.

Midden december 2005 hebben de bollebozen van de Oeso ons voorgerekend dat het Land van de Draak de Amerikanen heeft ingehaald als leverancier van hoogtechnologische apparatuur. China heeft dat jaar de Amerikanen geklopt in de verkoop van laptopcomputers, gsm's, digitale camera's en een massa zeer verfijnde elektronische apparaten. De Chinese omzet is met 46 procent toegenomen. Is dit de sprint naar de Chinese Eeuw, of is het gewoon de vlucht voorwaarts voor een ontketende economie? China, dat verondersteld wordt óns werk goedkoop te verrichten, heeft intussen niet eens handen genoeg om de eigen productie op peil te houden. De bedoelingen van het land zijn overduidelijk: zo vlug mogelijk een economische supermacht worden. De Amerikaanse leerling-tovenaars hebben er nu een zorg bij: wanneer China op de ingeslagen weg verder gaat, bestaat de kans dat het land ook weldra toptechnologie gaat leveren voor het Amerikaanse leger. Het zou een hoogst dringende militaire bezuiniging toelaten na de dramatische aderlating in Irak en in Afghanistan. Maar wat een vernedering voor de Amerikaanse militaire supermacht! Toch zijn het de grote westerse multinationals, waaronder ook Amerikanen zoals Motorola, Microsoft en Cisco Systems, die de Chinese technologische explosie op scherp hebben gesteld. Opmerkelijk is dat het Westen aanvankelijk naar Azië trok op zoek naar bijna gratis werknemers, en zal eindigen met de aanschaf van puur Chinese producten. Nu moet alleen nog de fase komen dat die Chinese elektronica beter blijkt te zijn dan de apparatuur van Amerikaanse makelij.

Dorst naar olie

Een onontkoombare dreiging vormt de olieschaarste, die ons al rond het midden van de 21ste eeuw kan treffen. Een van de meest 'oliedorstige' landen zal zeker China zijn. Het Westen heeft miljoenen tonnen olie uitgespaard door een massa van zijn werk naar Azië te verhuizen, maar dat heeft alleen tot een nog grotere olieconsumptie geleid. Het is een feit dat China over heel wat technologie beschikt, maar het houdt ook nog ontelbare verouderde industrieën draaiend. En die verbruiken een veelvoud van de moderne varianten.

Dat de Aziaten af en toe ook proberen door te stoten naar de vitale belangen van de westerse wereld, hebben we geleerd in dezelfde zomer van 2005, toen de Chinese oliemaatschappij CNOOC (China National Offshore Oil Corporation) een van de Californische kroonjuwelen UNOCAL (United Oil of California) probeerde binnen te halen. Het Amerikaanse congres moest er zich uiteindelijk mee bemoeien: het stak er een stokje voor. Maar 'uitgesteld is niet verloren', denken ze in Peking.

Het is verbluffend te lezen dat China in het midden van de jaren tachtig de grootste olie-uitvoerder van Oost-Azië was. Nu is het land de op één na grootste olie-invoerder van de regio. Het oliespook heeft Peking ertoe aangezet de zwarte vloeistof aan de vier uithoeken van de wereld te gaan zoeken. Zo kopen ze nu olie in het Latijns-Amerikaanse Ecuador en aardgas Australië. Maar daar blijft het niet bij: kijk maar naar het grote aantal Chinese prominenten die Afrika afschuimen op zoek naar het zwarte goud. In Afrika is het lijstje met leveranciers wel erg lang: het bevat Arabische landen als Libië en Egypte. In zwart Afrika hebben ze akkoorden gesloten met Angola en Nigeria, maar ook met de Centraal Afrikaanse Republiek, Tsjaad, Congo, Niger en Soedan. Tot in de verste uithoeken van de wereld, tot op de drempel van de VS zelfs, probeert China olieakkoorden af te sluiten. Zo is het de bedoeling van Peking om ook het moeizaam te ontginnen teerzand in Canada mee uit te baten. In ruil wil China de Canadezen helpen bij het opsporen van aardgas en uranium. Die Chinese exploratieakkoorden met Ottawa hebben de VS natuurlijk zenuwachtig gemaakt. Geen wonder dat sombere geesten militaire botsingen voorspellen tussen de huidige westerse supermacht en het aankomende Aziatische wereldrijk.

China probeert intussen zijn olieleveranciers ook te diversifiëren. Het land is nog overwegend afhankelijk van het Midden-Oosten, maar de olie-import uit dat gebied neemt geleidelijk af. In 2003 betrok China nog de helft van zijn olie uit de Golfstreek, een jaar later was dat al 5 procent minder. Ook uit Indonesië en uit Maleisië werd minder olie gekocht: China heeft het in eigen land al aan de stok met de islam, waarom over de grens nog bijkomende moeilijkheden gaan zoeken? Ze kopen dus liever in Rusland, Noorwegen en Brazilië.

De energie lijkt het moeilijkst te omzeilen probleem. De olieconsumptie zakt een paar miljoen vaten in de Oude Wereld, maar ze neemt veelvoudig toe in de landen die tot de Nieuwe Wereld behoren. Gaat de Draak zijn tanden, de Tijger zijn klauwen en de Adelaar zijn snavel moeten gebruiken om niet van de oliedorst om te komen?

Wat gaat er dan worden van onze onstuitbare kennis- en diensteneconomie?

Zullen we langer moeten werken met onze eigen, goedkopere handen?

9

Harde feiten en halfzachte maatregelen

Eind van 2005 werd de hele discussie rond meer en langer werken geconcentreerd in één begrip: het *Generatiepact*. Is dat een pact dat een generatie zal meegaan, of is het een pact waar een generatielang over gepraat zal worden?

Tijdens het ontstaan van dit boek is het onderwerp geen dag uit de krant of uit de ether geweest. De werklozen hebben tenminste al de media aan het werk gehouden. Ook de politici, met de werkgevers en de vakbonden in hun kielzog, waren 'goed bezig'. Maanden hebben ze rond de bijzonder hete brei gedraaid, maar die is er alleen nog heter op geworden. Het Generatiepact is een kanjer van een windei gebleken: het oogde goed, maar het is hol. Uit de benaming 'Generatiepact' zou je in een verstrooid moment gaan concluderen dat jong en oud het uiteindelijk tóch eens geworden zijn om de handen uit de mouwen te steken, en om hun tijd en energie te investeren in de aanpak van de werkloosheid en de vergrijzing. Willen ze met zijn allen de Chinezen, de Indiërs en de Poolse loodgieters inhalen? Moeten we dan écht tot 65, tot 70 blijven werken? Wie dat denkt, is naïef.

Volgens de vakbonden is de nood aan langer werken veel kleiner dan de patroons en de liberale politici het afschilderen. Het water staat ons nog lang niet tot aan de lippen. Misschien tot aan onze kin? Waarschijnlijk slechts tot aan onze schouders. En we hebben toch altijd sterke schouders gehad? We verdrinken nog niet in de alom gevreesde vergrijzing. Grijs word je slechts haartje na haartje. Hoe het ook zij: ook vakbondsleiders geven tussen neus en lippen toe 'dat er iets moet gebeuren'. Wat ze niet nemen is dat de 'ouderen' (soms van 50 of 52 jaar, als het echt moet vanaf 48) hiervoor moeten opdraaien. De vakbonden hebben zich opgeworpen als de brugwachters van het brugpensioen. Wat wil de vakbond? Dat alle werklozen en in eerste instantie de jongeren aan een job worden geholpen. Er zaten, tijdens het schrijven van dit boek, ruim 620.000 mensen zonder werk. Waarom gaan zij niet als eersten aan de slag? Dát zou de naam 'generatiepact' tenminste inhoud en geloofwaardigheid geven!

Maar ja, dan zijn er de patroons. Ouderen geven ze node een kans: ze zijn veel te duur. De jongeren zijn 'ondergeschoold', of hoe moet je hen noemen? Ze missen de nodige bagage en de *attitude* die van een goede werknemer wordt verwacht. Ze hebben training nodig, bijscholing, begeleiding. Kan een bedrijf bij elke jonge werknemer een begeleider zetten die hen bij het handje neemt? Trouwens, waar in godsnaam kunnen ze terecht in de moderne kennismaatschappij?

En de premier? Guy Verhofstadt blies koud en warm. Het brugpensioen was de heilige koe die hij zou slachten, eigenhandig als het moest. Stoppen met werken op 58 moest gedaan zijn. Het brugpensioen was het bouwsel dat hij persoonlijk wou slopen. De premier probeert echter de kool en de geit te sparen. Voor camera's en microfoons spreekt hij stoere taal, maar hij is een volwassen strateeg. Hij weet dat de vakbonden met hun eigen twijfels zitten. Hij voelt dat de socialistische en de christelijke vakbond elk hun eigen bedenkingen hebben. Het ACV voelt er weinig voor om zijn manschappen door het vuur van de barricades te jagen. Wat doet de premier? Hij stuurt een mailtje naar ACV-voorzitter Luc Cortebeeck, waarin hij sussend belooft dat het allemaal wel niet zo'n vaart zal lopen. Het elektronische kattebelletje beantwoordde aan de ministeriële verwachtingen. Het was in ieder geval rooskleurig genoeg om het ACV weg te houden van de nationale staking van 7 oktober 2005. Waarschijnlijk klopte de inhoud van het ministeriële mailtje dus. Van alle werknemers die hun brugpensioen tegen 2008 (het jaar dat het pact van kracht wordt) dreigen te verliezen, zou slechts 10 procent effectief aan het werk moeten blijven. Het ACV schaart zich aan de kant van de regering om samen met hen het generatiepact overeind te houden. Cortebeeck is de 'brave' onderhandelaar geworden. Hij heeft onvermoede uitwegen en achterpoortjes ontdekt. Zowat de helft van de werknemers die met brugpensioen mogen gaan, maakt tegenwoordig van die gelegenheid gebruik. Velen van hen werken gewoon tot hun 64ste of 65ste door. En Verhofstadt heeft beloofd dat mensen in zware, slopende beroepen gespaard zullen blijven. En wie zit er niet in een zware job? Nu zijn het de dokwerkers, de mannen in de bouw, de metaalarbeiders, de truckers. Over een paar jaar zijn het de verplegers, de horecabedienden, de nachtwerkers. Dan komen de ambtenaren, want het is niet omdat je de hele dag achter je computer zit dat je 's avonds niet uitgeput kunt zijn. Maar de premier blijft intussen in het publiek triomfantelijk volhouden dat 60 jaar de nieuwe leeftijd voor het brugpensioen wordt. Voor een klein aantal mensen weliswaar, maar dat zegt hij er niet met zoveel woorden bij. Hij praat alsof hij nooit een mailtje heeft verstuurd naar de ACV-voorzitter. Gilbert De Swert van de ACV-studiedienst zegt het op zijn eigen manier: 'Ze doen alsof het een bloedbad is, maar feitelijk gaat het om een schuimbad!'

Toch rijzen er levensgrote vragen. Als amper 10 procent van de kandidaten voor brugpensioen een paar jaar moet inleveren en tot 60 moet doorwerken, maakt dat de economische achterstand van ons land dan wel goed? En als ons land elke dag meer economisch terrein verliest, waarom dan wachten tot in 2008 of zelfs later om het nieuwe brugpensioen van start te laten gaan?

Het is begrijpelijk en logisch dat de werknemer bang en achterdochtig blijft. Is het abnormaal dat hij vreest voor zijn job? Zowat elke dag verdwijnen er bedrijven en banen naar het nabije Oost-Europa of naar het Verre Oosten. Er zijn niet alleen de buitenlandse loodgieters die naar onze baan hengelen. In de bedrijfswereld is een nieuwe cultuur gangbaar geworden, en de regels van het spel zijn grondig gewijzigd. Het is niet langer de bedoeling dat een bedrijf goed gerund wordt en een fatsoenlijke winst maakt: personeelsontslagen zijn een superieur tovermiddel. Als een bedrijf verlies boekt, dan moet je maar afdanken. De dag erop zie je in de kranten de stijgende beursnoteringen: hoe minder werknemers, hoe groter de winst! Afdankingen zijn synoniem geworden voor moderniseren. Een groot bedrijf heeft wereldwijde vertakkingen, waardoor niemand de bazen nog op de vingers kan tikken. Wie zijn trouwens de bazen? Het zijn de aandeelhouders. Het betrouwbare Duitse weekblad *Die Zeit* publiceerde op 1 december

2005 een uitgebreid artikel onder de alleszeggende titel: 'Managers zonder Moraal?' Het blad heeft het over de almacht van ongrijpbare bedrijfsbazen die, vanuit het verre buitenland, honderden of duizenden werknemers in Duitsland de deur wijzen. Het blad stelt bij het personeel zeer gemengde gevoelens vast. Het is niet de woede die domineert. De werknemers geven veeleer uiting aan frustratie en machteloosheid. Hoe kunnen ze deze bittere 'moderne' tijd nog vatten? Nu Chinezen met even goede producten als de onze naar de markt komen, hebben die goederen ook veel minder belang. Ze zijn niet meer te onderscheiden van de onze. Met prima computers en snelle machines kan iedereen alles. Het enige waar het op aankomt, is winst maken. *Die Zeit* heeft het onder meer over Deutsche Telekom, dat in het laatste kwartaal van 2005 een mooie winst van 2,4 miljard euro binnengehaald heeft. En toch wil het mammoetbedrijf 32.000 banen schrappen.

Henkel, een van de oudste waspoederfabrikanten van Europa, wil 3.000 man kwijt. Toch heeft de firma in 2004 een recordwinst geboekt. Maar het volstond niet voor de aandeelaanhouders...

De Duitse vestiging van IBM heeft het uitstekend gedaan. Is het daarom dat 620 programmatoren moeten opkrassen? Deutsche Bank denkt 6.400 bedienden te kunnen missen. De bank boekt indrukwekkende successen, maar er moet meer mogelijk zijn, dus gaan ze ervoor.

Wanneer een bedrijfsleider uit Wall Street plots zegt dat hij dit jaar geen opslag wil, dan wordt dat binnen enkele minuten wereldnieuws. De man heet Ethan Berman en hij is stichter en baas van RiskMetrics, een firma die voor collega's uitrekent welke risico's ze lopen met hun geplande investeringen. Zijn bedrijf is naar Amerikaanse normen misschien nogal bescheiden, maar hij mikt dit jaar toch op een winst 3,5 miljard euro. Berman hanteert normen die aan tijden van vóór de wilde globalisering herinneren: hij deelt de winst van zijn firma met alle leden van het personeel. En voor hem geldt de regel dat hij hooguit een beperkt aantal keren meer mag verdienen dan de laagst betaalde van zijn ondergeschikten. Kijk eens aan...

Het minste wat je kan zeggen, is dat de toestand 'verward' is. Dat vat veel samen zonder iets op te lossen. Maar het ontgaat aandachtige waarnemers niet dat sommige Europese landen zich uit die verwarring proberen los te maken. Duitsland doet dat op spectaculaire wijze: de 84 miljoen Duitsers hebben hun kanselier Gerhard Schröder naar huis gestuurd en voor Angela Merkel gekozen. Een half jaar voor haar verkiezing had de wereld nog nooit van haar gehoord, nu krijgen ze haar elke dag geserveerd in de media. Wie is ze? De dochter van een Oost-Duitse dominee, in haar jeugd lid van de communistische jongerenorganisatie, en na de val van de Muur lid van de christendemocraten. Ze mag dan wetenschapper zijn, helder is haar profiel niet. Dat is maar best, want misschien werkt het in haar voordeel. Haar grootste troef: ze is Schröder niet.

Zal Merkel dingen durven die haar voorganger uit de weg ging? Zal ze in de lonen durven te snijden? Zal ze werklozen naar de werkvloer jagen? Zal ze subsidies durven af te nemen? Net na de verkiezingen doopten sommige kranten haar 'Angela Thatcher'. Nog vooraleer de grote coalitie een feit geworden was, nog vooraleer Merkel haar intrede in de Rijkskanselarij had gedaan, lekte het nieuws al uit: binnenkort zal de Duitser tot 67 jaar actief moeten blijven. Dat lot zal *de kinderen van* '68 treffen: de nieuwe regel geldt namelijk pas vanaf 2035. Toen die generatie jong was, droomde ze van eeuwige vakanties en van medebeheer. 'Sous les pavés, la plage' schilderde het losgebroken studentenvolk op muren en deuren van de Sorbonne. Het klinkt nu een beetje lachwekkend. Maar het schot voor de boeg is meteen gelost. Angela wil ook niet tot in 2035 wachten: het aftellen begint al in 2011. Van dan af moet er door de jeugd uit '68 elk jaar een maand langer worden gewerkt. Wat is een maand? Pas 24 maanden later zullen ze tot aan hun 67ste aan de slag zijn. Dat moet kunnen. De boodschap is duidelijk: de dreiging is nog niet voor morgen. Nog honderdduizenden zullen op hun 65ste mogen afzwaaien. Maar de verlenging van de pensioenleeftijd komt er zeker.

Merkel vergeet ook de bedrijfsleiders niet: ook zij moeten hun duit in het spaarvarken doen. Van hen verwacht de nieuwe kanselier dat ze mensen van 55 nog in hun bedrijf gedogen, ook al zijn die mensen prijzig. Want net zoals bij ons raakt een (afgedankte) Duitse werkwillige van 55 nog maar moeizaam aan een baan. Tegen dure oudjes bestaat ook in Duitsland een soort economisch 'ostracisme'. Hoe dan ook is de symboliek van Merkels eerste politieke vingeroefeningen duidelijk: ze hanteert de economische weegschaal met zorg. Bazen en personeel moeten allebei leren inleveren.

De Amerikanen bespeurden begin 2006 al het ontluiken van een nieuw *Wirtschaftswunder*: 'Duitsland herpakt zich' titelde *The International Herald Tribune* op 17 januari 2006. Merkel is duidelijk pro-Amerikaans, en ze is al op bezoek geweest bij George Bush. In de VS heet Merkel liefkozend Angie, naar de populaire song. Het lijkt zowaar op een trans-Atlantische *love story*. De gezaghebbende krant stelt vast dat de beroemde drukpersenfabrikant Heidelberger er weer bovenop komt. Het bedrijf heeft 3.500 werknemers weggestuurd en begint nu uit het moeras te raken. Een euforische, rooskleurige blik op de 'nieuwe' Duitse economie. Het blad herinnert eraan dat Duitsland tenslotte de derde economie van de wereld is, na de VS en Japan. Is de westerse economie gered? Het lijkt er wel op. De psychologische draagwijdte van een vrouwelijke kanselier doet wonderen en zet de journalistieke fantasie aan het werk. Wat de Amerikaanse krant zo opwindt, is het feit dat de Duitse bedrijfswereld zijn dynamiserende voorbeelden uit het Amerikaanse receptenboek haalt. De Duitse industrie lijkt zich te herstellen omdat ze nu ook maatregelen durft te nemen. Harde, stoute maatregelen. In het personeelsbestand wordt gesnoeid, de werkweken worden langer zonder extra vergoedingen (van 35 uren naar 36,75), niet renderende divisies worden afgestoten en als het écht moet, verhuizen hele afdelingen naar Azië. De vakbonden blijken de boodschap begrepen te hebben en doen hun best om in te binden. Lonen stijgen nog amper of worden in het beste geval bevroren. Zó krijg je opnieuw vaste voet op de wereldmarkt, besluit *The International Herald Tribune*. Het lijkt een beetje een euforische analyse, maar het is een feit dat er op vele plaatsen diverse pogingen worden gedaan om uit het economische moeras te klimmen.

In Duitsland inspireert Merkel niet alleen het bedrijfsleven. Ze wil haar land ook uit de bodemloze schuldenput tillen waarin het de voorbije jaren gezonken is. Ze snijdt de laatste financiële franjes weg van wat ooit het IJzeren Gordijn was. Meer dan vijftig jaar lang heeft Duitsland (dat heette toen 'Duitse Bondsrepubliek') forse subsidies uitbetaald aan wie een huis wou bouwen. 55 jaar geleden had dat zin: het land moest heropgebouwd worden na Hitlers verpletterende nederlaag. En Duitsland kreeg daar bovenop nog eens 12 miljoen etnische landgenoten van de Russen toegeschoven. Kanselier Merkel haalt een vette streep door die milde subsidies die het land steeds dieper in de financiële put duwden. Het wonder is niet dát het gebeurt: het had al decennia geleden moeten kunnen. Maar bewonderenswaardig is het tempo waarin het geschiedt. Normaal vergt zo'n onderwerp maandenlange discussies, nu wordt het op een drafje door de senaat gejaagd. Vooral de gewezen Oost-Duitsers zullen zich een aap geschrokken zijn: alweer een zoethoudertje dat in rook opgaat. Bij de goedkeuring in de senaat zei Merkel dat de maatregel al lang een feit had moeten zijn. Ze zei dat in het gezicht van de afgevaardigden uit de zestien Duitse deelstaten, en die slikten het stilzwijgend. Ze heeft namelijk ook verklaard dat ze Duitsland zijn reputatie als grootste land van Europa wil terugschenken. Is het die ene, ietwat onheilspellende zin die ook de grimmiger monden snoert?

Welke geheime verwachtingen schuilen er in de harten van het herenigde Duitse volk? Hoe belangrijk is die maatregel? Reken zelf na: tot nu toe mochten Duitsers die een huis bouwden of kochten, gedurende acht opeenvolgende jaren telkens 1 percent van de aankoopprijs van hun belastingen aftrekken. Niet noemenswaardig, denkt u? In 2004 kostten die subsidies de staat toch mooi 12 miljard euro. Die vallen nu weg. Dat is een miljard euro minder uitgaven per maand...

Ook de werkloosheid pakt Merkel omzichtig maar kordaat aan. In Duitsland zijn namelijk 325.000 gastarbeiders als 'tijdelijken' actief op het platteland. 10 procent van hen zal voortaan door werklozen worden vervangen. Alleen als de landbouwer kan aantonen dat er echt geen lokale werkloze krachten te vinden zijn, mag hij zijn gastarbeiders in dienst houden, maar dát bewijzen wordt een hele klus.

De bluf van Blair

De Britten doen mee aan het opbod: in Groot-Brittannië wordt gefilosofeerd over een pensioenleeftijd van 69 jaar. Het klinkt buitensporig. Ze baseren die 69 jaar op de toenemende levensverwachting. U weet wel, die periodieke statistieken waarin staat welke leeftijd een man en een vrouw elk voor zich mogen proberen te bereiken op het ogenblik van de publicatie. En zal tegen het eind van de 21ste eeuw niet iedereen in staat zijn tot 75 's ochtends naar kantoor te fietsen? Een idee van een Britse Jules Verne, of van een Britse George Orwell? Het lijkt meer op een nummertje Britse branie van Blair. Niettemin blijft het een proefballon die kan tellen. De Britten werken trouwens met een stappenplan: met die 69 jaar in een ver, niet nader gespecificeerde toekomst, mikken ze net als de Duitsers op 67 jaar als redelijke pensioenleeftijd. Die zou al haalbaar moeten zijn tegen het jaar 2020, en dat is niet zo ver meer af. Dát is wel gedurfd, want een Brit van rond de vijftig mag nu al 's nachts wakker beginnen te liggen over zijn pensioenleeftijd! Die voorlopig 'gekke' ideeën ontstaan in een land met een minimale werkloosheid: slechts 4,5 procent van de Britten heeft geen baan. Op zo'n moment kan de fantasie van de leiders het gemakkelijkst op hol slaan. Het plan werd ook niet toevallig eind 2005 onthuld, op het ogenblik dat de Britten het voorzitterschap van de EU in handen hadden.

Frisse Scandinaviërs

En de Scandinaviërs? Die lijken ook de globale dreiging aan te kunnen, inclusief de werkloosheid. En niet alleen dankzij Nokia, Ikea, Saab en Volvo, al zijn die bedrijven wel degelijk Scandinavisch. De Europeanen uit het hoge, koude Noorden zijn koplopers in alle Europese statistieken. Zo heeft Zweden de meest internationale economie na Ierland. Bij hen heerst het beste klimaat voor de bloei en de groei van de innovatieve technologie. De Denen stoppen het meeste geld in het spitstechnologisch onderwijs, de Finnen herpakken zich het snelst na economische klappen. De koude kweekt blijkbaar wakkere burgers! Scandinavië is het vlugst om zich aan wisselende economische situaties aan te passen. Dat heeft natuurlijk te maken met levenslange bijscholing, en dat is geen ijdele promotiepraat: de uitspraken worden zwart op wit gestaafd in opeenvolgende Oesorapporten. Daarin staat bijvoorbeeld Zweden te pronken met een werkloosheid van 4,9 procent. Beter dan de VS? Ja, inderdaad. Die moeten zich schikken in een werkloosheid van 5,5 procent. En zeggen dat ze dat in Washington *peanuts* noemen. De Zweden zijn bijna even knap als de zwoegende landgenoten van Tony Blair!

Al die economisch florissante landen moeten er wel op letten dat hun welvaart niet onderuit wordt gehaald. Zo heeft Ierland (het andere Europese buitenbeentje) zich uit de bodemloze werkloosheid weten te verheffen door zich als het eiland van de goedkope werkkrachten aan de Amerikanen te verhuren. De Ieren zijn nu al een paar decennia de nabije Chinezen van de VS. Alle bedrijven van enig belang zijn Amerikaans. Probeer maar een oorspronkelijk Ierse firma uit uw geheugen op te roepen. Daarenboven is er met Uncle Sam ook geen taalbarrière, wat van de Chinezen bezwaarlijk gezegd kan worden. Toch verschijnen er af en toe ook dáár economische kapers aan de horizon. Zo probeert Irish Ferries zijn bemanningen te vervangen door Letse matrozen die ze voor een prikje kunnen inhuren. De bedreigde Ieren protesteren waar en wanneer ze kunnen door de activiteiten van de Letten lam te leggen, door afvaarten te blokkeren, door te verhinderen dat toeristen aan boord gaan enzovoort. Iedereen probeert zich op zijn eigen manier te redden...

Nederland wordt gekeurd

Dan is er uiteindelijk ook nog de écht harde aanpak. In Nederland heeft het kabinet Balkenende er zijn politiek handelsmerk van gemaakt. Herinnert u zich nog de typisch Nederlandse, royale opvangregeling voor wie zich moe en uitgeblust naar zijn werk moest slepen? De rechtse regering Balkenende zette de botte bijl in de WAO. Op een sluwe manier, toegegeven. De WAO werd niet opgedoekt, hij werd krachtig afgeslankt. 'Keurders', dat zijn controlerende artsen, riepen en roepen de ene WAO'er na de andere bij zich en keuren hem of haar. Ze zoeken als het ware onder de microscoop naar wat er nog goed aan is. Wat werkt nog? Of beter: wat kan er nog werken? Zelfs mensen met kanker kunnen volgens sommige 'keurders' nog nuttig en betaald werk verrichten. En dan gaat hun uitkering omlaag met het bedrag dat ze nog zelf kunnen verdienen. Midden 2004 begon die herkeuring. Er stonden toen 300.000 WAO'ers op hun keurder te wachten. Elk van hen vreesde hetzelfde: dat ze opnieuw aan de slag zouden moeten. Waarschijnlijk niet in hun vroegere job, maar in een betrekking waarvoor ze nog in aanmerking konden komen. Het was het UWV dat daarover zou beslissen. Het UWV was en is dan het Uitvoeringsinstituut Werknemersverzekeringen, dat één na één de knopen doorhakt en uitmaakt in hoeverre een WAO'er nog *bruikbaar* is, en meer bepaald waarvoor. Ze zullen dan meteen vernemen hoeveel uitkering ze nog van de WAO zullen ontvangen en hoeveel ze zélf zullen moeten bijverdienen in een beroep waar ze zo goed als geen kennis over bezitten.

Het systeem werkt natuurlijk niet zo vlot. De keurende dokters worden immers ook nog op de vingers gekeken door strenge 'specialisten', de zogezegde arbeidsdeskundigen. Dát zijn de strengste jongens van het hele controlepeloton. Het is immers hun taak de afgetobde Nederlanders opnieuw te motiveren. Dat ze hun taak met uiterste nauwkeurigheid uitvoeren, blijkt wel uit het feit dat ze ten vroegste op 1 juli 2007 klaar zullen zijn met het screenen van de 325.000 personen op de zwarte WAO-lijst. Om er een beetje spoed achter te zetten, wordt ook de activiteit van de keurende artsen 'gemeten' en onderling vergeleken. Ze worden net niet in dezelfde zak gestopt bij de WAO'ers. Trage keurders krijgen onvermijdelijk een aansporing om er wat vaart achter te zetten. Wat de kwaliteit van de keuring betreft, die is eenvoudig in te schatten. Wie het grootste aantal WAO'ers opnieuw aan het werk krijgt, is ongetwijfeld de productiefste. Van de al beoordeelde WAO'ers die het eerste jaar door de sociale scanner moesten, is zowat de helft op de een of andere manier opnieuw aan het werk gezet. Voor hen valt hun uitkering dus weg, of wordt ze in het beste geval drastisch gekortwiekt. Aan cynische opmerkingen over de keuring ontbreekt het niet in Nederland. In een van de meest gangbare grapjes rond deze megaoperatie wordt het UWV *het Lourdes van het Noorden* genoemd. 'Je gaat er als arbeidsongeschikte naartoe en je komt er werkbekwaam weer buiten', gaat het grapje. Een van de belangrijke normen die gelden bij het scannen van de WAO'ers is boodschappen doen. 'Als je naar het warenhuis kan, dan moet je ook op je werk raken' luidt de redenering. De wonderen van het noordelijke Lourdes veranderen de levens van de (gedwongen) pelgrims soms heel grondig. Er zijn voorbeelden van schizofrene WAO'ers die voor driekwart opnieuw aan de slag mogen. Van wonderen gesproken! Natuurlijk zijn er ooit massaal misbruiken geconstateerd binnen de WAO. Tienduizenden 'patiënten' hebben zich het etiket 'arbeidsongeschikt' laten opkleven, gewoon omdat ze het leuker vonden bij vrouw en kinderen, en omdat hun uitkering zo'n leven als toeschouwer mogelijk maakte. Maar er zitten natuurlijk ook écht ongeschikte mensen in het leger van de WAO'ers.

Sommige werkgevers halen achterdochtig de schouders op. De WAO kwam vaak prima van pas om van minder actieve werknemers af te raken. Dan was het de baas zélf die het initiatief nam. Daar kan hij nu geen gebruik (of misbruik) meer van maken. Bij de hele operatie merkt de overheid op dat de WAO een verzekering is. En het gebeurt toch vaak dat de polisvoorwaarden veranderen. Waarom dan al die heisa?

Wat doen wij?

Dat lijkt niet de goede vraag. Het is veeleer een kwestie van wat wij dúrven te doen. En hoe drastisch. Oudere financiële goeroes kijken met enig heimwee terug op de voorbije decennia. De eregouverneur van de Nationale Bank, Fons Verplaetse, is voorstander van een *big bang*, een schoktherapie voor de Belgische economie. Daarom moeten de belastingen omhoog en de loonkosten omlaag. Minder verdienen dus, maar op een zo onopvallend mogelijke manier: op de loonbriefjes mogen liefst geen lagere cijfers verschijnen. Het volstaat dat ze een paar jaar niet omhoog gaan. Op zo'n moment wordt er met tranen in de ogen achterom gekeken naar de regering Martens V, die in 1982 de toenmalige Belgische frank met 8,5 procent naar beneden duwde. Een devaluatie dus – wat België met de euro natuurlijk niet kan.

Die feiten liggen ondertussen een kwarteeuw achter ons. In ruil voor de devaluatie mocht er 5 procent minder gewerkt worden. Wie zou die boude taal nu nog in de mond durven te nemen? Nu moet er vooral meer en langer gewerkt worden, door jong en oud. Opvallend is wel dat er gelijkenissen zijn. Er was toen ook al sprake van 'loonmatiging', en ook toen moest de sociale zekerheid gered worden. In ruil voor 3 procent loonmatiging zouden de bedrijven voor 3 procent aanwervingen instaan. Maar is zo'n inlevering op het loon nu nog voldoende om de Poolse loodgieter buiten de deur te houden? Hij wordt er tegenwoordig bijgeroepen nog vooraleer er gaten in de vacatures ontstaan. De bedrijfsleiders houden van loonmatigingen die liefst 50 of 70 procent lager liggen dan hier.

De goocheltruc met de WAO komt voor ons land niet zo dadelijk in aanmerking. Maar wat kan er dan wel gebeuren?Als we de 623.000 werklozen en de talloze bruggepensioneerden buiten beschouwing laten, zijn er nog altijd de Poolse loodgieters en hun gelijken. Als het waar is dat de jongeren niet graag vroeg uit hun bed komen, en als het even waar is dat de ouderen staan te dringen om met brugpensioen te gaan, dan blijven er alleen die Poolse loodgieters over die bereid zijn de vacatures in ons land te komen opvullen. Ze kunnen lekken dichten, maar ook muren metselen of met trucks manoeuvreren. Laten we ze dus met open armen welkom heten. Druk ze aan uw werkgevershart en geef ze een job. Dát is het advies van een deskundige, Filip Abraham, tot voor kort decaan van de Leuvense faculteit economie en momenteel vice-rector van de KU Leuven. Filip Abraham heeft er diep over nagedacht en zijn conclusies in een rapport neergeschreven: 'Gevolgen van de EU-uitbreiding voor de Vlaamse Arbeidsmarkt'. Ondubbelzinniger kan het niet. Abrahams is een nog relatief jonge prof die meer weg heeft van een zakenman dan van een academicus. Hartelijk en joviaal, maar evenzeer alles onder controle. Hij kan bemoedigend glimlachen, maar doet dat alleen als er een misverstandje dreigt. Voor de rest: zakelijke ernst. Net als zijn thema dus.

Eigenlijk is hij een fervente tegenstander van de tweeslachtige politiek waarmee landen van de EU de nieuwe gastarbeiders bejegenen. Theoretisch wou de EU alle Oost-Europese werkkrachten nog zeven jaar (tot in 2013) buiten onze (trouwens afgeschafte) grenzen houden. Maar die strenge regel valt gemakkelijk te omzeilen. Handig voor wie in het vroegere Oostblok goede ogen heeft en de kleine lettertjes kan lezen: als je een zelfstandige bent, gelden die strenge regels al niet. Als je verre werkgever je inschrijft als 'zogenaamde' zelfstandige, ben je dus al binnen voor de regen: je wordt dan als het ware uitgeleend voor bepaalde, beperkte duur. En je kunt hier in het Westen aan de slag. Dan heb je als Pool, Let of Tsjech recht op het minimale Belgische arbeidsloon. Dat is niet echt veel, maar nog altijd heel aantrekkelijk voor wie thuis vijf keer minder verdient. Hun sociale voorzieningen moeten ze in het eigen land ontvangen, als die er tenminste zijn. Tussen haakjes: ons land heeft toevallig een relatief riant 'minimumloon'. Alleen Luxemburg en Nederland doen het ietsje beter. Een 'minimumloner' incasseert in België maandelijks 1210 euro per maand. Een Let moet het in zijn vaderland uitzingen met 116 euro voor een even lange maand. Een Poolse loodgieter met een slechte baan zal het thuis ook niet ver schoppen met zijn maandelijkse 205 euro, maar dat is dan nog bijna drie keer zoveel als een Roemeen, die 72 euro krijgt. Trouwens, in het 'rijke' Westen worden soms ook extra karige minimumlonen uitbetaald. Wat vinden de Portugezen bijvoorbeeld van hun 437 euro per maand?

Professor Abraham zegt: 'Laat de mensen uit het vroegere Oostblok toch naar hier komen. Dan vallen ze meteen onder ónze sociale zekerheid en genieten ze dezelfde arbeidsvoorwaarden als hun Belgische collega's. Dan hebben ze bijvoorbeeld toegang tot de Belgische gezondheidssector én dragen ze ook bij. Hun nettoloon zal dan in het begin vaak dalen, omdat ze ook aan de sociale afhouding onderworpen zijn. Maar ze bouwen wél pensioenrechten en gezondheidsrechten op. Als je dat niet doet, dan moedig je het illegale circuit aan en zit je met het probleem van het zwartwerk. Maak ze dus wettelijk, dat zou ook de mogelijkheid bieden aan mensen die hier al lang zwart werken om 'wit' te worden. Dan hebben ze een Belgisch statuut. Iets dergelijks is al in Engeland gebeurd: op het ogenblik dat het mogelijk werd om 'wit' te werken, is er een heel aantal boven water gekomen.'

Abraham verzet zich tegen het omzeilen van allerlei afspraken. 'We zijn vóór werknemers uit die landen, maar dan volgens de normale tewerkstellingsafspraken.' De professor is er ook vast van overtuigd dat de Oost-Europese arbeiders onze mensen het brood níét uit de mond stelen. 'Uit ervaring, uit statistieken van werkgevers, uit econometrische en technische simulaties blijkt telkens hetzelfde: het gros van de werkzoekers komt af op vacatures die hier niet opgevuld zijn en ook niet opgevuld raken. En als werkgevers de keuze krijgen tussen een Poolse en een Vlaamse arbeider, dan zullen ze doorgaans de Vlaming nemen. Dat zal zeker het geval zijn als het gaat om een normaal wettelijk statuut waar de loondifferentiatie niet speelt. Dan nemen ze liever een Vlaming, als ze die tenminste kunnen vinden. Bij de integratie van werknemers uit Centraal Europa doen zich toch wel altijd een paar problemen voor, zoals de taalbarrière. We verkiezen dus Vlamingen, maar in een massa knelpuntberoepen vinden we gewoon geen mensen. En dan zeggen we: laat die jobs invullen door mensen die dat werk willen komen doen. Dat creëert dan ook geen rechtstreekse concurrentie voor de werklozen.'

Blijft de vraag waarom onze rijke voorraad aan werklozen die openliggende banen geen blik waardig achten? Abraham is wel econoom, maar hij aarzelt niet om de situatie met een psychologische blik te bekijken.

'Om te beginnen stellen de vacatures dikwijls een aantal eisen, qua opleiding en motivering, dingen die bij heel wat werklozen ontbreken. En wat gebeurt er dan? Een werkloze Belg die niet de vaardigheden en al evenmin de motivatie bezit, staat daar naast een Pool die een gezin te onderhouden heeft en die wil werken. Bovendien is men in die Oost-Europese landen altijd blijven investeren in onderwijs. Daarenboven hebben ze nu een reële motivatie: gevoelig meer verdienen dan thuis.'

Wat suggereert Filip Abraham eigenlijk? Zet een Belg naast een Pool op de werkvloer, en wat valt op? Onze landgenoot is een stuk minder gemotiveerd en zowaar heel wat minder bekwaam dan de Pool. De Pool heeft een gezin waarvoor hij geld moet verdienen. Heeft de werkloze Belg dan geen gezin? Of kan hij de eindjes aan elkaar knopen met zijn uitkering? En wat nog? Hebben ze zich in het Oostblok dan warempel ernstig over het onderwijs gebogen, ernstiger in ieder geval dan hier bij ons? Abrahams conclusie ligt voor de hand:

'Waarom zouden we gaan voorschrijven welke jobs wél voor de nieuwkomers zijn en welke alleen voor ons? Ik vind dat we voor knelpuntbanen hetzelfde moeten doen als de Nederlanders: we moeten actief mensen gaan rekruteren. De Zweden rekruteren trouwens ook actief in de Baltische staten, ook voor hun knelpuntvacatures! En er zijn heel wat van die banen in ons land. Er is een groot gebrek aan lassers, aan metselaars, aan gespecialiseerde bouwvakkers, aan technici, aan chauffeurs voor vrachtwagens. Ook de ingenieurs zitten in knelpuntberoepen. Het is een feit dat mensen die vroeger niet onder druk stonden, mensen met een hogere opleiding, nu ook die druk voelen. Het tekort aan ingenieurs vormt dus een groot knelpunt, gewoon omdat we er niet genoeg voortbrengen. Dan ligt het toch voor de hand dat we ze ergens anders gaan zoeken? Je kunt dat betreuren, maar het is een gevolg van de globalisering. Die problematiek is er, zelfs als we dat niet leuk vinden. En, als je een werkgever vraagt of de loonkosten van een Vlaamse ingenieur hét grote probleem vormen, dan antwoordt die: *We don't care at all!*'

Dat zal wel een heel ongewone opmerking zijn uit de mond van een bedrijfsleider als je elke dag je kranten leest, doorweekt van hun tranen over de onbetaalbare loonkosten! Dat is toch dé reden voor hun vlucht naar de Oost-Europese of naar de Aziatische verten? Waarom geen 'zwarte' Pool huren als hij voor een prikje te krijgen is, terwijl het eigen volk je het bloed van onder je nagels kost? Maar als je het probeert te redden met 'zwart' volk, dan ben je natuurlijk in de illegaliteit bezig. Dan moet je niet rekenen op topkwaliteit, maar het stellen met wat hier op de vrije markt aanspoelt. Abraham keurt het vierkant af.

Maar dan blijft er toch nog altijd de werkelijkheid van de niet ingevulde banen in de knelpuntberoepen. Er blijft het harde feit van de werkzoekers die ons onder de voet dreigen te lopen vanuit de vier hoeken van de wereld. Er blijft de realiteit dat Europa minder ingenieurs produceert dan het nodig heeft. Je kunt er niet omheen dat Europa meer kenniswerkers nodig heeft dan het continent er zelf voortbrengt. De globalisering ís er om te blijven. Na ons gesprek zal de professor gaan lunchen met twee oud-studenten die bij hem gedoctoreerd hebben. Ze zijn in België op bezoek, maar wonen en werken in het Indische Bangalore voor een Amerikaans bedrijf. Zij is Vlaamse en werkt in India voor Amerikanen. Hij is Indiër, heeft bij Imec gedoctoreerd en ook hij werkt voor Amerikanen in zijn vaderland India. Dat is zeker geen standaard voorbeeld van de globalisering, maar de voorbeelden bestaan en nemen in aantal toe.

Zegt de prof: 'Die grote bedrijven zoeken in een wereldwijde pool van kandidaten. Het is niet waar wat velen van ons volhouden, namelijk dat wat de ene wint, de andere moet verliezen. De grote bedrijven kijken naar de wereldmarkt en zoeken overal waar ze goede mensen kunnen vinden. De globalisering gebeurt toch. Mét protectionisme of zonder. Waarom er dan niet het beste van maken? Die houding ontbreekt nog in Europa.'

Abraham gelooft duidelijk in het wonder van de globalisering. Niet als een dreigende lawine die de westerse economie van de wereldkaart gaat vegen, maar veeleer als een gigantische ademtocht die de wereldeconomie nieuw leven zal inblazen. Hij probeert zelfs de delocalisatie, het verhuizen van werk en bedrijven, goed te praten. 'We moeten ook de moed hebben om te zeggen dat er heel wat jobs gecreëerd worden door integratie! Zo hebben we gemeten hoeveel jobs hier bijgekomen zijn in bedrijven die in verre landen zijn gaan opereren. Er zijn immers bedrijven die (dankzij hun goedkope arbeid in Azië) meer zijn gaan verkopen en die hier volk hebben aangetrokken. Je mag niet vergeten dat management en ontwikkeling van nieuwe producten nog altijd voor een belangrijk deel hier in België gebeuren. De bedrijfsleiders liggen hier echt niet wakker van wat ze morgen nog meer kunnen overplanten naar het buitenland. Er worden hier ook jobs gecreëerd door bedrijven die zich internationaal kunnen ontplooien. Als er ineens 300 jobs bijkomen bij Nike in Laakdal, waarom gebeurt dat dan? Dat is niet voor de mooie ogen van de Belgische markt. De 13 procent werklozen die we hebben, zijn niet de slachtoffers van de globale, integrerende wereldeconomie. Er zijn twee topoorzaken van de werkloosheid: het afstuderen zonder diploma én het allochtonenprobleem.'

In feite vallen de twee problemen samen. Zowel de jongelui zonder diploma als de allochtonen hebben gemeen dat ze buiten de kennismaatschappij leven. Hoe dwing je hen in een knelpuntberoep, en dan nog één dat ze aankunnen?

En waarom heeft Europa te weinig ingenieurs en niet genoeg kenniswerkers?

Shoppen bij de prijzenbrekers

Wie met de snelle, huidige tijd niet mee kan, is een achterblijver. Maar ook een achterblijver heeft behoefte aan eten en kleren. Aan goedkoop eten en goedkope kleding. Naarmate de welvaart heel stilletjes, haast ongemerkt de grond insijpelt, schieten de goedkope warenhuizen uit de grond. 'Zoals paddenstoelen' zegt het tot op de draad versleten cliché. Maar het is tenminste een cliché dat betekenis heeft. De vestigingen zijn vaak op drassige, goedkopere gronden ingeplant, ver buiten de chique wijken met de dure villa's en natuurlijk ook ver van de centra, omdat niet iedereen graag gezien wordt als hij een van die kale winkels bezoekt. Gewoonlijk zijn het enorme parkings waarop een heel bescheiden gebouwtje in rode baksteen is opgetrokken. Er staan geen goed herkenbare neonreclames op hun voorgevels. Die warenhuizen hebben een speciale naam. Het zijn de prijzenbrekers. Hun reputatie zit niet vast aan hun unieke verse vis, aan hun knapperige koekjes, aan hun superieur pasteigebak, aan hun succulente rosbief of aan hun 38 soorten mosterd. Hun reputatie zit stevig vast aan de portemonnee van de consument.

Neem nu Aldi. Binnenin biedt het warenhuis de aanblik van een opslagplaats. Op het eerste gezicht liggen de spullen er kriskras door elkaar, maar dat is slechts schijn: een trouwe bezoeker weet er zijn weg te vinden. Mooie rekken ontbreken: de waren worden tentoongesteld in ondiepe, ijzeren bakjes. Of het nu om panty's gaat, om goedkope videogames voor de kinderen of om sperzieboontjes in bokaal, het past er allemaal perfect in. Er zijn geen speciaal aangeklede uitstallingen van 'duurdere' dingen zoals lotions, parfums en dergelijke. Aan de ingang vind je de Aldibieren (zoals Karlsquell of Schultenbräu) in kartonnen verpakkingen. Alleen maar de bodem van een kartonnen doos. Als je heel handig bent, kan je die omzichtig optillen en in je winkelkarretje deponeren. Geen vierkante centimeter karton te veel! Sommige producten worden niet eens uit hun dozen gehaald: de wijnen worden bijvoorbeeld geëtaleerd in de verpakkingen waarin ze in het warenhuis toekomen. Het meest bevreemdende aspect van de winkels is de anonimiteit van de producten. Dat is wel even wennen. Alle waren hebben natuurlijk wel een naam, maar die is meestal onbekend. Wie dieper gaat spitten, ontdekt dat er soms gereputeerde merken achter de producten van Aldi staan. Zo hebben Douwe Egberts en zelfs Unilever voor Aldi gewerkt, tot ze door goedkopere concurrenten uit de markt geduwd werden. Dat geven ze publiekelijk niet graag toe, maar het is zo. Firma's als Nutricia en Procter & Gamble gaan er dan weer prat op nooit voor Aldi te zullen werken, net als Verkade, Unox of Mars. Maar eigenlijk zijn de banden van de gereputeerde firma's met Aldi heel vaag. Ze grijpen hun kans als de verkoop in een dipje zit: een massale levering aan het mammoetwarenhuis kan dan helpen om een inzinking van de omzet te voorkomen. De Aldiklanten liggen er niet van wakker. Ze 'herkennen' de producten. Voor hen gaat het wel om merknamen, maar dan om merknamen van hun eigen goedkope consumptiewereld. Soms lijkt het wel alsof een cabaretier de namen heeft verzonnen zonder het zich te moeilijk te maken. Frituurvet heet gewoon Fritella en braadboter is Bratella. Luiers zijn Broekies. Ze houden het doorgaans heel simpel: bitterkoekjes zijn Bitterkoekjes. Het is duidelijk taal, op maat gesneden van de niet al te geletterde klant. Alles moet van ver herkenbaar zijn, iets wat bij de duurdere concurrenten niet meteen een prioriteit is. Maar zijn dat wel concurrenten? Als een goedkope supermarkt dan toch eens iets frivools zoals aftershave aanbiedt, dan krijgt het wél een exotische naam. De eau de toilette van Aldi heet Uomo. Italiaans. De duurste variant heet dan Dolce Uomo. Verkoopsters kennen ze niet bij de prijzenbrekers. Caissières wel, natuurlijk.

De verlichting in de winkels is uniform: witte tl-lampen tegen de zoldering, zonder franjes, zodat de klant gemakkelijk vindt wat hij zoekt. Het kopen verloopt in een hoog tempo. Het aanschaffen van de producten gaat ook bijzonder vlot omdat de keuze beperkt is: hoe kleiner de keuze, hoe vlugger ze gemaakt is. Meestal weet de consument waarvoor hij komt. Hij weet dat onder meer omdat hij een week vooraf een folder in zijn bus heeft gekregen met daarin alle leuke dingen die zijn prijzenbreker in de aanbieding heeft. Soms zijn het dingen die ergens anders écht duur zijn. Vooral bij Aldi is de huiskrant gevuld met de meest gevarieerde aanbiedingen. In de mate van het mogelijke zijn de offertes aan het seizoen aangepast. In augustus komen zowel de natuurliefhebbers als de knutselaars aan bod. Voor wie de natuur lief heeft, is er een mooi ontworpen, opvouwbare verrekijker. Wie zijn vakantie al knutselend wil doorbrengen koopt de 'borenset'. Die is van het huismerk TOP. Waar liggen de fabrieken van TOP? Het is de Black & Decker van de Aldi. Nergens anders in de wereld kom je het merk tegen, en alle werktuigen dragen die naam: van hamers via schroevendraaiers tot metaalzagen. Werkt die fabriek exclusief voor Aldi? Of is het Black & Decker die in vermomming zijn spullen via de winkelketen slijt?

De producten mogen dan wel geen naam hebben, ze worden wel leuk en krachtig aangeprezen. Hun kwaliteiten worden telkens in een leuke quote gevat. De mosselen koop je 'panklaar en zandvrij'. En de frieten? Die vind je 'voorgebakken en diepgevroren'. Als de feesten er aan komen, is er champagne. Veuve Cliquot is nooit van de partij, maar Aldi heeft zijn eigen weduwe: Veuve Durand. De huiskranten en de paginagrote advertenties in de dagbladen doen het kennelijk prima bij het publiek. Sinds begin 2006 komt er elke week een halve bladzijde bij. Veruit de meeste prijzen eindigen op een negen. Badolie, voor een fles: 1,79 euro. Badzout kost 1,49 euro. Haargel is nóg goedkoper: 1,29 euro. Buiten is het tamelijk fris. De thermometer duikt heel even onder nul. Vandaar dat er twee vitaminedrankjes in de aanbieding staan.

De aartsconcurrent Lidl, ook een Duitser, doet net hetzelfde.

Duitsland heeft bijna 5 miljoen mensen zonder job: waarschijnlijk kan er nog wel een warenhuis bij. Natuurlijk probeert Lidl zijn collega Aldi te overtreffen. Bij Lidl worden wereldwijd bekende merken zoals Coca-Cola aangeboden. Even goedkoop als de surrogaten. Maar de meeste benamingen wijzen op 'huismerken' – andere huismerken weliswaar dan bij Aldi. Kent u het ijs van Noblissima? Of stereoketens van Bench? Vier stuks robuuste technologie voor slechts 79 euro, met drie jaar garantie. De Broekies van Aldi heten bij Lidl Cien, een gloednieuw artikel beweert het huis. 'Pampers' is trouwens al lang een soortnaam geworden, zoals de 'Kodak' van weleer. De zuinige of onvermogende moeder koopt nu *pampers* van Cien of van Broekies. Van 'quartzklokken' tot 'bootschoenen voor heren', het ligt allemaal bij Lidl! Bij deze concurrerende Duitser is alles nog scherper afgemeten. Er is veel minder parkeerruimte, maar je moet er volgens het verkeersbord ook na een uurtje weg: de verkoop moet vlot verlopen. Er moet dus altijd plaats zijn op de kleine parking. De Lidlwarenhuizen zijn kleiner dan de Aldi's: minder gangen, minder drukte ook en, opvallend, minder licht. Dat maakt natuurlijk een ietwat groezelige indruk. Het helpt de koper vlug buitenwerken. Wie wil blijven hangen in een sombere krocht? Kopen en wegwezen is de slogan die Lidl kennelijk doet draaien.

De directies van de 'prijzenbrekers' hebben hun schaarse personeel stevig in de hand. Een hand die slaat en zalft naargelang de prestatie van de werknemer. Niet praten tijdens het werk. Geen sentimentele relaties met de collega's. Geen ziekteverzuim. Alle 'overtredingen' worden heel nauwkeurig genoteerd en onder de neus geduwd van de personeelsleden die ooit zouden durven te klagen over de werkdruk of over de stress. Voor de goede krachten zijn er bonussen, maar die hangen samen met de omzetgroei. Elke dag meer verkopen is immers de boodschap. Daarom moet je natuurlijk steeds vlugger de codes leren intikken, steeds vlugger de producten op de band kunnen zien. Aldi is al meer dan 40 jaar aan de slag. En imitators als Lidl nemen toe in aantal.

Zo is er het wild groeiende Kruidvat. Op de naam afgaand een goedkoop warenhuis van Nederlandse signatuur. Het is de meest volgepropte winkel in zijn soort. De rekken zijn er niet gevuld, ze puilen gewoon uit. Je moet al een behendige klant zijn om je door de uiterst smalle gangen te werken zonder allerlei flesjes of doosjes mee te rukken en op de grond te keilen. Kruidvat adverteert zijn aanbod onder de titel *Health & Beauty*. Gezondheid en Schoonheid vormen de rode draad, maar je kan bij Kruidvat ook een zilverkleurige dvd-speler aanschaffen. Van Kodak dan nog wel, en voor een prikje: 48,99 euro. Of ze een digitale camera in huis hebben? Ja, natuurlijk. Voor nog niet eens de helft van wat Aldi voor zo'n camera vraagt. Aan de twijfelaars vertelt Kruidvat dat het meer dan 1.000 artikels in voorraad heeft, 'spectaculair laag in prijs'. Kijk maar zelf: 'een blauwe pluchen aap voor 2,79 euro'. De prijs is fors naar beneden gehaald: voorheen kostte het schreeuwlelijke beest 3,89 euro. En wie is klant bij Kruidvat? Mensen die er financieel niet al te best aan toe zijn, zou je denken.

We kennen de officiële statistieken. Maar er zijn natuurlijk veel meer mensen die het krap hebben dan de officiële cijfers aangeven. Zo schreef een krant onlangs dat ze de 'armen' in ons land op 1,5 miljoen schat. Ook dát kan natuurlijk betwist worden. Eén ding staat echter vast: aan het begin van de nieuwe eeuw is er een enorme prijzenslag begonnen die ook de 'betere' warenhuizen onrustig maakt. Tijdens de koopjesperiode in de winter 2005-2006 pakte Carrefour uit met zijn eigen prijzenslag. Elk huis in dit land kreeg een twintig bladzijden dikke kleurenfolder in de bus waarin het warenhuis een rist producten tegen 1 (één) euro adverteerde!

Bij Zeeman heet het: '3 halen, 2 betalen'. Het warenhuis is klein en rommelig maar het zegt trots dat er al 925 filialen zijn in Europa. Hun rommelige aanblik houdt de klanten dus zeker niet buiten. Ondanks hun lage prijzen etaleren ze ook merknamen. Een robot van Lego met alles erop en eraan kan je krijgen voor 7,99 euro; voordien kostte hij 12,99 euro. Het is aan de klant om uit te maken hoeveel waar hij krijgt voor zijn geld. Kan een moeder zich bedrogen voelen als ze 2,99 euro heeft neergeteld voor de pyjama voor haar kleuter?

De prijzenslag in de supermarkten is natuurlijk geen gratisoperatie.

Het kost hopen geld, uitgedrukt in minder inkomsten en in verlies van banen. Tussen begin 2004 en midden 2005 hebben in Nederland 34.000 mensen hun voltijdse betrekking verloren in de concurrentieslag. Men zou kunnen concluderen dat het verlies aan inkomen van de warenhuizen op die manier omgezet wordt in nieuwe klanten: hoe spaarzamer men zijn uitgaven moet berekenen, hoe gemakkelijker ze in de goedkope warenhuizen terechtkomen. In de lente van 2005 berekenden onderzoekers in de detailhandel dat de winkelketens 1,7 miljard euro minder inkomsten hadden geboekt.

Om nog mee te kunnen, moesten 'grote' namen als Unilever, Heineken en Campina snijden in prijzen en loonkosten. Ze proberen letterlijk op alles te bezuinigen. Zo laten ze hun trucks minder vaak hun winkels bevoorraden, wat een flinke vermindering voor hun brandstofuitgaven betekent. Een moeilijke beslissing, in ieder geval: als een warenhuis zonder sla of tomaten valt, moet het zijn klanten doorverwijzen naar de concurrentie. Maar als een overschot aan voorraden niet verkocht raakt, moet alles via de snelverkoop. Kan dat goedgemaakt worden met de uitgespaarde brandstof van de trucks? En er zitten nog scherpe kantjes aan de zuinigheid: de warenhuizen durven de inflatie niet eens meer door te rekenen. Nog een voordeel voor de klanten... Hun krimpende inkomen wordt op die manier dan toch in enige mate gecompenseerd. Zelfs de zelfgemaakte producten van de warenhuizen boeten erbij in: er gaat voortaan minder roomboter in de cake van het huis. En er worden maar 640 rozijnen meer in gestopt, tegen de 680 van vroeger. Bij Albert Heijn moet de kostenbesparing jaarlijks zo'n 100 miljoen euro opleveren.

Zelfs de betere warenhuizen worden mee gezogen door de krimpende welvaart. Zo heeft Delhaize begin 2006 1.000 merkartikelen goedkoper gemaakt. Dat gebeurt zeker niet lukraak: de firma bespiedt voortdurend 170 winkels van acht concurrenten. Daar wordt de prijsevolutie van de belangrijkste producten met argusogen gevolgd. Daarna volgen de aanpassingen in eigen huis. Voor hun prijzen richten ze zich op Carrefour. De Delhaizeprijzen mogen iets hoger uitvallen dan bij Carrefour: 2 procent om precies te zijn. En ze mogen 5 procent hoger zijn dan die van Colruyt. De huismerkproducten moeten minstens

10 procent goedkoper uitvallen dan de merknamen. Op die manier heeft dus ook Delhaize een tweedeklasseaanbod. De warenhuisketen zit intussen nog altijd met het imago van een dure supermarkt. Om zich dat imago te kunnen veroorloven, rekent de firma op zijn betere service. Die bestaat vooral uit een eindeloos breed aanbod. Het gebeurt ook zelden dat een van de voorraden uitgeput is.

Bij Delhaize is er een leger personeelsleden dat tussen de vele rekken zwerft: een heuse (en dure) luxe, die wel gewaardeerd wordt door het beter gesitueerde publiek. Gebrandmerkt als 'duur' huis wil de firma tegelijkertijd toch ook het minder gegoede publiek aantrekken. Daarom is er zelfs een *derdeklasseprijzenreeks* geïntroduceerd: de 365-reeks. Uit het aanbod van duizenden artikelen hebben ze er een 400-tal gepikt die ze extra goedkoop hebben gemaakt en alleen met een nummer aanwijzen. Het gaat om artikelen voor elke dag (voor de 365 dagen van het jaar) zoals water, frisdranken, bier in blik, melk, toiletpapier, keukenrollen. Basisproducten, zeg maar. Het zal wel geen toeval zijn dat de derdeklassekoopwaar bijzonder goed scoort in landen als Tsjechië, Roemenië en Griekenland, toch de arme familieleden van de Europese Unie. Zelfs een Delhaize kan niet langer neerkijken op Aldi en Lidl. De tanende welvaart zit bij steeds meer mensen mee aan tafel. Zoals ze mee instapt op de toenemende vakantievliegtuigen die soms spotgoedkope tarieven hanteren. De lucht wordt steeds nadrukkelijker gevuld met *low cost*-vluchten.

De boeiendste bekentenis van Delhaize in verband met de afgeslankte welvaart doet wel even de wenkbrauwen fronsen. Eén van de bazen zegt het zonder er doekjes om te winden: Delhaize wil in geen geval dat de kwaliteit samen met de prijzen naar beneden gaat. Dus hebben ze goed rondgekeken om bij de collega's een norm te vinden. Zegt de directie: 'Aldi is voor ons de kwaliteitsnorm.' Discounters als Carrefour doen steeds maar meer water in hun wijn. Niets voor Delhaize.

Kunnen we op die manier de armoe voor ons uitschuiven en het langer werken voor minder geld uit de weg gaan? Kunnen we zó de Indiërs en de Chinezen bijhouden of bijbenen? En de Amerikanen en de doortastende volkeren uit het Hoge Noorden? Is het generatiepact een louter psychologisch pepmiddel?

10

Euforische fantasieën

We staan nog maar aan de drempel van het nieuwe globale leven. Ingrijpende veranderingen hebben zich al aangekondigd, maar ze hebben ons nog niet echt in hun greep. Niettemin zijn ze al dagelijkse discussiethema's geworden. De idee van langer te werken begint zachtjes in onze hersenen binnen te sijpelen. Er zijn nog altijd de wilde uitschieters: op maandag 20 februari 2006 weet *Radio 1* te vertellen dat een Amerikaanse prof, van Harvard dan nog wel, van oordeel is dat werken tot 85 weldra moet kunnen. Mooie vulling voor een ochtendbulletin: wie nog niet wakker was, die werd het wel na het bericht. De prof heeft waarschijnlijk zijn landgenoot, Kirk Kerkorian (88 jaar!) in gedachten: Kerkorian is de man die General Motors uit de financiële sloot moet halen.

Om aan te tonen dat langer werken geen nieuwigheid is, haalt *The Economist* de gevreesde Otto von Bismarck uit de archieven. Die heeft, aan het einde van de 19de eeuw, de eerste overheidspensioenen laten toekennen. De staatsbedienden hadden er recht op vanaf hun zeventigste. En de gemiddelde levensduur van een werkende mens lag in die tijd rond de vijftig... Nu we eindelijk met honderdduizenden 80 en meer worden, stoppen we 20, vaak 30 jaar vroeger met werken. De cynische Bismarck rekende er waarschijnlijk op dat zijn tijdgenoten de pensioenleeftijd nooit zouden halen, maar nu is dat anders: wíj zien de pensioenjaren als een nieuwe fase in ons leven. Het is de Derde Leeftijd, en die slijten we als 'senioren'. Het *oud zijn zonder werken* heeft zijn eigen status verworven. Volgens het Britse blad kan dat niet blijven duren: over een kwarteeuw zal Europa de stoet van 'pensioengerechtigden' met 25 procent zien aangroeien. En met het afzwaaien van de ouderen neemt de ervaring in de bedrijven in hetzelfde tempo af. We moeten dus gaan uitmaken wat een oudere werker nog te bieden heeft. Waar is hij nog goed in, en waar kan hij niet meer mee? De ouderen hebben tijdens hun werkende leven een stapel ervaring opgedaan, maar ze denken en reageren trager dan de jongeren. Als het waar is dat oudere werknemers daarenboven een stuk duurder uitvallen dan jongere, dan moet daar iets aan gedaan worden. Maak bijvoorbeeld hun pensioenen los van hun topsalarissen aan het einde van hun loopbaan (met andere woorden: haal de pensioenen een flink eind naar beneden!). Dan zullen ze, na hun 65ste, gemakkelijker blijven doorwerken. Zelfs voor lagere salarissen. Wat *The Economist* er bij de oudere werknemer wil inhameren, is het besef dat zijn waarde met de jaren gedaald is, en dat zoiets weerspiegeld wordt in zijn status én in zijn loon. Ze bezitten inderdaad ervaring, maar ervaring bevat toch vooral kennis van vroeger... Er worden ook zoethoudertjes in het vooruitzicht gesteld. Jobs voor ouderen zullen minder slopend, minder stresserend worden gemaakt. En het blijft niet alleen bij woorden: onlangs heeft de Duitse autoconstructeur BMW in Leipzig een fabriek geopend waar alleen mensen van boven de veertig worden ingezet. Sommige bedrijven ontwerpen zelfs op maat gemaakte projecten voor gepensioneerden die opnieuw aan de slag willen.

Blijven doorwerken tijdens je pensioenjaren: het komt vandaag hier en daar voor, maar in de nabije toekomst wordt het de regel. Elke week langer werken voor hetzelfde loon. Wat neerkomt op minder verdienen. Zweden, Denemarken en Ierland zijn de koplopers, maar veel Duitse werknemers hebben het fenomeen ook al aan den lijve ondervonden. De inspanning is echter allesbehalve algemeen. Volkswagen heeft zelfs een fabriek geopend waar met ontslag bedreigde arbeiders terechtkunnen. Die zijn vanzelfsprekend blij om nog een baan te hebben, zelfs voor een lager loon. De firma heeft ook het wekelijkse aantal werkuren afgeslankt, zodat meer mensen aan de slag kunnen blijven. Opel en Deutsche Telekom hebben dat voorbeeld gevolgd.

Maar er is ook de keerzijde van de medaille: Siemens, Heidelberger Druck of C&A vinden dat ze zich die luxe niet kunnen veroorloven.

De machines moeten langer draaien en de arbeiders moeten op post blijven.

En dan, begin februari 2006, gaat de Duitse ambtenarij plots staken. De gevolgen zijn zeer zichtbaar: scholen waar klaslokalen leeg staan, ziekenhuizen waar de patiënten liggen te wachten op operaties, reinigingsdiensten die het afval in de straten laten liggen. De staatsbedienden nemen het niet dat ze elke dag 18 minuten meer in het getouw moeten blijven: op die manier zouden ze wekelijks anderhalf uur meer presteren. Wat stellen die achttien minuten voor? Voor een ambtenaar wordt er zo geraakt aan zijn onaantastbare status. Een vreemde reactie voor mensen die, zelfs in deze onzekere tijden, een vast contract op zak hebben! Maar net dát zit hen dwars: zo maar plots langer gaan werken, raakt aan hun status. Ze ervaren het als een eerste aanval op hun uitzonderlijke positie. Ze verdienen al geen fortuinen; nu nog minder opstrijken, is een stap te ver. Neen, zíj zijn echt nog niet klaar voor de globale wereld. Poolse leerkrachten in de klas, Indiase verpleegsters aan het ziekenbed, Chinese kleuterleidsters in de peutertuin, ze zien het morgen nog niet gebeuren. Ze wachten af.

En altijd keren dezelfde uitdagingen terug. In Straatsburg heeft het Europese Parlement nog eens de kansen bekeken van de arbeidskrachten uit de tien nieuwe lidstaten: mensen die hier bij ons een job willen zoeken. Ze zijn toegetreden op 1 mei 2004, en ze koesterden maar één verlangen: uit hun Oost-Europese financiële getto verlost te worden om een flinke stuiver in onze 'rijke' landen te komen verdienen. De Ieren en de Britten waren de enigen die daar 'ja' op hebben gezegd. Kregen ze begin februari een tweede en betere kans? Neen. Opnieuw ijdele hoop. Het principe waardoor een 'dienstverlener' overal in het nu grote Europa aan de bak moet kunnen komen is nu, zeer nadrukkelijk, naar de Europese prullenmand verwezen. In parlementaire taal heet het dat het principe is 'afgezwakt'. De 'dienstenrichtlijn', zo heet de doemregeling voor de arme lidstaten, zal nu heen en weer gekaatst worden tussen de Raad van Ministers en het Europese Parlement. Intussen blijven Oost-Europeanen in de kinderopvang, in cinema en radio, in veiligheidsbedrijven, in gezondheidsdiensten, in transport, in verzekeringen, interimkantoren en bankdiensten uitgesloten. Toch heeft de Europese Commissie op 8 februari 2006 een rapport gepubliceerd over de ingebeelde gevaren van de concurrenten uit het Oosten. Het blijkt zonneklaar dat de landen die de dienstverleners wél toelaten (Groot-Brittannië, Ierland en Zweden) er alleen maar beter op geworden zijn. Er raken meer (soms onprettige) klussen geklaard en de werkloosheid neemt níét toe. Verrassende punten: Oost-Europeanen zijn doorgaans 'gastarbeiders' die terug naar huis willen zodra ze hun portemonnee gevuld hebben. Dat er bovendien, door hun uitsluiting, een fundamenteel Europees recht wordt geschonden (vrijheid van beweging binnen de Europese grenzen) zal ons blijkbaar een zorg wezen. Dat de Europese 'allochtonen' niet eens 1 procent vormen van de werknemersmassa in de landen waar ze wél welkom zijn, lijkt ook volledig aan de aandacht van burgers en vakbonden te ontsnappen. Dat het zinniger is Polen, Letten, Esten of wie dan ook uit het vroegere Oostblok hier wettelijk te laten werken, dringt niet tot ons door. Vreemd. We hebben ons diep ingegraven. Het gevaar komt kennelijk nog altijd uit het oosten.

Gastvrijheid à la française

De Franse presidentskandidaat Nicolas Sarkozy, momenteel minister van Binnenlandse Zaken, heeft een typisch Franse mouw gepast aan het dreigende probleem. Hij is compleet vergeten dat de Fransen massaal tegen de ontwerpgrondwet voor Europa gestemd hebben, uit vrees voor de beruchte Poolse loodgieter: voortaan heet Sarkozy ook Oost-Europese werkkrachten welkom in Frankrijk. Als ze aan bepaalde voorwaarden voldoen, tenminste. Ze zijn welkom wanneer ze én hun intelligentie én een gevulde portefeuille kunnen meebrengen. Als ze in staat zijn hen te onderhouden, mogen ze hun gezin laten over komen. Maar geen uitkeringen voor hen, geen openbare onderstand: alles moet uit eigen zak betaald. Hij heeft duidelijk gemaakt dat hij heel in het bijzonder mikt op jonge mensen die gestudeerd hebben. Liefst aan een Franse universiteit. Dan wordt het leven onder de Eiffeltoren een stuk zonniger. Momenteel zijn er al getalenteerde buitenlanders die een toekomst zoeken in Frankrijk, maar die krijgen slechts een werkvergunning voor twaalf maanden. Dat wil hij veranderen: het buitenlandse talent krijgt voortaan een verblijfspasje voor drie jaar. Is dat geen mooi voorbeeld van Franse generositeit?

Sarkozy is vergeten erbij te zeggen dat hij zijn inspiratie in de VS is gaan zoeken. En waarom niet, Frankrijk en de VS zijn waarschijnlijk de beste vrienden?

Frankrijk voelt dat het een dringende behoefte heeft aan goede buitenlandse hersens. Het is een voorwaarde voor landen die mee willen kunnen in de globale kennismaatschappij. Frankrijk wil mee, en daarom is het bereid de grenzen open te gooien.

Maar er zitten nog andere aspecten aan de globalisering: niet alleen slimme mensen, maar ook grote bedrijven kennen geen grenzen meer. Dat gaat er in Parijs voorlopig nog niet in. Als de Indiase staalreus Mittal Steel het overwegend Franse Arcelor wil overnemen, dan wordt dat in de Franse hoofdstad als een 'vijandig bod' geïnterpreteerd: Arcelor is tenslotte een van de Franse industriële kroonjuwelen. Wie wil dat pronkstuk verkwanselen aan een Indiase ijzerventer? Lakshmi Mittal, de eigenaar van het staalbedrijf, heeft ongeveer alles tegen om het hier in het Westen te 'maken'! Zijn exotische naam doet pijn aan onze oren. Hij is afkomstig uit een derdewereldland, waar auto's in de file moeten wachten tot heilige koeien uit de weg willen gaan. India, een land waar miljoenen burgers in goten en getto's leven, elk in zijn eigen kaste. Kan dat land de Franse traditie zomaar opkopen? Lakshmi Mittal mag dan de derde rijkste man ter wereld zijn, hij blijft een kind van de derde wereld.

Voor Mittal is de overname van Arcelor de ultieme uitdaging. Als de deal niet lukt, dan wil het zeggen dat de meeste landen in een stevig protectionisme verschanst blijven. De supertransactie moet bewijzen dat globalisering écht haalbaar is voor alle landen, ook voor de aankomende supermachten zoals India. Of is globalisering slechts een schuilnaam voor een nieuwe opstoot van westers kapitalisme?

Trouwens: hoe *derdewerelds* is Mittal? Hij heeft zijn land op jonge leeftijd verlaten om in Indonesië staalovens te gaan bouwen. Daarna deed hij hetzelfde in Mexico, Kazachstan en de VS. Bij zijn tien topmanagers zitten slechts drie Indiërs. Er zitten 26 verschillende nationaliteiten in zijn bedrijfsleiding. Wie houdt vol dat Mittal Steel een Indiaas bedrijf is? De Franse president Chirac noemt de potentiële overnemer steevast een 'niet-Europeaan'. Dat klinkt in Franse oren denigrerend, en zo is het ook bedoeld. Klinkt 'niet-Europees' even geringschattend als ze het hebben over een Amerikaanse multinational? Tussen haakjes: de hoofdkwartieren van Mittal zijn gevestigd in Nederland en in Groot-Brittannië. Bij een eventuele overname van Arcelor zal hij de vakbonden met fluwelen handschoenen aanpakken. Tot in 2009, tenminste. 'Dan moeten we gaan praten' voegt hij eraan toe.

Winkeltje spelen in Vlaanderen

Om in de kennis- en informatiemaatschappij mee te kunnen, kan je er niet vroeg genoeg aan beginnen. Op de Vlaamse schoolbanken, bijvoorbeeld, liefst met de hele klas. Hoe meer leerlingen, hoe meer ondernemersvreugde. Het gebeurt onder meer in Oost-Vlaanderen. Daar bestaat *Vlajo*, wat staat voor Vlaamse Jonge Ondernemingen. De vereniging helpt met de opstart van minibedrijfjes. Wat bieden ze de consument? Dat varieert van knuffels tot kaarsjes, van sjaals en verzorgingsproducten tot T-shirts. De ondernemingsgeest in de dop... De jongeren zorgen voor het eigen startkapitaal: ze verkopen aandelen van 10 euro aan ouders, ooms, tantes, liefjes en buren. Vlajo waarschuwt dat het in de eerste plaats zeker niet om de winst gaat: het gaat veeleer om het leerproces. Ze leren lonen berekenen en btw becijferen. Kan het nog échter? De leerlingen leren meteen ook samenwerken. Omdat het ondernemen tijdens het schoollopen wel energie vergt, houdt de school daar ook rekening mee en maakt ze het lessenpakket een stuk lichter. En de school steekt nog een handje toe: voor zijn drukwerk kan een van de bedrijfjes bij hen terecht. Soms helpt de school ook financieel: om materiaal aan te schaffen krijgt een initiatief van jonge houtbewerkers 500 euro van de schooldirectie. Het helpt allemaal. Is het onze leeftijd, gekruid met een snuifje ervaring, dat heel het initiatief doet lijken op wat we vroeger 'winkeltje spelen' noemden?

Een van de meisjes die samen met haar vriendin een 'handtassenfabriekje' heeft opgestart, klaagt erover dat het niet gemakkelijk is om met andere leerlingen samen te werken. Ze formuleert het als volgt: 'In een reëel bedrijf kan je een werknemer die niet goed presteert, ontslaan of gewoon minder loon geven. Dat kunnen wij niet met onze klasgenoten, dus iedereen is wel verplicht om goed mee te draaien.'

Dit is een ondernemertje met toekomst. Ze heeft alvast een toekomstgerichte kijk op de werkvloer. Een arbeider wil niet gedwee mee? Dan zetten we hem gewoon buiten de deur! Of we pakken een stuk van zijn loon af. Zo eenvoudig lijkt ondernemen bij jongeren. Intussen verkoopt haar firmaatje handtassen onder de ingenieuze merknaam FanTAStisch. Is dat niet fantastisch? Hoe we het ook bekijken, altijd voelen we een soort Vlaamsekermissfeer hangen rond het jonge ondernemersschap. Zijn het de kaarsjes of de knuffels? Of misschien de sjaaltjes en de T-shirts?

11

Wijze woorden van Wim Kok

Wanneer dit boek gedrukt wordt, is het Generatiepact nog niet in uitvoering. Het brugpensioen is nog lang niet ingestort. Bazen, vakbonden en regering zijn er nog lang niet uit. De patroons zouden de zaak graag vlug afhandelen. Een minimale omschrijving van wie in de nieuwe schikking nog recht heeft op een 'vroeg' brugpensioen is voor hen al voldoende. De vakbonden willen zoveel mogelijk leden in de categorie 'zware beroepen' laten opnemen, zodat ze vervroegd kunnen afzwaaien. In ploegdienst werken is zwaar... En wat dan als je 's nachts je brood in ploegen moet verdienen? Is het werken dan twee keer zo zwaar en mag je er nóg vroeger mee stoppen? En dan zijn er de banen die met echt gevaar voor lijf en leden gepaard gaan. Hoe voel je jezelf op 55 als je, boven op een stelling, aan een dakgoot staat te werken of een elektriciteitskabel moet vervangen? En wat met de ongezonde beroepen? Pas als die horden genomen zijn, kunnen de vergaderingen over de loonkosten beginnen. Centraal daarin staat onze wereldberoemde automatische loonindexering, een best aardig, steeds weerkerend cadeautje. Elke dag herhalen de patroons dat ze verpulverd worden onder de druk van de lonen en vooral dan van wat erbovenop komt.

Als we er in slagen om dat alles tot een goed einde te brengen, waar zullen we dan staan? Zullen we dan klaar zijn voor een concurrentiële en betaalbare kennis- en informatiemaatschappij? Zullen we in staat zijn om het tegen de rest van de wereld op te nemen?

We hebben het gevraagd aan een door de wol geverfde kenner van de economische en sociale situatie. U krijgt de mening van de Nederlandse oud-minister-president Wim Kok. Niet omdat hij een gewezen Nederlandse premier is, maar vooral om zijn betrokkenheid bij de hervorming van het oude Europa tot een machtig en modern continent. Niet afgunstig op de Verenigde Staten, zonder angst voor de Poolse loodgieter en niet beducht voor India en China.

In maart 2000 zijn de Europese leiders bijeengekomen in Lissabon. De zon en de lokale wijn zorgden voor een ietwat euforische sfeer: er werd daar en dan besloten dat het Oude Continent tegen 2010 als een volledig Nieuwe Wereld tevoorschijn moest komen. Weg met de werkloosheid! Betere banen, grotere sociale samenhang, permanente bijscholing, intense research, dorpen vol met technologiebedrijven, het lag allemaal binnen handbereik. De EU zou de concurrenten op korte termijn inhalen. Er werd zelfs een streefdatum vooropgezet: de beoogde wederopstanding van Europa moest zichtbaar zijn tegen 2010. Dan, en niet later, zou Europa de meest competitieve en meest dynamische kenniseconomie bezitten.

Ze hadden geen mooier moment kunnen kiezen om hun ongebreidelde optimisme te etaleren, maar de onmiddellijke toekomst zou spaken in de wielen steken. De torens op Manhattan en de beurzen in de wereld moesten nog instorten. Dat bleef niet zonder gevolgen. Daarenboven was de EU toen nog niet uitgebreid met tien arme neefjes. En de Poolse loodgieter zat nog op de schoolbanken. Nu zijn we over de helft van de af te leggen weg naar het streefjaar 2010. Het is de hoogste tijd om achterom te kijken. In maart 2004 blikte een Europese 'Groep op Hoog Niveau' in de achteruitkijkspiegel. Onder leiding van de Nederlandse oud-minister-president Wim Kok werd een balans opgemaakt van de mooie intenties uit het zonnige Portugal van 2000. De weegschaal sloeg niet meteen door in de positieve zin, maar het was ook niet allemáál kommer en kwel, zegt Wim Kok.

We gingen hem opzoeken in een stille wijk van Amsterdam. In een riant pand heeft hij zijn kantoor op de derde verdieping. Hij ontvangt bezoekers achter een moderne, ovalen glazen tafel. Met zijn wapperende manen oogt Kok jong en krachtig. Ook nu heeft hij nog enig begrip voor de naïeve verwachtingen uit 2000:

'We zagen (in 2000) nog geen sporen van stagnatie. We leefden echt op de toppen van ons optimisme. De verwachting maar ook de ambitie waren er tegelijkertijd. Als Europa in de kenniseconomie goed tot uitstekend presteerde tegen 2010, dan moest het mogelijk zijn om een aantal sociale verworvenheden samen te doen gaan met een hoogwaardige economische ontwikkeling.'

Kok wijst erop dat ook de Verenigde Staten door een stevige recessie gingen. Maar ze kwamen er vlugger en vinniger uit dan wij, zodat ze ons verder voorbijgegaan zijn. Voor de gewezen minister-president blijven de VS een geduchte economische macht. Je moet ze niet imiteren om ze te respecteren, is zijn redenering.

'We zijn niet uit op het kopiëren van het Amerikaanse model, maar je mag je ogen niet sluiten voor een aantal feiten die voor de VS spreken. Als het gaat om research en het inventieve klimaat, dan kan Europa echt nog wat van hen leren. Kijk naar de samenwerking tussen bedrijven en universiteiten in Amerika: volgens mij staan er bij ons heel wat meer hindernissen tussen die twee, zowel zichtbare als onzichtbare. Over het algemeen is het wetenschappelijk klimaat (R&D) in Amerika veel aantrekkelijker. Veel mensen verkiezen, ook individueel, die Amerikaanse benadering.'

Decennia lang is het in Europa *bon ton* geweest om te beweren dat we de bedrijven ver van de universiteiten moesten houden, want dat de studenten anders hun studie ondergeschikt zouden moeten maken aan de behoeften van de industrie. Bij Kok geen spoor meer van dat wantrouwen. Is dat dan de goede weg voor Europa? Kunnen we het goede van de VS combineren met het beste van Europa?

'Vooralsnog heb ik de neiging te veronderstellen dat het goede klimaat hier kan worden bevorderd zonder dat je daarvoor in Europa zou moeten zeggen: "Nou, dan moeten we ons sociaal model maar opzij zetten, want dat kunnen we daarmee niet combineren".'

Wim Kok wil de Europese sociale verworvenheden niet loslaten, maar het Amerikaanse model blijft hem aantrekken. Wat wil hij, de kwadratuur van de cirkel? Een Europees model met Amerikaanse inspiratie? Hij blijft Europa trouw, dat is een feit.

'Dat alles neemt niet weg dat je, met een blik naar de VS, een heel aantal goede, positieve ontwikkelingen kan constateren. Je moet er het beste uitpikken en niet vooringenomen beweren: "Daar willen we niet van weten, dat hoort allemaal bij die Amerikaanse mentaliteit".'

Toch opteert Kok zonder aarzelen voor onze verzorgingsstaat. Is het nu net niet die sociale bekommernis die ons fundamenteel van de Amerikanen blíjft onderscheiden?

'Intussen neemt onze verzorgingsstaat de zorg op zich voor miljoenen werklozen', zegt hij gedecideerd. Die werklozen dobberen in de brede oceaan tussen Amerika en Europa. Maar ze kunnen alleen in Europa aan land! Kok ziet hen echter niet allemaal als weerloze schipbreukelingen. Hij accepteert ze niet zomaar: ze zijn geen onderdeel van een natuurramp. Dat beseft hij opperbest.

'Er zijn veel mensen die zouden kunnen deelnemen aan het arbeidsproces, maar het nog onvoldoende doen. Ik denk hier aan categorieën *arbeidsongeschikten*.'

Met die gecodeerde term bedoelt Kok het miljoen Nederlanders die vóór enkele jaren nog in de WAO zaten. Mensen die door de dokter of door henzelf als 'arbeidsongeschikt' waren verklaard zonder duidelijk zichtbare reden en een rustig leven sleten met een uitkering. Zoals eerder al uitgelegd, worden die mensen momenteel geleidelijk naar de werkvloer gedreven.

En deeltijds werken? Wim Kok kan er ook in komen.

'Zolang dat volwaardige banen zijn, banen die gelijkwaardig zijn aan echte jobs. Ze vergen alleen minder uren en verdienen dan ook minder beloning. De mensen (tweeverdieners, bijvoorbeeld) kunnen dan met anderhalf inkomen per gezin rondkomen en daar plezier aan beleven. Zo kunnen ze uitstekend hun werk en hun vrije tijd combineren. Er is helemaal niets tegen deeltijdse banen.'

Als ik opmerk dat deeltijdse banen vaak een soort tijdelijke klussen zijn en dat één persoon er soms twee nodig heeft om rond te komen, volgt de repliek onmiddellijk en zeer affirmatief:

'Ja, maar in elk geval is het beter dan werkloosheid.' Op weg naar de globalisering is álles beter dan werkloosheid. Als we de werklozen aan de slag krijgen, komt Europa ook wel op dreef: dat lijkt het eerste gebod op weg naar de globalisering.

Kok denkt intussen meer aan de jongeren dan aan de ouderen.

'Scholing, training, onderwijs en werkervaring zijn heel belangrijk voor de jonge generatie. Zelfs mensen met een geringe intellectuele bagage moeten voldoende scholing en werkervaring meekrijgen om te voorkomen dat ze op 20 of 25 niet alleen economisch maar ook sociaal al niet meer bruikbaar zijn.'

Toen Wim Kok nog regeringsverantwoordelijkheid droeg, stelde hij al harde eisen aan mensen die uit het arbeidsproces gevallen waren.

'Ik wou harde voorwaarden stellen aan mensen die op cruciale uitkeringen waren aangewezen. Ik wou het evenwicht herstellen tussen rechten en plichten. Ik heb het altijd zó ervaren dat de verzorgingsmaatschappij daaraan haar waarde ontleende: dat mensen die werkelijk niet in staat zijn voldoende voor zichzelf te zorgen, door fysieke of geestelijke omstandigheden, ook moeten kunnen rekenen op een behoorlijke sociale verzorging.'

Dat die verzorgingsstaat door de jaren heen geleidelijk aanbeland is in een vertroetelmaatschappij, heeft de overheid te laat geconstateerd. Het is een bekentenis. Wim Kok krijgt ze wel over zijn lippen, maar hij is zuinig met zijn kritiek.

'Misschien is te laat onderkend dat de bevolking nu een andere is dan die van de jaren '45 of '50. De mensen zitten nu misschien wel anders in elkaar, door andere sociaal-culturele patronen.'

Wat heeft de mensen dan zo veranderd? De laatste halve eeuw leven we in een welvaartmaatschappij, veeleer dan in een verzorgingsstaat. Een lang leven met veel vrije tijd, veel vakantie, veel ontspanning. De vrije tijd is de norm geworden, en die kan je desgevallend aanvullen met occasioneel een beetje te werken. Maar hoeft dat echt? Is dat de achterliggende mentaliteit?

'In mijn woorden', aldus Wim Kok, 'betekent zoiets dat je het evenwicht tussen rechten en plichten moet herstellen. Het gaat dan om het recht op gemeenschapsvoorzieningen en de plicht je beschikbaar te stellen voor het verrichten van arbeid, ook als het werkzaamheden betreft die we zelf niet als eerste zouden uitkiezen. Als u neen zegt tegen dat aanbod, als u zegt: "Aan mijn lijf geen polonaise, ik wil daar niet van weten", dan houdt ook het recht op uitkering op.'

Zo rechtlijnig ziet Kok het. Maar hij beseft dat je het niet in een-twee-drie naar je hand kan zetten.

'Dat gaat langzaam, misschien té langzaam, maar het is ook moeilijk. Het ligt sociaal gevoelig. Het heeft ook iets met gewenning, met mentaliteit, met culturele factoren te maken. Het wordt als te streng ervaren. En toch zijn dat soort dingen nodig om ook op langere termijn de houdbaarheid en de betaalbaarheid van fatsoenlijke sociale regels te handhaven.'

Wil dat zeggen dat de verzorgingsstaat dan goedkoper moet worden?

'Nou ja, goedkoper, dat wordt misschien een gevolg. Het is het doel niet. Het oogmerk is vooral van morele aard, niet van financiële aard. Je wordt immers geacht tegenover het recht op een uitkering naar best vermogen beschikbaar te staan. Dat hoort er ook bij, daarin ligt het begrip *participatiegericht* besloten. Het gaat hem dus niet meer om achterover zitten.'

Wim Kok is bijzonder duidelijk: Haal Ze Uit De Werkloosheid. Zet ze aan het werk, ook als dat werk niet het werk van hun keuze is. Maak hen bewust van de deal: hulp krijg je als het je slecht gaat, werken doe je uit principe, niet als noodoplossing. De geesten van hen die 'uitgevallen' zijn, moeten gespoeld worden met een activerend product, bij manier van spreken.

Volgens de 'Groep op Hoog Niveau' moet tegen 2010 70 procent van alle werknemers aan de slag zijn. In de Scandinavische landen, maar ook in Nederland, is dat streefgetal al gerealiseerd. Goed nieuws voor Kok: wij Belgen kijken aan tegen een leger van 13 procent werklozen, Nederland telt slechts 6,5 procent mensen zonder baan...

Maar daarmee zijn we nog lang niet klaar voor de globalisering. Wat willen we bijvoorbeeld uitgeven aan het befaamde en beruchte R&D (Onderzoek en Ontwikkeling)? Hoe lokken we steeds meer slimme mensen naar hier?

'Dat heeft veel met psychologie te maken, niet? De jonge mensen die naar de VS uitwijken, maken zich tegenwoordig los van internationale of politieke toestanden. Ze zien en ervaren een graad van onafhankelijkheid, vrijheid, avonturisme en pioniersgeest die men in Europa te weinig aantreft. Daar kan je niet zoveel aan veranderen. Je kunt misschien proberen iets te doen aan het klimaat van het hoger onderwijs.

Je kunt ook meer in clusterverbanden (nauwe samenwerking tussen campus en bedrijf) gaan denken. Ons onderwijs zou meer moeten appelleren aan de verlangens en de behoeften van jonge mensen.'

Er is een dringende nood aan, wat Wim Kok noemt, *ideopolissen*: hoogtechnologische zones, vulkanen van pure denkkracht die de bedrijvenparken er omheen draaiende houden.

'De technische Hogeschool van Twente heeft zulke bedrijvenparken. Er worden al nieuwe wegen ingeslagen, maar ik denk dat het op dat punt goed zou zijn toch nog wat verder te gaan in Europa: naar geavanceerde units met passende infrastructuur.'

Wat is momenteel het beste nieuws voor Europa?

'Het beste nieuws is dat men zich, in economisch opzicht, nu bewust is van de uitdagingen, en dat men niet bij de pakken gaat neerzitten als men nieuwe wegen vindt. Het is uitstekend dat de wens om risico's te nemen toeneemt. We moeten naar een echt ondernemingsklimaat.'

Volgens Kok schuilt er in ongeveer ieder mens een ondernemer. Het is nu de kunst die eruit te halen:

'Ik heb niets tegen werknemers in dienstverband. Maar als iemand zegt: "Nou, ik durf het aan om eigen verantwoordelijkheid te nemen en iets op te starten, alleen of met een paar collega's", dan is dat een signaal.'

Voor de ex-minister-president schuilt er in die mentaliteit zelfs een uitweg voor een aantal werklozen.

'Ook onder de werklozen, bij mensen die vruchteloos proberen aan de slag te komen, zijn er die, na goed nagedacht te hebben, zeggen: ik ga voor mezelf beginnen. Dat kent zelfs een groeiende populariteit bij schoolverlaters die uit het beroepsonderwijs komen. Ik vind dat goed. Ik vind dat heel goed! Het is sterker in de Angelsaksische landen, maar ook in Nederland is het in opkomst. Het heeft ook te maken met de tijdsgeest. Mensen zitten erg gevangen in angst en onzekerheid. Ze hebben snel de neiging, zeker als ze niet weerbaar genoeg zijn, om zich defensief te gedragen. Voor wie daar tegen in durft te gaan, zie ik dat als een avontuur, als een uitdaging om een kans te grijpen.'

Terugdenkend aan de leerling-fietsenherstellers in Leuven welt de vraag weer op of we dan voor eeuwig zullen opgezadeld blijven met een dikke laag 'kleine' mensen. Er zijn altijd economische 'scharrelaars' geweest, maar nooit zijn ze met zo velen geweest, in die nieuwe wereld die tot vér boven hun hoofden gaat uitgroeien. Nooit zal hun waarde geringer blijken. Wim Kok wordt er niet door uit het lood geslagen: hij is een realist die de wereld neemt zoals hij is. En de wereld is al oud.

'Zo'n onderlaag, die is er overal. Die is er écht overal. Er is geen samenleving ter wereld waar ze ontbreekt.'

De gesprekken met de jonge fietsenmakers in Leuven zijn in mijn herinnering blijven hangen. Wat zijn de kansen van die jonge mensen in het leven? Wat zal hun ervaring waard zijn in de 'echte', steeds verder geavanceerde, wereld? Ik had de vraag niet mogen stellen: ik heb op het Hollandse hart van de gewezen minister-president getrapt. Een Nederlander en zijn fiets... Hij fronst afkeurend de wenkbrauwen.

'Dat is toch een enigszins elitaire vraag! Er zijn immers nog talloze professionele fietsenmakers. Normaal kom ik met de fiets naar mijn kantoor. En als er iets stuk is aan mijn fiets, een lekke band of iets anders, dan ga ik dat allemaal niet zelf repareren: dan ga ik naar de winkel, en die mannen doen het werk. Die kunnen dingen die ik niet kan. Hun job is een niche. Dat zijn jongelui die, in plaats van werkloos te zijn, worden geschoold om dat werk onder de knie te krijgen! Vaak is het zo dat men, na een poosje dat werk gedaan te hebben, opnieuw sociale structuur in zijn leven krijgt. Dat geeft ook een inkomen waarvan je kunt zeggen: daar heb ik iets voor gedaan. Een heleboel mensen appreciëren dat ten zeerste, als het erop aankomt. Het bezorgt de mensen ook een springplank om, via de contacten die ze langs hun werk om opdoen, eventueel naar andere banen te solliciteren.'

Net zoals de politici in ons land is Wim Kok intens begaan met de noodzaak om alle mensen aan het werk te zetten. Dat hoeft dan helemaal niet in topbanen te zijn. De werkzoekende moet zelfs geen fietsenmaker worden: wel moet hij 'iets om handen hebben'. Toch denkt Kok met heimwee terug aan de zogezegde Melkertbanen (zo genoemd naar een vroegere minister van Sociale Zaken, Ad Melkert). Werklozen werden er tegen een minimumloon in ondergebracht. Wat deden ze? Ze waren conciërges in basis- en middelbare scholen. Ze deden administratief werk op scholen en waren bezig als klassenassistenten. Het waren vaak geen onmisbare jobs, maar inventieve schooldirecties en geïnspireerde conciërges met aandacht voor werk konden er best iets van maken. Ze noemden zichzelf ook vaak klusjesmannen, maar vonden hun werk toch een stuk leuker dan thuis als werklozen te zitten luieren. Wat deden de jongens en meisjes van minister Melkert nog zoal? Ze snoeiden de bomen rond de speelplaats, herstelden kapotte schoolbanken en stoelen, vervingen af en toe een venster. Er is altijd wel wat te doen in een grote school. Soms werd er wat kwistig omgegaan met de gelegenheidsbanen: in Eindhoven werd een school aangetroffen met acht conciërges, allemaal Melkertbanen. Ze doen onwillekeurig denken aan de PWA's (de mensen van het Plaatselijk Werkagentschap) die we in eigen land hebben gekend. Gesubsidieerde jobs van parkwachters, hulpjes van de politie die op straat 'een oogje in het zeil houden' enzovoort. Wim Kok weet perfect dat de patroons op het initiatief neerkijken.

'Werkgevers noemden dat 'kunstbanen': het waren immers geen banen die door de markt waren aangeboden. Die plaatsen werden 'gegeven' aan mensen met een bijstandsuitkering. Die hadden dan de verplichting daarvoor beschikbaar te staan. Boven op de sociale uitkering ontvingen ze een kleine toeslag. Daar werden allerlei functies mee vervuld die normaal in de samenleving onvoldoende worden aangeboden: stadstoezicht, stadswachten, plantsoenonderhoud, conciërges op scholen, een soort hulpconciërge. Ik heb vaak met zulke mensen gesproken, ook toen ik minister-president was. Ik kwam een van die stadswachten met een mooi uniform tegen, die zei: "Dag meneer Kok, hoe gaat het ermee?" En dan maakten we een praatje. En dan was een van de dingen die je steevast van hen hoorde: "We worden nu gedwongen om op tijd uit ons bed te komen". Men ís weer wat. Men telt weer mee. Men betekent wat voor de kinderen op school. Een conciërge of een hulpconciërge, dat is toch een van de medewerkers van de school. Soms werkt zo iemand mee in een museum en brengt hij iets tot stand in cultureel opzicht. En dan rees de vraag: kunnen die mensen ook nog doorstromen, kunnen ze doorstromen naar iets anders? Daar zit natuurlijk soms een probleem omdat men, door dat werk te doen, geen zin meer heeft om iets anders te beginnen. Maar er zijn ook heel goede voorbeelden van mensen die stadswachters waren en geleidelijk aan een plaatsje verwierven als niet-officiële politieagent: een hulpfunctie bij de politie, maar dan zonder schiettuig.'

Kok heeft duidelijk een rotsvast geloof in de opbouw van de maatschappij van onderuit. De dompelaars 'in een mooi pakje' stoppen heeft voor hem misschien wel voorrang op het uitbouwen van ideopolissen en clusters van universiteiten met geavanceerde bedrijven. Wie aan de top terechtkomt, weet meestal zichzelf te redden in de IT-ratrace. De conciërges en de plantsoenwerkers zullen het wellicht niet zo erg ver schoppen.

Maar het zal er in ieder geval op lijken dat ze deel uitmaken van de toekomstmaatschappij. En dat is al iets. 'Men is weer wat, men telt weer mee.' Mensen die in een pakje over de straat paraderen, zullen zich al vlug een beetje apart voelen in de grijze massa. Het behoedt hen ervoor dieper in de maatschappelijke onderlaag weg te zakken en compleet op het verkeerde pad te raken. Zijn de 'kunstbanen' misschien een tovermiddel om de IT-maatschappij van een dreigende overlast te verlossen? Toch blijft de vraag: is dit een gunstige evolutie in het tijdperk van de informatie- en kenniseconomie?

'We moeten ook met de kenniseconomie heel zorgvuldig omgaan. Ik vind kenniseconomie het sleutelwoord in de ruime zin, want voor het Europa van de toekomst is het een vlag die een brede lading dekt. Als we niet massaal en voluit inzetten op de kenniseconomie, dan zal het ook moeilijk worden om nog aansluiting met die toekomst te houden. En daarmee is nog niet gezegd dat de kenniseconomie een middel is om alle menselijke behoeften te lenigen, ook niet van mensen die veel simpeler van geest zijn en veel beperkter van opleiding. Je zult daarnaast andere dingen moeten doen om een bepaalde graad van tewerkstelling te houden. Ik vind het werk van stadswachter in openbaar toezicht, zeker in een grotere stad, van groot belang. Sociale controle is van nature niet meer zo aanwezig, dat is nog alleen mogelijk in kleinere plattelandsgemeenten. Niet alles kan met officiële politiekrachten worden gedaan. In dat tussengebied tussen de officiële werknemers en de bevolking vind ik wel degelijk dat er behoeften zijn.'

Wie het heel breed wil bekijken kan de Melkertbanen in de hypermoderne dienstenmaatschappij onderbrengen. Maar het is wél de overheid die trakteert. En wat doen we met een land als Duitsland dat vijf miljoen werklozen telt? Hoeveel van hen kunnen in de marge van de IT-samenleving terecht? Toch scoort Kok een kapitaal punt. Hoe meer topfuncties er ontstaan in de complexe samenleving van morgen (die vandaag al begonnen is), des te meer marginale pseudowerknemers en klusjesmensen er zullen nodig zijn. Het zijn de achterblijvers van het IT-tijdperk, mensen die we in een mooi pakje steken en subsidiëren in hun opgewaardeerde maar niet écht verbeterde status. Is het de prijs die we allen gaan betalen voor de uitbouw voor de onstuitbare toekomst? Hoe langer de 'hogerbegaafden' aan de slag blijven, hoe meer uren ze per dag en per week werken, hoe meer eenvoudige klussen ze naar de marge zullen moeten doorschuiven. Hoe kunnen we de markt er nu nog van overtuigen dat ze de nieuwe 'dienstboden' zullen moeten overnemen van de overheid? Kok blijft intussen heel formeel:

'Waarom niet erkennen dat we massa's mensen in de marge zullen nodig hebben? Dat is geen vorm van kunstmatige werkverschaffing.'

Voor wie aan de top van de Nieuwe Maatschappij komt, blijft intussen de vraag of er écht langer en meer gaat gewerkt moeten worden: we evolueren immers maar moeizaam in die richting.

'Ten eerste zal er anders gewerkt moeten worden. Ook slimmer en productiever. Want door de kenniseconomie, en vooral in de export, kunnen we op de duur niet meer concurreren met de lagelonenlanden.'

Wim Kok wijst er met enige trots op dat Europa nog niet uitgeteld is: Duitsland noteert nog altijd record exportcijfers en Nederland doet daar niet voor onder. Niettemin:

'We moeten ons kostenbewustzijn scherp ontwikkelen. Waar op kosten kan worden bespaard, ook op arbeidskosten, moet dat zeker gebeuren.

Dat geldt ook voor de *Lohnnebenkosten*, zoals de Duitsers het zo mooi zeggen. Maar meteen de lonen naar beneden halen, dat zie ik toch nergens gebeuren.'

Het lijkt Wim Kok totaal onwaarschijnlijk dat het mes zo maar in de wedden wordt gezet. Dat zou een zichtbare, tastbare achteruitgang zijn, en dat is veel meer aanstootgevend dan de aangroei van de inkomens af te remmen. Ook in ons land gaat men eerst proberen er de franjes af te knippen, zoals de automatische loonindexering aan de consumptieprijzen. In Nederland is de loonindex al jaren geleden geliquideerd, zegt de minister-president.

'De loonindex? Daar hebben we eind jaren tachtig al een eind aan gemaakt. We hebben het nooit betreurd, dat afschaffen. Dat is wel onder moeilijke omstandigheden tot stand gekomen. Maar zonder dat was het heel moeilijk of zelfs onmogelijk geweest om in Nederland het herstelproces en een succesvol werkgelegenheidsbeleid tot aan de eeuwwisseling vol te houden.'

En wat met het langer werken, het andere offer op het altaar van de IT-maatschappij?

'We zullen er echt moeten aan wennen dat we, gedurende het werkzame leven, in totaal meer moeten gaan werken dan nu het geval is.'

Het hoge woord is er uit. Een gewezen vakbondsleider geeft, na een eeuw van groeiende vakanties, snipperdagen en feestdagen, toe dat we de handen verder uit de mouwen zullen moeten steken. Het lijkt onvermijdelijk.

'Dat langer werken kan in velerlei vormen. Ik denk dat op middellange termijn de leeftijd waarop de mensen gemiddeld uittreden, omhoog gaat. Dat zie je overal in Europa. Dat gaat natuurlijk met veel spanningen gepaard, omdat de mensen vertrouwd zijn geraakt met het idee dat je pensionering en prepensionering hebt. Soms al geruime tijd vóór je 65ste. Het is een illusie te denken dat je dat radicaal kunt opbreken. Wat tussen de oren zit, komt niet zo snel tussen de oren vandaan. Alleen op langere termijn kun je die oceaanstomer een of twee graden van richting doen veranderen. Wíl je dat bewerkstelligen, dan moet je er meteen aan beginnen en de steven wenden. Het is uiteindelijk heel simpel: het heeft te maken met pensioenrechten en het volbrengen van pensioenlasten. Als je te lang wacht, wordt het conflict tussen de generaties des te harder, zeker in het licht van de naderende vergrijzing.'

Wat kan de vakbond tegen die achtergrond beginnen? In het rapport van de Europese 'Groep op Hoog Niveau' komt het woord 'vakbond' nauwelijks voor. Wat vindt Kok daarvan?

'Er valt niet veel te verdienen voor de bonden, hé? Er wordt steeds maar eenzijdig een beroep gedaan om aan te passen. Men zegt zo vaak: mensen moeten langer werken, maar die werknemers die worden vaak ook totaal in verwarring gebracht doordat ze twee signalen tegelijkertijd horen. Als je 62 wordt, dan hoor je van politici en werkgevers dat je langer moet doorwerken. Maar als diezelfde man van 62 of 63 zonder werk valt en probeert aan de slag te komen, dan is er geen werkgever die hem wil hebben. Dezelfde werkgevers die zeggen dat je langer moet werken, willen er op hun eigen microniveau helemaal niets van weten. Het gaat niet op dat ze van vakbonden eisen dat die de tekenen des tijds volstrekt verstaan en dat men de werknemers sensibiliseert, als daar op een of andere wijze niets tegenover staat. Het is natuurlijk ook niet gemakkelijk daar iets tegenover te plaatsen. Het komt erop aan de oorzaken van de vertrouwensbreuk weg te nemen en niet te verscherpen. Als de verhoudingen heel gespannen liggen, dan moet men toch blijven investeren in samenspraak en overreding. Door samenspraak en overreding vind je altijd iets waarin men elkaar nadert. Dan kan men nog op een aantal fundamentele punten van mening verschillen, maar men komt wel tot elkaar. Alleen al omdat men luistert naar de overwegingen van de ander.'

Anderhalf uur lang is oud-minister-president Wim Kok aan het woord geweest. Hij heeft de vragen frontaal opgevangen. Is ze niet uit de weg gegaan. Hij is zich duidelijk bewust van de uitdagingen waarop zelfs de vakbond geen pasklaar antwoord heeft. Zijn emoties liepen hoog op toen we het hadden over de mensen in de marge, over de laaggeschoolden, over de massa die zich moeilijk kan verdedigen in de oprukkende kennismaatschappij. Als ze een baan hebben, dan zijn ze ook aan het werk. Want dát is het credo van het bijbenende Europa: iedereen moet aan de slag. Iedereen een baan is de wet van de nieuwe wereld. Ook van een kleine wedde kan nog een dun laagje belasting worden afgeschild. Symbolisch misschien, maar ook de banen zijn vaak symbolisch.

De 'slimme' laag van de bevolking hoort in de ideopolissen, de centra voor avant-gardedenken. De fameuze innovatieve wereld, die met nieuwigheden moet uitpakken nog vooraleer de rest van de wereld ze heeft kunnen bedenken. Voor wie verstandelijk wél meekan is het een uitgemaakte zaak: langer werken zal moeten. De kunst bestaat er nu in dat idee aan de verwende maatschappij te verkopen. De lonen ziet hij niet zo maar direct inkrimpen: dat zal langs omwegen moeten gebeuren.

Zo blijft de verzorgingsstaat overeind. Alleen moet iedereen die verzorging verdienen.

Aan de Chinezen en de Indiërs zijn in het gesprek weinig woorden besteed. Volgens Wim Kok ontbreken er voldoende betrouwbare statistieken over de opmars van de nieuwe economische reuzen. Maar dat die opmars aan de gang is, is een feit.

'De ontwikkelingen zijn spectaculair', zegt hij onomwonden. En verder:

'De Chinezen en de Indiërs zijn niet alleen een formidabele concurrerende kracht, maar ze bieden ook veel marktmogelijkheden voor samenwerking en export.'

Is dat de keerzijde van de Chinese en Indische medailles? We laten er ons werk doen voor een prikje, en de Chinezen die het ver schoppen kopen onze betere consumptieproducten. Dure auto's, ingewikkelde digitale fototoestellen en subtiele mobieltjes waarop ook de Chinees CNN kan ontvangen. Veelbelovend voor de elitelaag van onze bevolking. Troostend voor de klanten van Kruidvat, Zeeman en Lidl. Amerika blijft de meest geduchte concurrent. Of China en India een tweede Amerika worden, is voor Wim Kok nog lang niet uitgemaakt. Bij de nieuwe economische reuzen kan nog alles misgaan, denkt de gewezen minister-president.

'De evolutie zal in die landen de komende jaren zeker niet frictieloos verlopen. Ik geloof niet in de extrapolaties van consulenten die in China en India alles, vooral de opgang, in rechte lijn zien gaan. Daar komt helemaal niets van terecht.'

Wim Kok gelooft niet gedwee in de rechtlijnigheid van de voorspellers. Er kan nog zoveel gebeuren. Vandaag maakt de wereld zich ongerust over de onrust in het gigantische China, waar zo'n 800 miljoen plattelandsmensen niet aan hun trekken komen, het beseffen en het ook niet nemen. Maar niet alles is nog mogelijk voor Kok. Ook hij verwacht een indrukwekkende opmars van India en China, met een geweldige impact op ons in Europa én in de VS.

Wat ons eigen Europa betreft, ziet het er elke dag naar uit dat de EU een continent met twee, eventueel drie versnellingen aan het worden is. In de kop van het IT-peloton zitten Zweden, Groot-Brittannië en Ierland, die zich nu al een plaats veroveren in de globale wereld. Aan de staart bengelen onder meer Frankrijk en Italië, die gebukt gaan onder de werkloosheid en hun begroting niet in evenwicht krijgen. Duitsland zit in een categorie apart: het land slaagt er soms in ontslagen werknemers in échte jobs (hun vroegere banen) onder te brengen, maar er blijven nog steeds de 5 miljoen werklozen die gefrustreerd toekijken. Een Europa met drie versnellingen en twee bevolkingen dus, en met een diepe kloof tussen beide.

De 'kennisburgers' zullen het licht van de globale toekomst zien. Hun aandacht is 24 uur per dag op hun job gefixeerd. Hun hersens doen al het werk, hun maag wordt bevredigd door een dikke laag dienstverleners. Die laatsten zullen de welvaart alleen zien in de huizen waar ze onzichtbaar het gezin draaiend houden.

En onzichtbaar zullen ze zijn. Ze komen en gaan in de uren dat hun werkgevers aan hun pc of in vergaderingen vastgekluisterd zitten. Een onzichtbaar leger van gedienstige handen laat de hersenen van de intellectuele elite spinnen. De dienstenwerkers zijn menselijke robotten die het werk verrichten waarvoor ze die dag geprogrammeerd zijn. Het huis een grondige beurt geven, de kinderen van school halen, het linnen strijken, inkopen doen aan de hand van een uitgekiend boodschappenlijstje, het avondmaal koken of gewoon de magnetron bedienen, een uurtje wieden in de tuin, het kan allemaal in het hoofd van de 'dienstverlener' worden geprogrammeerd. De onderlaag van die dienstverleners zit nog in een beginstadium. Ze zal zich ongetwijfeld geleidelijk ontwikkelen. Uit de onderlaag zullen zich vernuftige elementen 'opwerken' tot opzichters, coördinatoren. Zo ontstaat er een gestructureerde onderlaag.

Waar de ingrediënten van die brede onderlaag rekruteren? Voorlopig is daar in de Europese Unie geen gebrek aan. Met 19 miljoen werklozen kunnen we wel van een 'reserve' aan dienstverleners spreken. Hun rangen zullen niet zo vlug uitdunnen als we beseffen dat elk jaar ongeveer 16,5 procent van de middelbare scholieren hun studies beëindigen zonder diploma. Hoe meer onderdelen van onze industrie geliquideerd of gedelocaliseerd worden, hoe groter het aantal beschikbare mensen wordt. Willen ze een job veroveren, dan mogen ze niet te duur uitvallen. Dus moet de overheid een stuk van hun lonen bijpassen. Er zal gespannen gerekend worden. Maar, zo zeggen de economen, dát is de prijs. De prijs die we betalen voor de 'creatieve destructie' die een economie op weg naar de globalisering er moet bijnemen. Het is de prijs die we betalen voor het slopen van alle grenzen die de globalisering in de weg staan. Het is de prijs die we betalen voor het afschudden van alle protectionisme. Als de 'lage' dienstverleners dan ónze eigen Chinezen worden, dan komen we alvast een stap dichter bij onze Aziatische concurrenten...

Op 1 maart 2006 heeft de voorzitter van de Europese Commissie voorgesteld een fonds op te richten om de miljoenen mensen zonder werk een tweede kans te bieden.

Ze zullen op kosten van Europa nieuwe vaardigheden kunnen aanleren. Ergens tussen 35.000 en 50.000 werklozen zullen jaarlijks een kans krijgen om een beroep te leren dat door hun toekomstige werkgevers niet uitbesteed kan worden. Is er nog wat anders dan schoonmaken, koken of strijken dat niet naar het buitenland kan? In Portugal leren gewezen textielarbeiders met de computer omgaan. Hoog gegrepen, en daarenboven zullen ze moeten aantonen dat hun oorspronkelijk werk naar goedkope landen verdwenen is.

En waarom zal dat met hun nieuwe baan niet gebeuren? Het lijkt erop dat de weg naar de globalisering met goede voornemens geplaveid is.

Toch blijft globalisering een feit.
Een hard feit.
En ook wij zullen ons moeten aanpassen.

Lectuurlijst

RIFKIN Jeremy, 'The European Dream', Jeremy P. Tarcher/Penguin, a member of Penguin Group (USA) Inc. New York, 2004.

SHIPLER David K., 'The Working Poor' (Invisible in America), Alfred A.Knopf, New York, 2004.

FRANK Thomas, 'What's the Matter with Kansas?', Metropolitan Books, New York, 2004.

EHRENREICH Barbara, 'Nickel and Dimed', Henry Holt and Company, LLC New York, 2001.

GREENBERG Stanley B., 'The Two America's', St.Martin's Press, New York.

MANDELBAUM Michael, 'How America Acts as the World's Government in the Twenty-First Century', Public Affairs, New York, London, 2005.

ENGARDIO Pete, etc., 'China & India', Business Week, Special Double Issue, August 2005, McGraw-Hill, New York, 2005.

ECONOMIST (The), 'What's to stop India and China', Oktober 29th, London, New York, 2005.

EDMONDSON Gail, 'Detroit East', Business Week, July-August, McGraw-Hill, New York, 2005.

SPENCE Jonathan D., BRZEZINSKI Zbigniew, MEARSHEIMER John J., 'The Once and Future China', Foreign Policy, January-February, Washington D.C., 2005.

ECONOMIST (The), 'The Dragon and the Eagle', October 2nd, London, New York, 2004.

ECONOMIST (The), 'China's growth spreads inland', November 20th, London, New York, 2004.

ECONOMIST (The), 'China and the Key to Asian Peace', March 26th, London, New York, 2005.

ELLIOT Michael, 'China's New Revolution', Time -Magazine, June 27th, Time War- ner, New York, 2005.

BIJIAN Zheng, 'China's Peaceful Rise', Foreign Affairs, New York, September/oktober, 2005.

COHEN-TANUGI Laurent, 'The End of Europe?', Foreign Affairs, New York, November/December, 2005.

KOK Wim, 'Facing the Challenge', European Communities, Brussels, 2004.